셀프트래블
# 크로아티아

상상출판

셀프트래블

# 크로아티아

**초판 1쇄** | 2014년 9월 1일
**초판 5쇄** | 2016년 8월 22일

**글과 사진** | 박정은

**발행인 겸 편집인** | 유철상
**책임편집** | 이유나
**디자인** | 주인지
**지도** | 주인지
**교정·교열** | 이유나
**마케팅** | 조종삼, 조윤선

**펴낸 곳** | 상상출판
**주소** | 서울시 동대문구 정릉천동로 58, 103동 206호(용두동, 롯데캐슬 피렌체)
**구입·내용 문의** | **전화** 02-963-9891, 070-8886-9892 **팩스** 02-963-9892
**이메일** | cs@esangsang.co.kr
**등록** | 2009년 9월 22일(제305-2010-02호)
**찍은 곳** | 다라니

※ 가격은 뒤표지에 있습니다.

ISBN 978-89-94799-86-5(14980)
ISBN 978-89-94799-01-8(set)

© 2014 박정은

※ 이 책은 상상출판이 저작권자와의 계약에 따라 발행한 것이므로
본사의 서면 허락 없이는 어떠한 형태나 수단으로도 이용하지 못합니다.
※ 잘못된 책은 구입하신 곳에서 바꿔 드립니다.

www.esangsang.co.kr

셀프트래블

# 크로아티아
Croatia

박정은 지음

상상출판

# Prologue

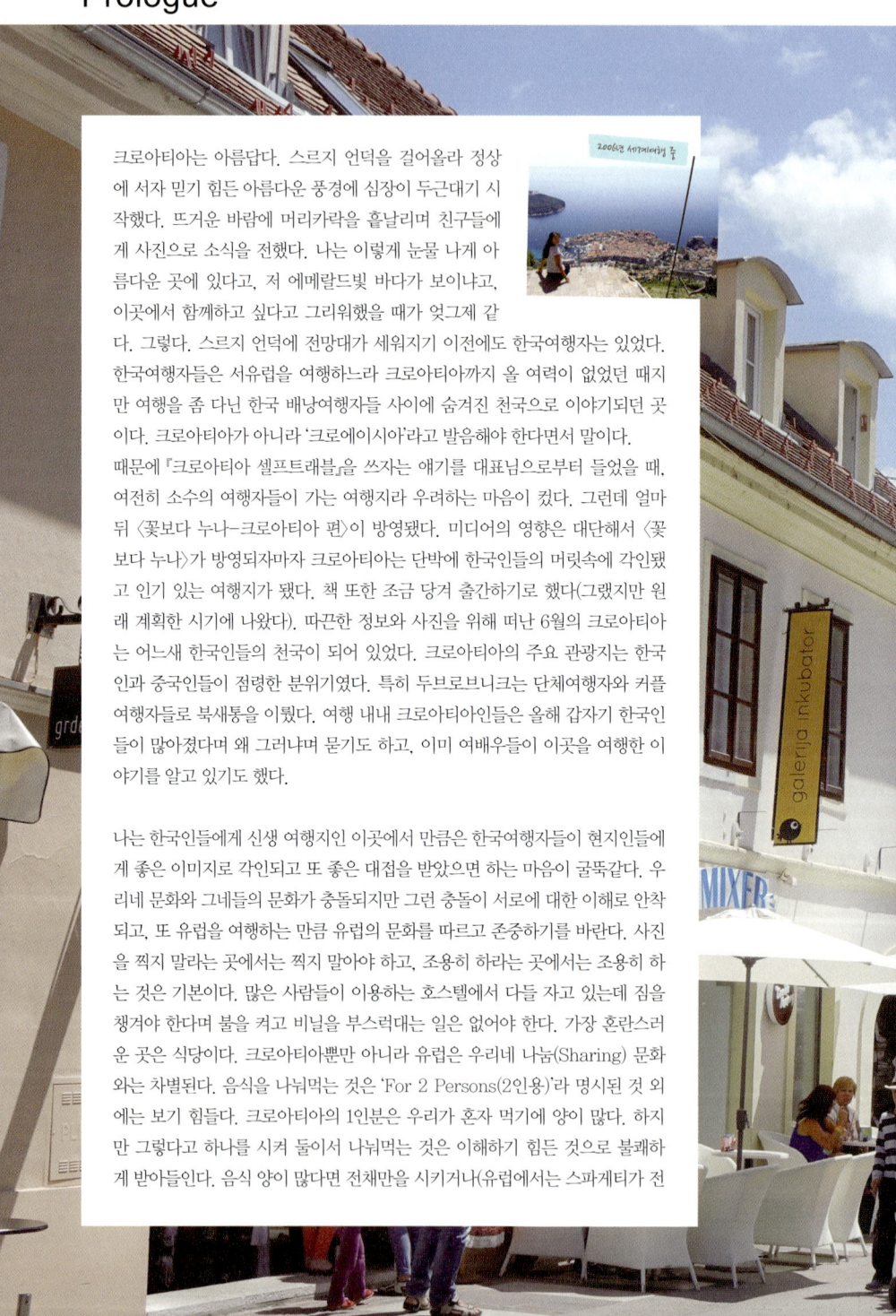

크로아티아는 아름답다. 스르지 언덕을 걸어올라 정상에 서자 믿기 힘든 아름다운 풍경에 심장이 두근대기 시작했다. 뜨거운 바람에 머리카락을 흩날리며 친구들에게 사진으로 소식을 전했다. 나는 이렇게 눈물 나게 아름다운 곳에 있다고, 저 에메랄드빛 바다가 보이냐고, 이곳에서 함께하고 싶다고 그리워했을 때가 엊그제 같다. 그렇다. 스르지 언덕에 전망대가 세워지기 이전에도 한국여행자는 있었다. 한국여행자들은 서유럽을 여행하느라 크로아티아까지 올 여력이 없었던 때지만 여행을 좀 다닌 한국 배낭여행자들 사이에 숨겨진 천국으로 이야기되던 곳이다. 크로아티아가 아니라 '크로에이시아'라고 발음해야 한다면서 말이다.

때문에 『크로아티아 셀프트래블』을 쓰자는 얘기를 대표님으로부터 들었을 때, 여전히 소수의 여행자들이 가는 여행지라 우려하는 마음이 컸다. 그런데 얼마 뒤 〈꽃보다 누나-크로아티아 편〉이 방영됐다. 미디어의 영향은 대단해서 〈꽃보다 누나〉가 방영되자마자 크로아티아는 단박에 한국인들의 머릿속에 각인됐고 인기 있는 여행지가 됐다. 책 또한 조금 당겨 출간하기로 했다(그랬지만 원래 계획한 시기에 나왔다). 따끈한 정보와 사진을 위해 떠난 6월의 크로아티아는 어느새 한국인들의 천국이 되어 있었다. 크로아티아의 주요 관광지는 한국인과 중국인들이 점령한 분위기였다. 특히 두브로브니크는 단체여행자와 커플여행자들로 북새통을 이뤘다. 여행 내내 크로아티아인들은 올해 갑자기 한국인들이 많아졌다며 왜 그러냐며 묻기도 하고, 이미 여배우들이 이곳을 여행한 이야기를 알고 있기도 했다.

나는 한국인들에게 신생 여행지인 이곳에서 만큼은 한국여행자들이 현지인들에게 좋은 이미지로 각인되고 또 좋은 대접을 받았으면 하는 마음이 굴뚝같다. 우리네 문화와 그네들의 문화가 충돌되지만 그런 충돌이 서로에 대한 이해로 안착되고, 또 유럽을 여행하는 만큼 유럽의 문화를 따르고 존중하기를 바란다. 사진을 찍지 말라는 곳에서는 찍지 말아야 하고, 조용히 하라는 곳에서는 조용히 하는 것은 기본이다. 많은 사람들이 이용하는 호스텔에서 다들 자고 있는데 짐을 챙겨야 한다며 불을 켜고 비닐을 부스럭대는 일은 없어야 한다. 가장 혼란스러운 곳은 식당이다. 크로아티아뿐만 아니라 유럽은 우리네 나눔(Sharing) 문화와는 차별된다. 음식을 나눠먹는 것은 'For 2 Persons(2인용)'라 명시된 것 외에는 보기 힘들다. 크로아티아의 1인분은 우리가 혼자 먹기에 양이 많다. 하지만 그렇다고 하나를 시켜 둘이서 나눠먹는 것은 이해하기 힘든 것으로 불쾌하게 받아들인다. 음식 양이 많다면 전채만을 시키거나(유럽에서는 스파게티가 전채다) 사이드 디시$^{Side\ Dish}$(적은 양의 샐러드나 감자튀김, 뇨끼) 정도를 추가하는 것도 괜찮다. 영어가 된다면 미리 양을 물어보고 나눠먹어도 되는지 물어보는 것도 좋은 방법이다. 특히 식당에서 음료를 시키는 것은 가장 기본적인 것임을 기억해두자. 물을 마시겠다고 자신의 가방에서 물병을 꺼내 테이블 위에 올려놓는 것은 대단한 실례다. 물이 필요하다면 음료를 시킬 때 수돗물$^{Tap\ Water}$을 함께 가져다 달라고 하면 된다. 크로아티아에서는 수돗물을 마실 수 있고 당연히 공짜다. 그냥 물을 달라고 하면 판매용인 물을 가져다준다. 때론 유리병에 든 음료보다도 비싼 물을 가져다주니 꼭 '수돗물'이라 말해야 한다. 프롤로그에 이런 에티켓을 적는 이유를 생각해줬으면 좋겠다. 유럽 관광업계 종사자들의 한국여행자들에 대한 이미지는 정말 화가 날 수준이다.

이번 취재 여행은 아이를 남편에게 맡기고 홀로 다녀왔다. 덕분에 호스텔에서도 묵으며 개별여행자들의 여행패턴과 분위기를 살필 수 있어 크로아티아와 다른 유럽 책에 많은 도움이 됐다. 직장을 그만둔 남편은 모처럼 딸 은수와 단둘이 생활하며 아이와 유대감을 키우는 시간이 됐다. 은수를 돌보아줘서 고맙지만 다른 한편으로는 이제껏 못한 은수와의 시간을 보냈다는 생각이 들었다. 내가 자리를 비운 동안 제주에서 은수와 남의 남편을 챙기며 함께 놀아준 시현과 시윤이 엄마 수지, 쌍둥이 소희와 가희 그리고 제희 엄마 숙희, 솔미와 치윤이 엄마 여진에게 고맙다. 몸이 아프거나 책 때문에 정신이 없을 때 은수를 데리고 놀아준 여진에게 특히 고맙다. 환영어린이집의 푸른반 담임선생님인 이은주 선생님에게도 감사의 인사를 전한다. 마지막으로 편집된 페이지를 뒤집을 때마다 심장이 덜컹 했을 에디터 이유나 씨와 디자이너 주인지 씨. 예쁜 책을 만들어줘서 매우 고맙다. 책은 크로아티아의 물빛처럼 빛난다. 나는 내가 준 텍스트와 사진들로 교정으로 텍스트의 균형을 맞추고, 아름답게 배치해내는 작업이 정말 창조적이고 경이로운 작업이라고 생각한다.

은수는 40일 정도의 공백이 컸는지 엄마가 제일 좋다며 나에게 달라붙어 떨어지질 않는다. 다음에는 꼭 같이 비행기를 타자는 은수에게 내 대답은 이랬다. "은수가 아무거나 잘 먹고, 잘 걷고, 집에 가자고 하지 않을 수 있어?" 은수는 "응!"이라고 말했지만 제발 여행가서 음식 적응 못하고, 집에 가자고 하지 않았으면 좋겠다. 뭐, 아직은 5살이니까.

2014년 8월 박 정 은

# Contents

Prologue ·12

Plan, Check to go! ·18

Mission in Croatia ·24

1. 크로아티아에서 놓쳐선 안 될 경험 Best 4 ·24
2. 크로아티아에서 꼭 먹어야 할 음식 Best 9 ·26
3. 크로아티아에서 꼭 마셔야 할 술 Best 3 ·27
4. 크로아티아 쇼핑 추천 기념품 Best 12 ·28
5. 오직 크로아티아에서만 볼 수 있는 명물 Best 6 ·30

All about Croatia ·32

## Part 1
크로아티아의 수도, **자그레브** ·34

반 옐라치치 광장 | 자그레브 대성당 | 돌라치 시장
트칼치차 거리 | 돌의 문 | 성 마르크 교회 | 크로아티아 나이브 예술 박물관
실연 박물관 | 미마라 박물관 | 미로고이 공원묘지

## Part 2
요정들의 호수, **플리트비체 호수 국립공원** ·66

플리트비체 호수 국립공원

### Theme 1
물의 마을, **라스토케** ·82

## Part 3
바다로부터의 빛과 소리, **자다르** ·86

유새 도시 | 로만 포룸 | 싱 도나트 교회 | 성 아나스타시아 대성당
바다 오르간 | 태양의 인사

## Part 4
### 71명의 얼굴, **시베니크** ·98
성 야고보 대성당 | 성 로브레 교회와 수도원 | 성 미카엘 요새

#### Theme 1
아름다운 작은 마을, **프리모스텐** ·108

#### Theme 2
폭포에서 수영을, **크르크 국립공원** ·111

## Part 5
### 로마 황제의 궁전, **스플리트** ·114
디오클레티아누스 궁전 | 열주 광장 & 문 | 성 도미니우스 대성당
주피터의 신전 | 황제의 알현실 | 지하궁전 | 닌의 그레고리우스 동상
나로드니 광장 | 시장 | 생선시장 | 이반 메슈트로비치 갤러리 | 마르얀 언덕

#### Theme 1
스플리트 **근교 여행** ·146

#### Theme 2
달마티아의 보석, **트로기르** ·148

#### Theme 3
고깔모양 해변, 황금 곶 **브라츠** ·152

#### Theme 4
라벤더의 섬, **흐바르** ·154

#### Theme 5
비셰보 섬의 **푸른 동굴** ·160

## Part 6
### 아드리아 해의 진주, **두브로브니크** ·162

성벽 | 필레 문 | 플로체 문 | 플라차 또는 스트라둔과 오노프리오 분수
프란체스코 수도원과 박물관 | 루사 광장 주변 | 성 블라호 성당 | 스폰자 궁전
크네쥐브 궁전 | 두브로브니크 대성당 | 성 이그나티우스 성당
도미니크 수도원 박물관 | 크로아티아 나이브 아트 갤러리 | 전쟁 사진 전시관
민속박물관 | 해양박물관 | 스르지 언덕 | 반예 해변 | 성 야고보 해변

### Theme 1
두브로브니크 **근교 여행** ·200

### Theme 2
때 묻지 않은 자연, **믈레트** ·202

### Theme 3
마르코 폴로가 태어난 섬, **코르출라** ·204

### Theme 4
부쿠바츠의 집, **차브디트** ·208

### Theme 5
보스니아 헤르체고비나의 **모스타르** ·210

## Special Guide

1. 크로아티아의 역사 ·214
2. 크로아티아의 사계절 ·218
3. 계절에 맞춰 짐 꾸리는 노하우 ·219
4. 크로아티아의 휴일과 축제 ·220
5. 크로아티아의 출입국 ·221
6. 크로아티아 여행을 떠나기 전 알아둘 몇 가지 ·227

# Plan, Check to go!

이 책의 각 장들은 크로아티아의 주요 도시와 아름다운 소도시를 효과적으로 즐길 수 있는 도보 루트로 구성되어 있다. 막상 방문했을 때 '무엇을 봐야 하나?'하는 고민이 없도록 세심하게 도보 루트를 담은 것이 특징이다. 각 장은 여행자들을 위한 반나절 루트부터 하루 루트로 구성되어 있다. 각 루트 주변에는 레스토랑과 카페, 쇼핑 장소들을 소개해 관광지를 돌아보며 점심을 먹고, 차를 마시며 쇼핑을 즐길 수 있다. 크로아티아는 역사 문화 유적이 중심이라기보다는 천혜의 아름다운 자연이 최대 볼거리다. 어떤 도시를 얼마 만에 볼 수 있느냐가 아닌 얼마만큼 편안하게 여유를 즐길 것인가를 고민하자.

다음에 소개하는 일정은 휴가기간이 짧은 직장인들을 배려한 다소 타이트한 일정부터 여유를 즐길 수 있는 일정까지 다양하게 소개해놓았다. 그대로 따라 해도 좋고, 특별히 가고 싶은 곳이 있다면 추가해 변형된 일정을 만들 수도 있다. 일정을 자신의 상황에 맞게 각 장의 스폿들을 빼거나 넣고, 다른 장들과 조합해 퍼즐 식으로 활용하면 된다.

## 도움 되는 일정 짜기 팁!

### 1. 우리는 사계절 내내 크로아티아에 간다.

최근 통계에 따르면 크로아티아를 여행 온 관광객들 중 한국인은 12위로, 유럽 국가를 제외한 나라 중에서는 1위를 차지했다. 유럽 관광객들이 7~8월에 몰리는 반면 한국 관광객은 1년 내내 고르게 크로아티아를 방문하고 있다고 한다. 크로아티아 여행의 최성수기는 7~8월이고, 6~9월까지를 여행하기 좋은 시기로 본다. 물론 최성수기인 7~8월 스플리트와 두브로브니크와 같은 관광지는 40도를 육박하는 매우 뜨거운 수준이다. 6월과 9월은 이보다 덜 더우며 관광객의 수가 덜해 여행하기 좋다. 여름철이더라도 플리트비체는 종종 비가 흩뿌리는 경우가 있다. 5월과 10월도 여행하기에 좋은 시기이나 물이 차가워져 들어가기는 힘들다. 11~4월은 비수기로 바람이 강하며 종종 비가 내리고(눈이 내리는 경우는 거의 없다) 춥다. 이때의 날씨는 솔직히 복불복이다. 날씨가 좋더라도 일교차가 매우 크기 때문에 방한용품에 신경써야 한다. 11~2월에는 문을 닫는 레스토랑과 숙소, 관광지가 많다.

### 2. 대중교통을 이용할 것인가? 렌터카를 이용할 것인가?

크로아티아 여행의 트렌드가 렌터카 여행이 되고 있다. 렌터카를 이용하면 아드리아 해를 따라 이동할 때 원하는 곳에서 사진을 찍고, 대중교통으로 가기 불편한 곳도 들렀다 갈 수 있고, 숙소 선택의 폭도 넓어진다. 그렇다고 대중교통이 꼭 불편한 것만도 아니다. 크로아티아는 버스가 잘 발달되어 있다. 자그레브와 스플리트까지 기차노선도 있다. 기차와 버스를 이용하는 여행은 저렴하기도 하지만 세계 여행자들과 현지인들을 만나는 친화적인 여행방법이기도 하다. 성수기에는 렌터카 요금이 비싸지기 때문에 대중교통을 이용한 여행이 더 효율적이다. 렌터카 여행을 준비한다면 225p를 참고하자.

### 3. 크로아티아는 길다.

크로아티아는 세로로 긴 나라다. 때문에 북쪽에 있는 자그레브에서 시작해 남쪽의 두브로브니크로 끝날지, 남쪽의 두브로브니크에서 시작해 자그레브에서 끝날지 먼저 결정해야 한다. 보통 자그레브에서 시작해 두브로브니크에서 여행을 마치지만 계절이나 성·비수기, 저가 항공권 가격 등의 여러 가지 요인에 의해 역순이 되기도 한다. 중요한 것은 여행을 시작한 도시로 다시 돌아오는 것은 비효율적이다.

### 4. 구시가지는 크지 않다.

크로아티아 각 도시의 구시가지는 크지 않다. 1~2시간 안에 돌아볼 만큼 작고 서유럽처럼 볼거리가 많지 않기도 하다. 가장 큰 도시인 자그레브 역시 그런 곳으로 일정이 짧은 여행자들은 몇 시간만 힐애하고 다음 목적지로 떠나기도 한다. 이런 여행자들은 크로아티아 국내 항공도 고려해볼 만하다. 크로아티아에는 자그레브, 오시예크, 리예카, 풀라, 자다르, 스플리트, 두브로브니크의 7개 공항이 있다. 국내선 요금은 10만 원 안팎으로 비싸지 않으며 공항에서 시내로 들어가는 시간도 짧아 일정이 짧다면 충분히 고려할 만하다.

# 크로아티아 핵심 일주(5박 6일~6박 7일)

크로아티아의 주요 관광지를 짧은 시간 안에 돌아보는 일정이다. 자그레브에 오후에 도착하는 비행기라면 자그레브에서 1박을 하고, 다음 날 아침 플리트비체로 이동하면 된다. 두브로브니크에서 시간을 더 보내고 싶다면 자다르를 빼고 플리트비체에서 곧바로 스플리트로 가는 방법도 있다.

매일매일 짐을 싸고 이동해야 하는 타이트한 일정이다. 좀 더 여유 있는 일정을 만들고 싶다면 플리트비체에서 1박을 추가하거나 두브로브니크에서 1~2박을 추가하면 된다. 다음의 일정은 최소한의 핵심 일주이고, 가장 추천하는 일정은 자그레브 1박, 플리트비체 1박, 자다르 1박, 스플리트 1박, 두브로브니크 2박으로 총 6박 7일이다.

## 1일

자그레브, 트칼치차 거리

❶ 자그레브 오전 IN → 자그레브 구시가지 관광, 16:00~17:00 시간대의 버스로 플리트비체에서 1박
❷ 자그레브 오후 IN → 자그레브 구시가지 관광 후 1박

## 2일

❶ 플리트비체 트레킹 → 오후에 버스로 자다르, '태양의 인사'를 보고 자다르에서 1박
❷ 자그레브에서 07:30 플리트비체행 버스 → 플리트비체 트레킹 → 오후에 버스로 자다르, '태양의 인사'를 보고 자다르에서 1박

## 3일

프리모스텐

자다르 오전 출발 → (시베니크 또는 프리모스텐 또는 트로기르) → 스플리트에서 1박

## 4~6일

두브로브니크 루사 광장

스플리트 → 두브로브니크 2박. 두브로브니크 OUT

## Tip

❶ 일정에 문제가 생기지 않도록 항상 미리 버스 시간표를 확인하고 승차권을 끊어두는 것이 중요하다.
❷ 자그레브에서 숙박하지 않는다면 공항에서 버스터미널까지 간 후, 플리트비체행 버스표를 예약하고 짐을 맡기고 구시가지로 들어가면 된다.
❸ 숙소를 예약할 때는 다음 날 일정을 고려해 교통이 편리한 곳으로 정한다. 자그레브에서 다음 날 이른 아침 플리트비체행 버스를 탄다면 버스터미널 근처, 플리트비체 국립공원은 2번 출입구의 호텔로 정하는 것이 좋다.

## 크로아티아 핵심 일주 + 섬 여행(7박 8일~10박 11일)

크로아티아 핵심 일주 일정에서 섬 여행을 추가하는 일정으로 아래는 최소로 7박 8일이 나온다. 여기에 플리트비체와 스플리트, 두브로브니크에서 1박씩을 추가하면 조금 더 여유 있는 10박 11일 일정이 나온다.

## 1일

❶ 자그레브 오전 IN → 자그레브 구시가지 관광, 16:00~17:00 시간대의 버스로 플리트비체에서 1박

❷ 자그레브 오후 IN → 자그레브 구시가지 관광 후 1박

## 2일

❶ 플리트비체 트레킹 → 오후에 버스로 자다르, '태양의 인사'를 보고 자다르에서 1박

❷ 자그레브에서 07:30 플리트비체행 버스 → 플리트비체 트레킹 → 오후에 버스로 자다르, '태양의 인사'를 보고 자다르에서 1박

## 3일

자다르 오전 출발 → (시베니크 또는 프리모스텐 또는 트로기르) → 스플리트에서 1박

## 4일

스플리트 → (페리) → 흐바르 1박

## 5일

흐바르 → (페리) → 코르출라 1박

## 6~8일

코르출라 → (페리) → 두브로브니크 2박, 두브로브니크 OUT

## Tip

❶ 섬으로 들어가는 일정은 6~9월에 추천한다. 이외의 기간에는 날씨가 안 좋을 뿐더러 배편이 없거나 현저히 줄어든다.

❷ 매일 페리가 없을 수도 있다. 각 페리회사의 홈페이지를 통해 운항여부와 시간을 체크해야 한다. 날짜에 따라 2박을 할 수도 있다. 페리가 없다하더라도 차선책으로 보트 택시(Boat Taxi)를 이용해 이동하는 방법도 있다.

## 크로아티아 핵심 일주 + 섬 투어(8박 9일~10박 11일)

섬 여행의 절충안으로 계속 이동하는 것보다 한 도시에 머물며 투어를 이용해 2~3개의 섬과 해변을 돌아보는 일정이다. 섬 투어가 발달한 스플리트, 흐바르, 두브로브니크에서 원하는 목적지에 따라 각 1~2박씩을 추가하면 된다. 앞의 섬 여행보다 비용이 좀 더 들지만 이동이 적어 편하다.

## 1일

토미슬라브 왕 동상과 토미슬라브 공원

자그레브 대성당

성 마르크 성당

자그레브 IN, 자그레브 구시가지 관광 후 1박

## 2일

플리트비체 국립공원

플리트비체 폭포

자다르, 태양의 인사

❶ 플리트비체를 2일 보고 싶다면, 오전에 플리트비체행 버스 → 플리트비체 트레킹 후 국립공원 호텔에서 1박
❷ 자그레브에서 07:30 플리트비체행 버스 → 플리트비체 트레킹 → 오후에 버스로 자다르, '태양의 인사'를 보고 자다르에서 1박

## 3일

❶ 아침 일찍 플리트비체 산책, 12시 이전 출발 → (자다르, 시베니크, 프리모스텐, 트로기르 중 택1) → 스플리트 2박
❷ 자다르 오전 출발 → (시베니크 또는 프리모스텐 또는 트로기르) → 스플리트에서 2박

스플리트, 열주 광장

흐바르

비스와 비셰보 섬 투어

스플리트 여행 및 볼, 흐바르, 비스와 비셰보 등의 섬 투어
(스플리트에서 페리로 흐바르로 이동 후 1박을 하며 비스와 비셰보 섬 투어를 할 수도 있다)

스플리트 → 두브로브니크, 이후 3박

두브로브니크

두브로브니크 시내 관광

두브로브니크 반예 해변

두브로브니크 → 믈레트, 코르출라 등의 섬
또는 차브타트 관광

코르출라

두브로브니크 OUT

## Tip

❶ 투어가 매일 없을 수도 있으니 스플리트나 두브로브니크에 도착하면 먼저 여행사를 찾아가 예약해두는 것이 좋다. 투어는 회사마다 가격이 다르므로 구시가지 주변의 2~3곳 여행사를 비교해보고 선택하면 된다.

❷ 자다르, 시베니크, 트로기르에는 버스터미널에 유료 짐 보관소가 있고, 프리모스텐은 사설여행사에 유료로 짐을 맡길 수 있다.

❸ 여유가 있다면 흐바르, 코르출라 섬은 1박 정도 숙박을 하고 오는 것도 좋다.

# Mission in Croatia

## 1. 크로아티아에서 놓쳐선 안 될 경험 Best 4

### 1

**두브로브니크 성벽 투어**

크로아티아 여행의 하이라이트는 두브로브니크이고, 두브로브니크의 하이라이트는 바로 성벽 투어다. 두브로브니크의 붉은 지붕과 에메랄드빛의 아드리아 해의 조화는 모든 이들에게 탄성과 미소를 선사한다. 이곳에서만큼은 입장료를 아끼지 말자.

### 2

**플리트비체 호수 국립공원 트레킹**

플리트비체 호수 국립공원은 봄 · 여름 · 가을 · 겨울 제각각의 아름다움을 지닌 곳이다. 겨울에는 출입구가 한 곳만 이용 가능하고 개방된 곳 또한 줄어들지만 천혜의 아름다움을 보여준다. 산을 좋아한다면 국립공원 내 호텔에 2일 정도 머물며 다양한 루트를 걸어보는 것도 좋다.

## 3 크로아티아 섬 여행

크로아티아를 여행한다면 페리를 타고 섬 여행을 한 번쯤 해봐야 하지 않을까? 짧게는 여행사의 투어를 이용해 여러 개의 섬을 둘러볼 수도 있고, 여유가 있다면 근교의 섬 하나를 페리를 이용해 다녀올 수도 있다. 좀 더 욕심이 난다면 스플리트에서 페리를 이용해 브라츠, 흐바르, 코르출라 등의 섬을 여행하고 두브로브니크로 들어갈 수도 있다.

스플리트, 흐바르, 두브로브니크의 선착장에 가면 다양한 투어를 안내한다.

## 4 아드리아 해에서 즐기는 해양 액티비티

아름다운 아드리아 해에서 다양한 해양스포츠를 경험해 본다면 좋은 추억으로 남을 것이다. 한국에서 스노클링 장비를 가져가 원하는 바다에서 마음껏 탐험할 수도 있고, 투어를 이용해 스노클링과 스킨스쿠버, 카약 등을 체험할 수도 있다. 현지에 많은 여행사가 프로그램을 운영 중이다.

## 2. 크로아티아에서 꼭 먹어야 할 음식 Best 9

### 문어 샐러드 Salata od Hobotnice
한국인들의 입맛에도 잘 맞아 인기 있는 음식이다. 부드러울 때까지 삶은 문어에 올리브 오일과 식초, 고춧가루, 다진 양파, 마늘, 파슬리를 넣어 만드는 샐러드다. 크로아티아를 여행하면 꼭 먹어보자.

### 송로버섯 Tartufi
요리는 아니지만 파스타, 오믈렛, 스테이크, 샐러드 등 다양한 요리에 사용된다. 이스트리아 지방의 세계적인 품질을 자랑하는 특산물이다. 흰색과 검은 송로버섯이 있다. 요리의 마지막에 송로버섯을 갈아 올려준다.

### 오징어 먹물 리조또 Risotto Nero di Seppia
우리나라에도 잘 알려진 오징어 먹물을 이용해 만든 리조또로 새까맣지 않고 사진처럼 회색빛이 돌아야 진짜 오징어 먹물이다.

### 바늘 마카로니 Makaruni na Iglu
얇은 막대로 집에서 만든 마카로니로 코르출라, 흐바르 등지의 섬에서 맛 볼 수 있다. 살짝 쫄깃한 식감이 인상적이다.

### 파쉬티카다 Pašticada
달마티아 지방의 비프스튜로 큼직한 쇠고기를 마늘과 로즈마리 등의 각종 허브를 레드와인에 담갔다가 채소와 함께 끓인 요리다. 감자 뇨끼Njoki와 함께 낸다. 맵지 않은 갈비찜 맛.

### 페카 Peka
크로아티아 가정식으로 무쇠 그릇에 소고기, 양고기, 돼지고기, 해산물 및 채소를 넣어 뚜껑을 덮고 숯을 올려 오랫동안 익히는 저수분 요리로 고기가 부드럽고 촉촉하다.

**새우 구이 Škampi Žar**
가장 인기 있는
크로아티아의 음식으로
맥주를 부른다.
한국에서 비싼
새우 구이 추첸!!

**자고르스키 슈트루클리**
**Zagorski Štrukli**
코티지 치즈를 넣은 패스트리 위에
사워크림을 끼얹어 오븐에 굽는
요리다. 원조는 슬로베니아이나
자그레브에서 지역화 됐다.
라 쉬트룩La Štruk(55p)에서 판다.

**자그레브 크림케이크**
**Zagrebačke Kremšnite**
자그레브 시민들이
사랑해마지않는 케이크다.
입 안에 넣는 순간 사르르
녹아내린다.

## 3. 크로아티아에서 꼭 마셔야 할 술 Best 3

**와인 Vina**
크로아티아 와인 품질은 높은
수준으로 현지에서 저렴하게
즐길 수 있으며 또 선물용으로도
좋다. 마르코 폴로의 고향인
코르출라 섬에는 뽀쉽Posip이라는
화이트와인이, 레드와인은
펠리샤츠Pelješac에서 생산되는
딩가츠Dingač가 크로아티아
최고의 레드와인으로 손꼽힌다.

**맥주 Pivo**
크로아티아를 여행하는 한국인들에게
가장 인기 있는 음료다. 알코올 도수
2%로 현지인들은 맥주라기보다는
음료라고 생각한다. 1위인 오스예츠코
Osječko와 2위인 카를로바츠코
Karlovačko 사이 맥주가 있는데
한국인들에게는
카를로바츠코가
좀 더 인기다.

**자두 브랜디 Šljivovica**
자두를 이용해 만든 브랜디로
알코올 도수가 25~70도로 높다.
플리트비체 주변의 특산물로
라스토케 마을 등지에서 판다.
자두 외에도 블루베리, 라즈베리,
체리 등으로도 만든다.

## 4. 크로아티아 **쇼핑 추천 기념품 Best 12**

### 와인
레드와인 딩가츠,
화이트와인 뽀쉽.
다양한 가격대의 제품이 있다.
와인 애호가라면 꼭 구입하자.

### 허브제품류
라벤더, 로즈마리 등으로
만든 에센셜 오일, 비누,
핸드크림, 방향제 등
다양한 제품을 판매한다.

### 올리브 오일
신선한 올리브유와
허브와 송로버섯을 넣은
올리브유를 구입할 수 있다.

### 꿀
천연꿀과 견과류를
넣은 꿀, 허브제품을 넣은
꿀을 판매한다.

### 천연 스펀지
바다에서 채취한 천연 스펀지.
사이즈에 따라 가격이 다른데
아기용 작은 사이즈도
비싼 값에 판매된다.

### 송로버섯
크로아티아는
질 좋은 송로버섯 산지로도
유명하다. 올리브유에 담긴
송로버섯, 송로버섯이 들어간
꿀, 소스, 머스터드 등이 있다.

### 리문치니와 아란치니
리문치니Limuncini는 레몬 껍질에, 아란치니Arancini는 오렌지 껍질에 설탕을 입힌 것으로 새콤달콤한 맛으로 비타민C가 가득해 간식과 선물용으로 좋다.

### 붉은 산호 액세서리
붉은 산호는 크로아티아의 특산물로 팔찌, 목걸이, 귀걸이 등으로 만들어 판매한다.

### 약국 화장품
현재 운영되는 약국들 중 가장 오래된 두브로브니크 프란체스코 수도원의 말라 브라차Mala Braca의 화장품. 인기 있는 품목은 장미크림이다.

### 레이스
흐바르의 레이스는 유네스코의 세계무형문화유산으로 지정됐다. 크로아티아 할머니들이 떠서 파는 다양한 제품들을 구입할 수 있다.

### 넥타이
크로아티아에서 처음 발명되어 유럽으로 퍼졌다. 자그레브의 크라바타Kravata나 크로아티아 여러 도시에 체인점이 있는 크로아타Croata에서 구입할 수 있다.

### 마그네틱
가장 저렴하게 구입할 수 있는 기념품으로 실용적인 선물이다.

☆ 크라쉬 초콜릿 kraš Chocolate
1911년부터 판매된 초콜릿으로 크로아티아에서 두 번째로 많이 수출된다. 간식과 기념품으로 좋다.

## 5. 오직 크로아티아에서만 볼 수 있는 **명물 Best 6**

### 1

**전등 간판**

이렇게 통일성 있으면서 귀여운 간판이 세상에 또 있을까 두브로브니크에는 전등이 곧 간판이다. 작은 공간에 가게들만의 독창성을 담으려 얼마나 노력했는지 알 수 있다. 밤이면 길거리를 아름답게 밝혀준다.

### 2

**계단**

크로아티아를 일주하면 종아리 근육 하나는 엄청나게 단련될 것이다. 어쩌면 내 평생 걸었던 계단보다 크로아티아를 여행하면서 걸었던 계단이 더 많을지도 모르겠다. 두브로브니크와 시베니크는 어디가 더 계단이 많은지 자존심 경쟁을 한다는데… 누군가 실제로 확인해 본 사람도 있다고 하니 대단하다는 말밖에 나오지 않는다.

### 3

**이렇게 높은 농구장 봤나?**

두브로브니크 구시가지에서 가장 높은 길로 올라가면 농구장이 있다. 민체타 탑 바로 아래에 위치한 농구장으로 전망 또한 끝내주는 곳이다. 작은 문으로 들어가는데 한 번 찾아보자!

### 고깔 모양 해변　　　4

브라츠 섬의 볼에 가면 황금 곶 Zlatni Rat(Golden Cape)이 있다. 고깔 모양의 특별한 형태로 한쪽은 360m, 다른 한 쪽은 420m의 긴 해변이다.

### 크로아티아인들은 모두 물개

아드리아 해를 따라 긴 해변을 가지고 있는 크로아티아는 바다빛깔도 아름답지만 그 속에서 수영하는 사람들을 보면 자연과 하나 된 모습이 무척 행복해 보인다. 우리나라는 3면이 바다인데 수영을 못하는 사람이 왜 많을까?

5

### 나이브 아트　　　6

크로아티아는 세계에서 나이브 아트가 가장 발전한 나라다. 상상력 넘치는 아름다운 그림들을 꼭 만나고 오자. 자그레브와 두브로브니크에 갤러리가 있다.

# All about Croatia

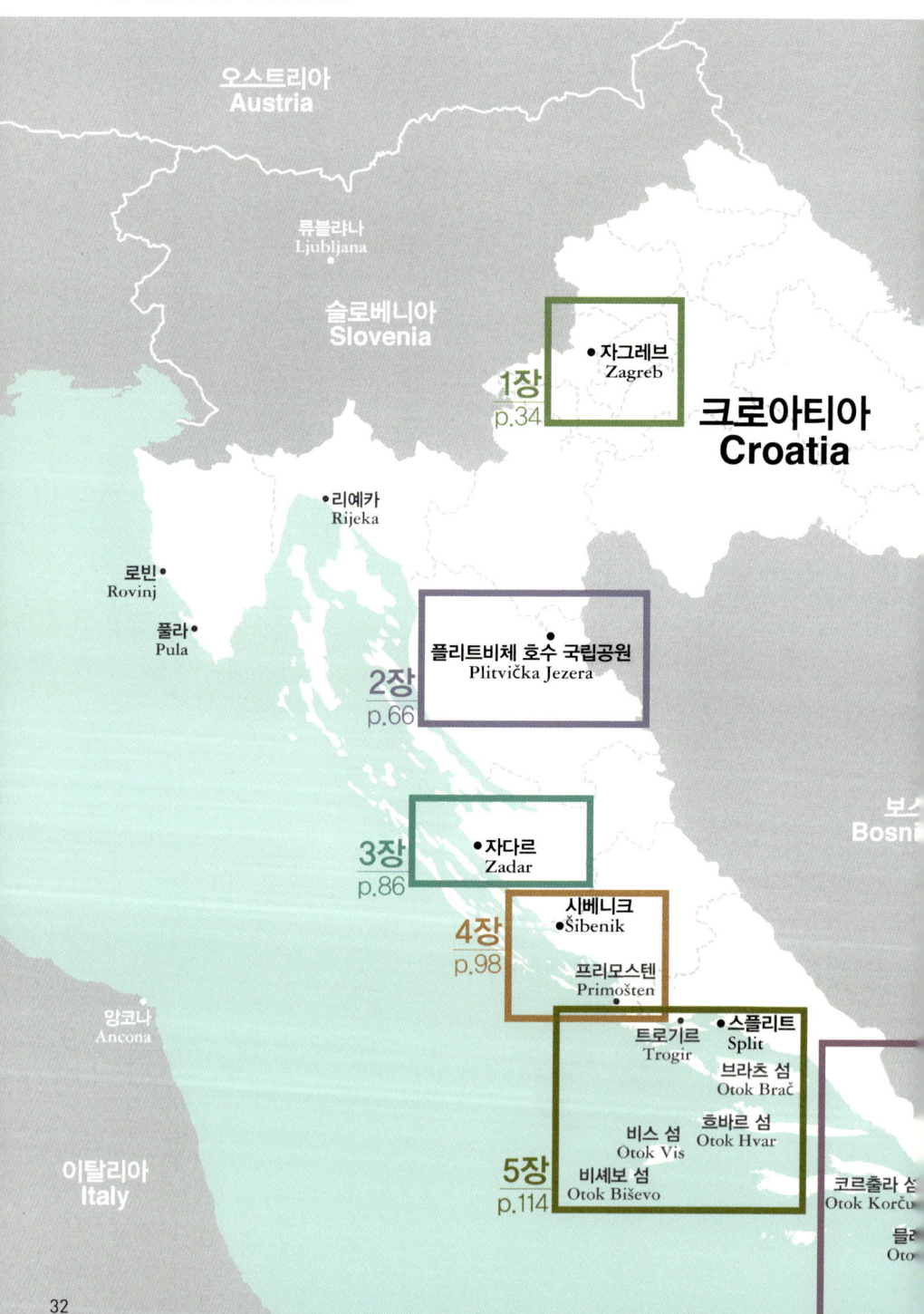

## 1장 자그레브
반 옐라치치 광장 | 자그레브 대성당 | 돌라치 시장
트칼치차 거리 | 돌의 문 | 성 마르크 교회
크로아티아 나이브 예술 박물관 | 실연 박물관
미마라 박물관 | 미로고이 공원묘지

## 2장 플리트비체 호수 국립공원
플리트비체 호수 국립공원

## 3장 자다르
요새 도시 | 로만 포룸 | 성 도나트 교회
성 아나스타시아 대성당 | 바다 오르간 | 태양의 인사

## 4장 시베니크
성 야고보 대성당 | 성 로브레 교회와 수도원
성 미카엘 요새

## 5장 스플리트
디오클레티아누스 궁전 | 열주 광장 & 문
성 도미니우스 대성당 | 주피터의 신전
황제의 알현실 | 지하궁전 | 닌의 그레고리우스 동상
나로드니 광장 | 시장 | 생선시장
이반 메슈트로비치 갤러리 | 마르얀 언덕

## 6장 두브로브니크
성벽 | 필레 문 | 플로체 문
플라차 또는 스트라둔과 오노프리오 분수
프란체스코 수도원과 박물관 | 루사 광장 주변
성 블라호 성당 | 스폰자 궁전 | 크네쥬브 궁전
두브로브니크 대성당 | 성 이그나티우스 성당
도미니크 수도원 박물관
크로아티아 나이브 아트 갤러리 | 전쟁 사진 전시관
민속박물관 | 해양박물관 | 스르지 언덕
반예 해변 | 성 야고보 해변

# 1 크로아티아의 수도, 자그레브
# Zagreb

# Map of
Zagreb

# 자그레브 관광안내소

**자그레브 관광청** Turistička Zajednica
Tel 0800 5353(무료) Web www.zagreb-touristinfo.hr

### 옐라치치 광장 ①
Address Trg Bana J. Jelacica 11
Open 여름 월~금 08:30~21:00, 토·일 09:00~18:00,
　　　겨울 월~금 08:30~20:00, 토 09:00~18:00,
　　　일·공휴일 10:00~16:00
Close 1월 1일, 12월 25일

### 로트르슈카크 탑 ①
Address Strossmayer Promenade
Open 월~토 09:00~21:00, 일·공휴일 10:00~21:00

### 자그레브 중앙역 ①
Open 여름 월~금 09:00~21:00, 토·일 12:00~20:30
　　　겨울 월~금 09:00~21:00, 토·일·공휴일 10:00~17:00

### 버스터미널 ①
Open 월~금 09:00~21:00, 토·일·공휴일 10:00~17:00

## 관광명소 & 로컬명소
❶ 반 옐라치치 광장 Trg Bana J. Jelacica
❷ 자그레브 대성당 Zagrebačka Katedrala
❸ 돌라치 시장 Tržnica Dolac
❹ 돌의 문 Kamenska Vrata
❺ 성 마르크 교회 Crkva Sv. Marka
❻ 크로아티아 나이브 예술 박물관
　 Hrvatski Muzej Naivne Umjetnosti
❼ 실연 박물관 Muzej Prekinutih Veza
❽ 로트르슈카크 탑 Kula Lotrščak
❾ 미마라 박물관 Muzej Mimara
❿ 미로고이 공원묘지 Groblje Mirogoj

## 레스토랑
❶ 트리로기야 Trilogija　　❷ 아가바 Agava
❸ 녹투르노 Nokturno　　❹ 비노돌 Vinodol
❺ 코노바 디도브 산 Konova Didov San
❻ 빈첵 슬라스티챠르니차 Vincek Slastičarnica
❼ 토르테 이 토 TORTE i to　❽ 아멜리에 Amelie
❾ 오란츠 Oranž(57p)　　❿ 두브라비카 Dubravica(62p)
⓫ 크로 케이 Cro.K(한식당) ⓬ 온새미 Onsemi(한식당)

## 쇼핑
❶ 크라바타 Kravata　　❷ 보른스테인 Bornstein
❸ 나투라 크로아티카 Natura Croatica
❹ 골동품 시장 Britanski Trg Antique Market
❺ 아로마티카 Aromatica
❻ 까스까데 Cascade　　❼ 나마 Nama
❽ 뮐러 Müller　　❾ 옥토곤 Oktogon
❿ 츠브예트니 Cvjetni　⓫ 센타 캅톨 Centar Kaptol
⓬ 크라쉬 초콜릿 Bonbonnière Kraš

## 숙소
❶ 닷 호스텔 자그레브 Dots Hostel Zagreb
❷ 유스호스텔 자그레브 Youth Hostel Zagreb
❸ 샤피 호스텔 Shappy Hostel
❹ 칠아웃 호스텔 자그레브 Chillout Hostel Zagreb
❺ 스완키 호스텔 Swanky Hostel
❻ 아파트먼트 엔젤 메인 스퀘어
　 Apartments Angel Main Square
❼ 자그레브 센터 아파트먼트
　 Zagreb Center Apartments
❽ 지그재그 아파트먼트 Zig Zag Apartments
❾ 에스플라나데 자그레브 호텔
　 Esplanade Zagreb Hotel
❿ 호텔 센트랄 Hotel Central
⓫ 아르코텔 알레그라 자그레브 호텔
　 Arcotel Allegra Zagreb Hotel
⓬ 베스트 웨스턴 프리미어 호텔 아스토리아
　 Best Western Premier Hotel Astoria
⓭ 쉐리돈 자그레브 호텔 Sheraton Zagreb Hotel
⓮ 호텔 두브로브니크 Hotel Dubrovnik
⓯ 호텔 야게르호른 Hotel Jagerhorn
⓰ 실린더 아파트먼트 Cylinder Apartments
⓱ 러브 크로아티아 Love Croatia(한인숙소)
⓲ 이니 하우스 Inny House(한인숙소)
⓳ 모이돔 Mojdom(한인숙소)

1. Zagreb

# 자그레브 들어가기

자그레브로 들어가는 방법은 크게 자그레브 국제공항을 통해 유럽 전역에서, 기차와 버스를 이용해 슬로베니아, 오스트리아, 헝가리, 보스니아 헤르체고비나에서 들어가는 것이다. 요즘 트렌드는 〈꽃보다 누나〉에서처럼 크로아티아 여행만을 목표로 이스탄불을 경유해 자그레브로 들어가는 방법인데, 이 루트만 있는 것이 아니다. 우리나라에서 크로아티아로 들어가는 저렴한 항공과 루트는 221p에서 설명한다.

## 비행기

자그레브 공항에서 구시가지로 들어가는 방법은 공항버스와 택시 두 가지가 있다. 공항버스가 가장 효율적이고 보편적인 방법이다. 4인이라면 택시를 타도 비슷한 요금이 나온다. 공항버스는 자그레브 버스터미널에 도착하기 때문에 버스터미널에서 다시 구시가지까지 한 번 더 이동해야 한다. 구시가지까지는 짐이 없다면 도보도 가능하나 보통은 트램을 타고 들어간다. 버스터미널에서 시내까지에 대한 정보는 '트램' 편을 참고하자.

### 공항버스 Pleso Prijevoz

입국장에서 버스 표지를 따라 나오면 공항버스 정류장이 있다. 자그레브의 버스터미널까지 운행하며 20~25분이 소요된다. 버스표는 버스 안에서 구입하면 된다.

Open    자그레브 버스터미널 → 공항
         첫차 04:30(토 · 일 05:00), 막차 20:00(30분 간격)
         공항 → 자그레브 버스터미널
         첫차 07:00, 막차 20:00(30분 간격)
Cost    편도 30Kn, 왕복 40Kn
Web    www.plesoprijevoz.hr

### 택시 Taxi

입국장에서 택시 표지를 따라 나오면 택시 정류장이 바로 보인다. 시내 중심가까지의 요금은 180~230Kn 정도다. 자그레브 구시가지에서 숙박을 한다면 시내까지 공항버스+트램 요금 40Kn와 숙소까지 도보 이동 시간 등을 감안할 때 4명의 동행여행자, 가족여행자 또는 공항버스가 끊긴 뒤에 도착했다면 택시를 이용하는 것이 더 효율적이다. 많이 이용하는 택시회사는 에코 택시EKO TAXI가 있다. 기본요금은 8.8Kn, 1km당 6Kn다. 인터넷으로 미리 예약을 할 경우 택시 운전사가 이름이 쓰인 종이를 들고 공항에 픽업을 나오며 요청 시 아이를 위한 카시트도 제공한다. 유로화로도 계산할 수 있다. 자그레브 택시는 우리나라와 마찬가지로 짐 값을 별도로 받지 않는다.

에코 택시 EKO TAXI
Tel    1414 또는 060 7777
Web    www.ekotaxi.hr

> **TIP 우버 택시 Uber Taxi**
> 우버 택시를 이용할 예정이라면 공항에서 제공하는 15분 무료 Wifi를 이용해 부르면 된다. 미리 앱을 다운 받아가는 것이 좋다.

**자그레브 국제공항**
**Međunarodna Zračna Luka Zagreb(Zagreb International Airport, ZAG)**
자그레브 국제공항은 중심가에서 남동쪽으로 17km 떨어져 있는 소규모 공항이다. 한 층에 국내선과 국제선의 출입국장이 모두 모여 있을 정도로 작다. 관광안내소는 국제선 입국장에 위치해 있다. 이외에 관광안내소(여름 월~금 08:30~21:00, 토·일 09:00~18:00, 겨울 월~금 09:00~21:00, 금·토·공휴일 10:00~17:00), 우체국(07:00~20:00)과 은행 자그레바츠카 방카Zagrebačka Banka(07:00~21:00), 환전소(05:30~23:00), 식당과 카페(07:00~22:00), 렌터카 등의 편의시설이 있다. 공항 내에서는 15분간 무료 인터넷을 사용할 수 있는 컴퓨터가 비치되어 있고, 스마트폰이 있다면 15분간 무료 WiFi가 가능하다. 짐 보관소는 없다. 버스터미널을 이용해야 한다.
Address  Ulica Rudolfa Fizira 1, 10410 Velika Gorica
Tel  014 562 170
Web  www.zagreb-airport.hr

※ **프라이어티 패스 카드 소지자**
전 세계 공항 대부분의 라운지를 이용할 수 있는 프라이어티 패스(PP) 카드 소지자라면 국제선 이용객에 한해 즈린예바츠 Zrinjevac(운영 06:00~20:00) 라운지를 무료 이용할 수 있다(12세 미만 무료).

관광안내소

자그레브 국제공항

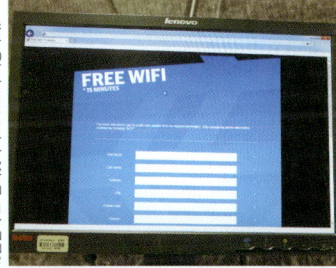

15분간 무료 인터넷과 무료 WiFi가 가능하다.

PP카드 소지자는 라운지 이용이 가능하다.

작은 규모의 공항이다.

1. Zagreb

## 기차

자그레브 중앙역에 도착했다면 구시가지로 들어가는 방법은 간단하다. 중앙역 앞에서 옐라치치 광장으로 이어지는 트램 6·13번을 타거나 또는 중앙역을 등지고 정면의 공원을 따라 구시가지 방향으로 걸어가면 된다. 구시가지의 중심인 옐라치치 광장까지 1km 공원이 이어지는데 자그레브 시의 분위기를 느끼며 걸어갈 수 있다.

### 자그레브 중앙역 Zagreb Glavni Kolodvor (Main Railway Station)

자그레브에는 기차역이 단 하나다. 국내선과 국제선 모두 한곳에 도착하고 출발하기 때문에 편리하다. 주변 국가와 국내로 연결되는 노선의 소요시간은 222p를 참고하자. 국내선은 서쪽에 위치한 이스트리아 지방의 리예카와 남쪽의 달마티아 지방 스플리트까지 철도가 연결된다. 기차역 내에는 관광안내소(**여름** 월~금 09:00~21:00, 토·일 12:00~20:30, **겨울** 월~금 09:00~20:00, 토·일 10:00~17:00), 환전소, 유인 짐 보관소, 로커(15Kn), ATM, 화장실, 여행사, 카페, 식당, 콘줌Konzum 슈퍼마켓 등의 편의시설이 있으며 중앙역 밖으로 나오면 트램 2·4·6·9·13과 버스정류장이 있다.

Address Trg Kralja Tomislava 12
Tel　　060 333 444
Web　　www.hzpp.hr

크로아티아 기차역 로고와
로커 24시간 15Kn

**순서대로** 중앙역 내부, 국내선과 국제선 매표소, 기차 시간표 안내소와 관광안내소

## 버스

버스터미널에서 구시가지 옐라치치 광장까지는 2km 정도로 도보도 가능하다. 대중교통을 이용한다면 트램 6번(취르노메레츠Črnomerec 방향)을 타면 구시가지로 갈 수 있다.

### 자그레브 버스터미널 Autobusni Kolodvor Zagreb (Central Bus Terminal)

크로아티아 국내와 국제노선을 운행하는 버스터미널이다. 매표소와 관광안내소는 2층에 있고 버스는 1층에서 탄다. 먼저 인포메이션Information에서 시간을 문의한 뒤 매표소에서 표를 구입한다. 버스 시간 정보와 티켓 판매는 분리운영하기 때문에 창구에서 시간을 물으면 곧바로 출발하는 버스 외에는 인포메이션에서 문의하라고 한다. 티켓을 구입할 경우 발권수수료가 있는데 인터넷으로 예약하는 것이 약간 더 저렴하나 승차권과 교환 시 좌석 예약비가 추가로 청구된다. 예약 후 메일로 전송된 예약 확인서를 프린트해서 창구에 보여주면 승차권으로 교환해준다. 터미널 내에서 와이파이는 불가능하며, 화장실은 3Kn이다. 간단하게 식사를 해야 한다면 1층의 두브라비카Dubravica 체인 베이커리를 이용하면 된다.

Address    Av. Marina Držića 4
Access    트램 2·5·6·7·8번
Open    05:00~23:30
Tel    크로아티아 국내 예약
       유선 060 313 333, 무선 016 008 677
       국제선 예약 010 112 789
Web    www.akz.hr
       크로아티아 내 버스 통합 예약 사이트
       ① 겟바이버스 getbybus.com
       ② 오토트란스 www.autotrans.hr

> **Tip 버스터미널에서 짐 보관하기**
> 버스터미널에는 유료 짐 보관소가 있는데 무인보관소(로커)는 106번 터미널에 위치해 있고 24시간 짐 보관이 가능하다. 유인보관소에는 15kg 이하의 짐을 맡길 수 있는데 최대 4시간까지 1시간당 보관료는 5Kn, 4시간 이후부터 1시간당 2.5Kn로 짐을 보관할 수 있다.

## 자그레브 시내교통

대중교통 수단으로는 트램, 버스, 푸니쿨라가 있다. 자그레브에서 머물 때는 주로 트램을 이용하게 되는데 시스템이 잘 갖춰져 있어 이용하기 쉽다. 트램은 15개의 노선이 있으며 이 중 옐라치치 광장-중앙역-버스터미널을 지나는 6번 트램을 주로 타게 된다. 1·3·8번은 토·일·월요일에는 운행하지 않는다. 버스는 미로고이 공원묘지를 갈 때를 제외하고는 거의 탈 일이 없지만 모두 저상버스로 타기에 편리하고 4대의 야간버스도 있다. 트램과 버스는 같은 승차권(90분 유효)을 사용하고 요금도 동일하다.
* 자그레브 교통국 : www.zet.hr

대중교통 티켓을 판매하는 티삭

Open    주간 04:00~24:00, 야간 24:00~04:00에 운영하며 주말에는 횟수가 줄어든다.
Cost    **주간승차권** 일반 신문가판대(Tisak)·차장에게 구입 시 10Kn, 17~18세 50%, 7세 미만 무료
        **심야승차권** 신문가판대·차장에게 구입 시 15Kn 일일승차권 1일권 30Kn, 3일권 70Kn, 7일권 150Kn 등

## 트램

자그레브의 가장 대표적인 교통수단으로 여행자들도 한두 번쯤은 이용하게 되는 친숙한 대중교통이다. 15개의 노선 중 가장 유용한 노선은 6번 트램이다. 츠르노메레츠Črnomerec(종점)-옐라치치 광장-중앙역-버스터미널-소포트Sopot(종점)를 운행한다. 옐라치치 광장에서 버스터미널 방향 첫차는 05:00, 버스터미널에서 옐라치치 광장 방향 첫차는 05:12이다. 버스터미널에서 옐라치치 광장까지 소요시간은 11분, 중앙역까지는 7분이 소요된다. 중앙역에서 옐라치치 광장까지는 단 4분이 소요된다.

트램

## 버스

자그레브의 구시가지에서는 트램만 다니기 때문에 버스를 이용할 일은 거의 없다. 기차역과 자그레브 성당, 버스터미널과 같은 곳에 버스정류장이 있다. 여행자들은 미로고이 공원묘지를 갈 때에 버스를 이용하게 되는데 타는 장소와 버스 배차시간은 53p를 참고하자.

전광판에 도착시간이 나와 편리하다.

## 택시

자그레브에는 여러 개의 택시회사가 있는데 기본요금이나 부가요금이 택시회사마다 차이가 있다. 가장 저렴하며 많이 이용하는 택시회사는 에코 택시EKO TAXI(1414, 060 7777)이며, 라디오 택시RADIO TAXI(1777, 060 800 800)도 많이 이용한다. 요즘에는 우버UBER를 이용하는 경우도 많은데 우버는 모바일 앱을 통해 차량과 승객을 연결하는 서비스이다. 여행자 입장에서 과잉요금이나 불친절 문제가 해결되고, 팁도 줄 필요가 없어 낯선 여행지에서 편리한 교통수단이다.

기사에게 티켓을 살 수 있지만 비싸다.

버스

> **TIP 승차권 사용법**
> 트램인 경우 맨 앞 칸에만 우리가 사용하는 1회권 체크기가 있다(자그레브 시민들은 정액제카드를 사용한다). 공백 부분을 위로 하고 체크기에 티켓을 넣으면 자동으로 체크된다. 버스인 경우 운전사에게 티켓을 보여주면 도장을 찍어준다. 버스나 트램을 타는 동안에는 티켓을 가지고 있어야 한다. 체크하지 않은 교통권은 무임승차로 간주된다. 자율적으로 개찰하는 시스템이기 때문에 무임승차의 유혹이 느껴지기도 하나 대한민국 여행자로서 부끄러운 행동은 하지 않도록 하자. 티켓은 찍힌 시간부터 90분 동안 유효하며 환승도 가능한데 탔던 곳에서 진행 방향으로만 가능하다.

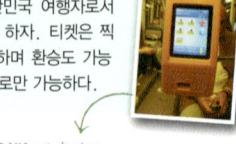
트램은 맨 앞 칸에 티켓 체크기가 있다.

택시

## 자그레브의 한인 식당

자그레브에 최근 한인 식당이 두 곳 생겼다. 한 곳은 돌라치 시장 앞, 다른 한 곳은 쉐라톤 자그레브 호텔 앞으로 모두 구시가지의 중심에 위치해 있다. 크로아티아 내의 한국 음식문화를 널리 소개하고 한국 여행자들의 한국 음식에 대한 그리움을 해소하는 데 큰 역할을 할 수 있기를 기대해본다.

**요금**(1인 기준, 와인 불포함)
100kn 미만 € | 100~200Kn 미만 €€ | 200Kn 이상 €€€

### 크로 케이 Cro.K
감각 있는 젊은 여사장님의 센스가 엿보이는 식당이다. 조각보와 족자 등 예술작품을 곳곳에 전시하고 있다. 식당 내에 아이들을 위한 놀이공간이 있는 것이 특징이다.

Address Pod Zidom 4
Open 11:30~23:00
Cost 예산 €€
Tel 014 819 525
Web www.facebook.com/Cro.K.zg

### 한국 식료품점
자그레브 대부분의 호스텔과 아파트먼트에서 취사가 가능하기 때문에 한국 식료품점에서 사온 재료로 한국 음식을 만들어 먹을 수 있다.

**라온 Raon (Korean Food Shop)**
크로아티아 내 유일한 한국 식료품 가게로 라면, 떡볶이, 만두, 과자 등 다양한 제품을 판매한다.
Address Janka Draškovićeva 36
Open 월~금 11:00~19:00,
 토 10:00~14:00
Web www.facebook.com/raon.zagreb

### 온새미 Onsemi
쉐라톤 자그레브 호텔 앞에 위치한 한식당 주변에 호텔이 밀집해 있어 호텔 이용자들이 들르기 좋은 위치다.

Address Kneza Mislava 1A
Close 1월 1일
Tel 099 467 0701
Web www.facebook.com/Onsemi-Korejski-Restoran-1687218088177166
Open 10:00~23:00
Cost 예산 €€

# 반 옐라치치 광장
Trg Ban Jelačić (Ban Jelačić Square)

자그레브 구시가지의 중심으로 1641년에 만들어졌다. 시민들의 만남의 장소이자 공연장 등으로 사용된다. 광장을 둘러싼 대부분의 건물은 19세기에 만들어진 것으로 아르누보와 포스트 모더니즘 양식이다. 광장 양옆으로 직선으로 4km에 걸쳐 이어지는 일리차Ilica 길은 자그레브에서 가장 긴 거리로 쇼핑의 중심지다. 이 일리차 거리를 기준으로 북쪽을 고르니 그라드Gornji Grad(Upper Town), 남쪽을 도니 그라드Donji Grad(Lower Town)로 나눈다. 고르니 그라드에는 중세 유적들이 모여 있고, 도니 그라드에는 중세 유적과 현대 건물들이 섞여 있다. 상점들과 식당, 카페가 모여 있는 곳도 이곳이다. 옐라치치 광장 한가운데에는 1848년 오스트리아 제국의 군대를 이끌고 헝가리 전투에서 승리한 요십 옐라치치 장군을 기리는 동상이 세워져 있다. 2차 세계대전 이후 인민광장으로 불리며 동상도 철거되었는데 1990년부터 다시 반 옐라치치 광장으로 돌아왔다. 광장의 관광안내소 근처에 작은 분수가 있는데 이곳에서 자그레브라는 이름이 탄생했다.

Access 트램 1·6·11·12·13·14·17번
Trg Bana Jelačića 정류장

> **Tip** **만두쉐바츠 분수와 자그레브**
> 자그레브라는 이름은 1094년에 처음으로 기록되었다. 이곳을 지나던 어느 장군이 목이 말라 만다Manda라는 여자아이에게 물을 길어 달라고 했는데 크로아티아어로 '(물을) 긷다'라는 뜻인 자그라비티Zagrabiti에서 파생되었다고 한다. 1986년 광장을 재건할 때 이 우물이 발견되면서 대중들의 요청으로 분수가 만들어졌다. 분수는 여자아이의 이름에서 따와 만두쉐바츠Manduševac라고 부른다.

## 요십 옐라치치 총독 동상

요십 옐라치치Josip Jelačić(1801~1859)는 당시 헝가리 왕국Magyar Királyság의 지배를 받던 크로아티아-슬라보니아-달미디아 왕국의 총독으로 농노제도를 폐지하고 크로아티아 최초의 선거를 시행한 인물이다. 동상은 1866년 합스부르크 왕가가 세운 것이다. 당시 헝가리 왕국은 오스트리아 제국의 지배를 받고 있었는데 헝가리 왕국이 합스부르크 왕가에 대항해 1848년 혁명을 일으켰다. 헝가리 왕국의 지배를 받고 있던 크로아티아-슬라보니아-달마티아 왕국의 총독인 옐라치치는 헝가리 왕국으로부터 독립된 통치권을 획득하기 위해, 합스부르크 왕가의 신임을 얻으려 군대를 이끌고 헝가리와의 전쟁을 벌인 인물이다. 전투에서 승리했고, 러시아의 전쟁 참여로 헝가리 왕국의 혁명은 실패로 끝났다. 하지만 1867년 오스트리아-헝가리 제국을 이끌어내며 헝가리 왕국은 향상된 자치권을 누리게 된다. 이런 결과로 옐라치치가 통치권을 얻는 것은 실패로 돌아갔다. 원래 동상은 헝가리가 있는 북쪽을 향해 칼을 들고 서 있는 형태였는데 공산주의 시대에 철거되었다가 1991년 크로아티아가 독립하면서 다시 세워질 때 남쪽으로 방향을 바꾼 것이다. 20Kn 지폐에 옐라치치의 초상화가 그려져 있다.

옐라치치 장군 동상

옐라치치 광장

1848년 의회에서 옐라치치

자그레브 대성당에 옐라치치 장군의 무덤이 있다.

# 자그레브 대성당
Zagrebačka Katedrala (Zagreb Cathedral)

관광명소

캅톨 언덕 위에 세워진 대성당으로 자그레브에서 가장 높은 건물이다. 1094년에 짓기 시작해 1217년 로마네스크-고딕양식으로 완공되었으나 1242년 크로아티아로 피신한 헝가리 왕 벨라 4세Béla IV를 뒤쫓아 온 몽골의 타타르족에 의해 완전히 파괴되었다가 14~17세기에 걸쳐 재건되었다. 이후에도 화재와 침략으로 피해가 있었는데, 1880년 대지진으로 무너져 1880~1906년 동안 네오고딕양식으로 재건된 모습이 바로 현재의 성당이다. 성모와 성 스테파노Sv. Stjepan, 성 라디슬라브Sv. Ladislav(1040~1095)를 봉헌하기 위해 세워졌다. 쌍둥이 종탑의 높이는 108m다. 성당은 특이하게 담으로 둘러싸여 있는데 르네상스 담Renaissance Walls은 오스만 튀르크로부터 대성당을 보호하기 위해 1512~1521년에 만들어진 것이다. 예배시간은 평일 07:00/08:00/09:00/18:00, 일요일은 07:00/08:00/09:00/10:00/11:30/18:00로 예배모습을 지켜볼 수 있다. 제단 뒤편에는 자그레브 대주교와 옐라치치 등의 중요인사들의 묘가 있다.

**Address** Kaptol 31
**Access** 반 옐라치치 광장에서 캅톨Kaptol 길을 따라가면 된다.
**Open** 월~토 10:00~17:00, 일·공휴일 13:00~17:00
**Tel** 014 814 727
**Web** www.zg-nadbiskupija.hr

> **근위병 교대식**
> 4~9월 토·일·공휴일 12:00부터 20분간 자그레브 대성당 앞에서 넥타이 연대Kravat Regiment 근위병 교대식이 열린다. 너무 기대하지는 말자.

# 돌라치 시장 Tržnica Dolac (Dolac Market)

자그레브 시에서 가장 규모가 큰 시장으로 1930년대에 고르니 그라드Gornji Grad와 도니 그라드Donji Grad 경계에 시장이 세워졌다. 싱싱한 채소와 과일, 생선, 꽃, 그리고 올리브 오일, 비누, 치즈 등의 가공제품과 수공예 기념품까지 다양한 제품을 한자리에서 볼 수 있다. 여름에 여행한다면 한국에서 비싼 체리, 복분자, 산딸기, 무화과 등을 꼭 맛보도록 하자.

Address  Dolac 9
Access   반 옐라치치 광장 바로
         뒤편 계단을 올라가면 나온다.
Open     월~금 06:30~15:00,
         토 06:30~14:00,
         일 06:30~13:00
Tel      016 422 818
Web      www.trznice-zg.hr

돌라치 시장을 상징하는 동상

싱싱한 과일을 꼭 맛볼 것 / 화사한 색을 뽐내는 꽃가게

빨간 우산으로 뒤덮이는 돌라치 시장

1. Zagreb

# 트칼치차 거리
Ulica Tkalčića (Tkalčića Street)

자그레브 시에서 가장 생동감 넘치고 컬러풀한 보행자 거리다. 과거에는 수많은 물방앗간이 있던 자리로 종이, 비누, 옷, 술 등이 만들어지던 상업의 중심지였다. 한때는 홍등가와 술집도 밀집한 지역이었으나 지금은 커다랗게 펼쳐진 차양 아래 카페, 레스토랑, 상점들이 모여 있는 거리로 여유를 즐기는 사람들로 가득하다. 밤이 되면 분위기가 더 좋아진다. 트칼치차 거리 초입에는 크로아티아 최초의 여성 작가인 마리야 유리츠 자고르카Marija Jurić Zagorka(1878~1957)의 동상이 세워져 있고, 길의 끝에는 까스까데Cascade 쇼핑몰과 센타 캅톨Centar Kaptol이 이어진다.

Access  옐라치치 광장에서 트칼치차 거리 Ulica Tkalčića를 따라가면 된다.

크로아티아 최초의 여성 작가인 마리야 유리츠 자고르카의 동상

트칼치차 거리

## 돌의 문 Kamenska Vrata (Stone Gate)

몽골의 침략을 막기 위해 중세도시 그라데츠Gradec 주변에 쌓았던 외벽의 4개 출입구 중에 유일하게 남아 있는 문이다. 13세기에 만들어졌는데 1731년 자그레브 대화재로 문이 완전히 소실되어 1760년에 다시 만든 것이다. 신기하게도 화재 당시 무명화가가 그린 성모마리아와 아기예수의 그림은 불에 타지 않았다고 한다. 때문에 이곳의 성모마리아는 자그레브의 수호성인이 되었고 성지가 되어 순례자들이 찾아온다. 시민들은 꽃을 바치며 촛불을 밝히고 기도를 하러 온다. 매년 5월 31일 성모마리아를 기리는 행사가 열린다.

Access 반 옐라치치 광장에서 라디체바Radićeva 길을 따라 500m 오르막길을 올라간다.

### 성 게오르기우스 동상
돌의 문으로 올라가는 길에 있는 성 게오르기우스Georgius(George) 동상. 초기 기독교의 순교자로 14성인 중 한 사람이다. 인간 제물을 요구하던 드래곤이 게오르기우스 기사에 의해 죽는 장면을 묘사한 것이다. 게오르기우스는 드래곤으로부터 사람들을 안심시키고 기독교로 개종시켰다. 이후 로마의 디오클레티아누스 황제의 박해로 참수형을 당한다.

## 포포브 탑과 로트르슈카크 탑

13세기에 만들어진 중세도시, 그라데츠는 외벽을 세우고 몽골로부터 도시를 보호했다. 돌의 문과 함께 당시 외벽에 있었던 두 개의 탑이 남아 있는데, 성 마르크 교회 북쪽의 포포브 탑Popov Toranj(Priest's Tower)과 남쪽의 로트르슈카크 탑Kula Lotrščak(Lotrščak Tower)이 그것이다. 돌의 문과 두 개의 탑 위치를 어름 잡으면 당시 중세도시의 규모가 어느 정도였는지 짐작할 수 있다. 오늘날의 도시와는 비교할 수 없을 정도로 작지만 당시 중세도시들의 규모는 대부분 이 정도였다. 포포브 탑은 13세기에 지어져 여러 번 증축되었는데 17세기에는 학교로 사용되기도 했고 20세기에는 천문대로도 쓰이기도 했다. 남쪽의 로트르슈카크 탑은 13세기에 만들어진 것으로 19m 높이다. 1242년 몽골의 타타르족을 피해 크로아티아에 왔던 헝가리 왕 벨라 4세Béla IV는 감사의 의미로 그라데츠를 자유 도시로 선포하였는데 이를 기리기 위해 로트르슈카크 탑에서 매일 정오에 대포를 쏘았다. 지금은 1층에 관광안내소가 있고 꼭대기는 유료전망대(20Kn)로 올라가 볼 수 있다. 로트르슈카크 탑은 짧은 푸니쿨라로 도니 그라드와 연결된다.

로트르슈카크 탑 & 포포브 탑

스트로스마르트 산책로

고르니 그라드에서 보이는 자그레브 시 전경

귀여운 사이즈의 푸니쿨라

고르니 그라드로 가는 지름길, Zakmardijeve stube 골목길을 지나면 가파른 계단길이 이어진다.

### 푸니쿨라

구시가지의 고르니 그라드와 도니 그라드를 잇는 푸니쿨라Uspinjača(Funicular)로 1890년에 만들어졌다. 28명이 정원인 귀여운 사이즈다. 현재까지 총 67만 5천 명을 태우고 운행했다. 66m 길이로 세계에서 가장 짧은 푸니쿨라다. 오르고 내리는 데 단 64초가 걸린다.

Open 06:30~22:00(10분 간격)
Cost 일반 4Kn, 7세 미만 무료, 큰 짐 4Kn

# 성 마르크 교회
Crkva Sv. Marka (St. Mark's Church)

13세기에 지어진 로마네스크양식의 성당으로 14세기 중반에 고딕양식이 추가되었다. 종탑과 입구, 남쪽 벽의 창문 등은 로마네스크양식이 남아 있으나 전반적으로 19세기와 20세기 초 두 번에 걸쳐 재건축됐다. 성당 지붕의 아름다운 모자이크로 여행자들의 단골 배경으로 사용된다. 지붕의 모자이크는 19세기 재건축 때 추가된 것으로, 왼쪽은 크로아티아 최초의 통일 왕국인 크로아티아Croatia – 슬라보니아Slavonia – 달마티아Dalmatia 왕국의 문장을 혼합한 것이며, 오른쪽은 자그레브 시의 문장이다. 성당 내부는 들어갈 수 없고 유리창 너머로 볼 수 있는데 내부 인테리어는 1936~1938년에 다시 한 것이다. 제단은 크로아티아의 대표 조각가인 이반 메슈트로비치Ivan Meštrović(1883~1962)의 작품이다. 성당을 바라보고 왼쪽 건물은 정부 청사로 총리의 사무실이 있다. 이 건물에서 옐라치치가 살았고 사망한 곳이기도 하다. 오른쪽의 건물은 크로아티아 정치의 중심으로 의회로 사용되고 있다.

Address   Trg Sv. Marka 5
Access   반 옐라치치 광장에서 라디체바Radićeva 길을 따라 올라간 뒤, 돌의 문을 지나 50m 또는 푸니쿨라를 타고 고르니 그라드로 올라가 50m 직진한다.
Tel   014 851 611

## 크로아티아 나이브 예술 박물관
Hrvatski Muzej Naivne Umjetnosti
(The Croatian Museum of Naive Art)

나이브Naive는 아마추어적이며 순진 소박한 예술 사조를 말한다. 20세기에 등장했다 쇠퇴했지만 크로아티아는 세계에서 나이브 예술이 가장 발달된 나라다. 작은 박물관이지만 매료되기에 충분한 아름다운 그림들을 소장하고 있다. 눈에 띄는 작가는 크로아티아 태생의 이반 라부진Ivan Rabuzin(1921~2008)의 꽃과 자연을 소재로 한 부드러운 색감의 작품들과 세르비아-헝가리안 나이브 화가 에메릭 페예시Emerik Feješ(1904~1969)가 그린 성당들이다. 파리, 브뤼셀, 뮌헨, 비엔나, 밀라노 등에서 그린 것을 한자리에서 볼 수 있다. 내부에서는 사진촬영이 금지된다.

| | |
|---|---|
| Address | Sv. Ćirila i Metoda 3, Gornji Grad |
| Access | 로트르슈차크 탑과 성 마르크 교회로 이어지는 길 중간에 있다. |
| Open | 월~토 10:00~18:00, 일 10:00~13:00 |
| Close | 1월 1·6일, 부활절 휴일, 5월 1일, 성체축일, 6월 22일, 8월 5·15일, 10월 8일, 11월 1일, 12월 25·26일 |
| Cost | 일반 20Kn, 학생 10Kn |
| Tel | 014 851 911 |
| Web | www.hmnu.org |

## 실연 박물관
Muzej Prekinutih Veza
(Museum of Broken Relationships)

사랑에 실패한, 또는 죽음으로 사랑하는 사람을 잃은 사람들의 상처와 아픔을 극복하는 데 초점을 맞춘 박물관이다. 자그레브에서 가장 유명한 박물관으로 전 세계에서 모인 다양한 컬렉션을 자랑한다. 호기심으로 시작해, 전시된 물품을 보면서 누군가도 나와 같은 상처와 아픔을 가지고 있다는 것에 공감하고 상처가 치유되는 신비로운 장소다. 전시된 물품에 붙은 설명을 읽노라면 구구절절한 사연에 웃기도 하고 울기도 하며 감동받게 된다.

| | |
|---|---|
| Address | Ćirilometodska 2 |
| Access | 로트르슈차크 탑 바로 뒤편에 있다. |
| Open | 6~9월 09:00~22:30, 10~5월 09:00~21:00, 12월 24·31일 |
| Close | 1월 1일, 부활절, 만성절, 12월 25일 09:00~15:00 |
| Cost | 일반 30Kn, 학생증 소지자·65세 이상 20Kn |
| Tel | 014 851 021 |
| Web | www.brokenships.com |

# 미마라 박물관
Muzej Mimara (Mimara Museum)

안테 코피치 미마라Ante Topić Mimara(1898~1987)가 자신의 소장품을 국가에 기증한 박물관으로 1985년에 문을 열었다. 선사시대부터 현재까지 다양한 회화, 조각, 공예품들을 볼 수 있다. 자그레브 시의 국립박물관 중 가장 볼 만한 박물관이다. 라파엘로, 렘브란트, 루벤스, 반 다이크, 고야, 마네, 르누아르 등 유명 화가의 작품도 볼 수 있다.

박물관

르누아르의 그림

Address Rooseveltov Trg 5
Access 트램 12·13·14·17번
Marshall Tito Sq. 정류장
Open 10~6월
화·수·금·토 10:00~17:00,
목 10:00~19:00,
일 10:00~14:00
7~9월
화~금 10:00~19:00,
토 10:00~17:00,
일 10:00~14:00
Close 월요일, 1월 1·6일, 부활절 휴일, 5월 1일, 성체축일, 6월 22일, 8월 5·15일, 10월 8일, 11월 1일, 12월 25·26일
Cost 일반 40Kn, 학생·65세 이상 30Kn
Tel 014 828 100
Web www.mimara.hr

# 미로고이 공원묘지
Groblje Mirogoj (Mirogoj Cemetery)

이곳은 원래 남슬라브 통합운동의 선구자이며 크로아티아어의 아버지인 류데비트 가이Ljudevit Gaj(1809~1872)의 여름 별장으로 사후에 정부가 매입해 공원묘지로 만들었다. 크로아티아의 초대 대통령 프란요 투즈만Franjo Tudman(1922~1999)을 비롯한 예술가, 정치인, 군인 등이 안치되어 있다. 유럽에서 가장 아름다운 묘지 중 하나다.

로컬 명소

Address Mirogoj 10
Access 자그레브 대성당 버스정류장에서 버스 106번(20분 간격)을 타고 10~15분. 오르막의 정상에 있다.
Open 4~9월 06:00~20:00,
10~3월 07:00~18:00
Tel 014 696 700
Web www.gradskagroblja.hr

### 레스토랑을 이용하기 전에
크로아티아의 레스토랑은 다른 서유럽의 레스토랑과 조금 다른 점이 있다.

1. 식당 입구에서 직원을 기다려 자리 안내를 받지 않아도 된다. 즉 식당으로 들어가 원하는 자리에 앉는 것은 실례가 아니다(고급 레스토랑은 제외).
2. 팁이 필수는 아니다. 식사를 한 뒤 팁을 주지 않아도 되나 외국인들에게는 팁을 기대한다. 그러니 서비스가 나쁘지 않았다면 자투리 잔돈 정도의 팁은 주는 것이 좋다(고급 레스토랑은 봉사료가 포함되지 않았다며 팁을 요구하기도 한다).
3. 수돗물을 마실 수 있다. 레스토랑 이용 시 "탭 워터, 플리즈Tap Water Please(수돗물 주세요)."라고 말하면 물을 가져다준다. 물론 공짜다. 그러나 유럽은 밥을 먹을 때 음료수를 반드시 시키는 것이 일상화되어 있으므로 맥주나 와인, 탄산음료 중에서 한 가지는 시켜야 하는 것이 예의다. 물은 음료를 주문할 때 함께 가져다 달라고 하자.
4. 전식(수프나 샐러드 류)+본식+후식+커피 구성으로 식사를 하나 '전식+본식' 또는 '본식+후식' 형태로도 많이 먹는다. 음식 양이 부담이 된다면 본식에 사이드 메뉴Side Menu(적은 양의 샐러드나 뇨끼, 감자튀김 등을 추가하는 것) 중에 추가로 시키는 구성을 추천한다. 참고로 서민적인 레스토랑은 한국 여성이 먹기에는 양이 굉장히 많은 편이다.

요금(1인 기준, 와인 불포함)
100Kn 미만 € | 100~200Kn 미만 €€ | 200Kn 이상 €€€

# 트리로기야 Trilogija

트립 어드바이저 1위 레스토랑으로 로컬이나 외국여행자들뿐만 아니라 한국여행자들도 많이 찾는다. 그날 수급된 식재료 상황에 따라 메뉴가 조금씩 달라지기 때문에 입구의 메뉴판을 참고하고 들어가면 된다. 자리에 앉으면 직원이 오늘의 메뉴를 말로 설명해 주는데 어느 정도의 회화 능력이 필요하다. 보통 본음식 메뉴는 리조또, 돼지고기, 송아지고기, 생선 중에서 선택할 수 있다. 양도 적당하게 나온다. 음식과 궁합이 맞는 110종의 와인도 보유하고 있는데 본식을 주문할 때 어울리는 와인을 추천해달라고 하면 된다. 돌의 문Stone Gate 바로 옆에 있다.

| | |
|---|---|
| Address | Kamenita 5 |
| Open | 월~목 11:00~24:00, 금·토 11:00~01:00 |
| Close | 일요일 |
| Cost | 예산 €€ |
| Tel | 014 851 394 |
| Web | www.trilogija.com |

강력 추천! 전채, 구운 치즈

고기부터먹는 리조또 추천

## 코노바 디도브 산 Konoba Didov San

달마티아 음식을 전문적으로 하는 식당으로 로컬분위기를 만끽할 수 있는 인테리어가 인상적이다. 송아지 고기, 양고기, 소시지 등의 다양한 고기를 한 번에 맛볼 수 있는 믹스드 그릴Mixed Grill 메뉴를 추천. 양이 많다. 간이 짜니 소금을 조금만 사용해달라고 미리 말하자. '디도브 산Didov San'은 '할아버지의 꿈'이란 뜻이다.

> 레스토랑

Address Mletačka 11
Open 10:00~24:00
Cost 예산 €
Tel 014 851 154
Web www.konoba-didovsan.com

**TIP 소금 조금만 넣어주세요**
"레스 솔트 플리즈Less Salt, Please(소금 좀 적게 넣어주세요)." 또는 크로아티아어로 "만예 솔리, 몰임Manje Soli, Molim."이라고 말하면 된다.

## 녹투르노 Nokturno

가격이 저렴하고 부담 없이 방문하기 좋은 서민적인 이탈리안 식당이다. 돌라치 시장과 이어지는 길에 있다. 아침 일찍 문을 열기 때문에 저렴한 비용에 아침 식사를 하기에도 좋다. 대체로 짠 편으로 배달도 가능하다. 맞은편에는 자그레브 지역의 특선음식을 파는 라 쉬트룩La Štruk 레스토랑이 있는데 치즈를 좋아한다면 시도해보자.

> 레스토랑

Address Skalinska 4
Open 월~목 · 일 · 공휴일 08:00~24:00, 금 · 토 09:00~01:00
Cost 예산 €
Tel 014 813 394
Web www.restoran.nokturno.hr

## 비노돌 Vinodol 📶

로컬 주민들이 크로아티아 현지식을 추천해줄 때 빠지지 않고 추천하는 레스토랑이다. 메뉴 중 대표 메뉴 House Specialties가 있는데 이 중 리조또와 송아지 고기Veal 요리를 추천. 제철 요리도 있는데 가격은 좀 더 비싸지만 역시 맛있다. 계산 시 봉사료가 포함되어 있지 않다고 봉사료를 요구한다. 가격은 분위기에 비해 저렴하나 서비스는 떨어지는 편.

레스토랑

| | |
|---|---|
| Address | Nikole Tesle 10 |
| Open | 10:00~24:00 |
| Cost | 예산 €€ |
| Tel | 014 811 427 |
| Web | www.vinodol-zg.hr |

송아버섯 리조또

## 아가바 Agava 📶

크로아티아는 과거 이탈리아와의 무역 때문에 이탈리아 음식이 보편적이다. 아가바Agava는 이탈리안 요리 전문 레스토랑으로 다양한 이탈리아 메뉴를 맛볼 수 있다. 현지인 보다는 관광객들이 많다. 트립 어드바이저의 파워가 큰 크로아티아의 자그레브 식당 상위권으로 가격은 트리로기야와 비슷하다.

레스토랑

| | |
|---|---|
| Address | Tkalčićeva 39 |
| Open | 09:00~23:00 |
| Cost | 예산 €€ |
| Tel | 014 829 826 |
| Web | www.restaurant-agava.hr |

이탈리안 음식을 전문으로 한다.

## 빈첵 슬라스티챠르니차
Vincek Slastičarnica

 디저트 / 아이스크림

자그레브에서 가장 유명한 아이스크림·디저트 가게다. 아이스크림, 케이크, 타르트, 쿠키 등의 모든 디저트 류를 망라하고 있다. 자그레브에서 딱 한 곳의 디저트 가게를 가볼 수 있다면 이곳을 추천한다. 그중에서도 가장 유명한 메뉴는 '자그레브 크림케이크Zagrebačke Kremšnite'로 가게 안에 대부분의 사람들이 먹고 있다. 가격도 저렴한 9Kn. 우리 입맛에는 느끼한 편이나 한 번쯤 맛보도록 하자. 아이스크림은 정말 맛있다(근처의 오란츠Oranž 아이스크림도 맛있다. 37p 지도 레스토랑 9번). 자그레브에는 5개의 가게가 있는데 오른쪽 주소가 구시가지에 있는 본점이다.

Address Vincek-Ilica 18
Open 월~토 08:30~23:00
Close 일·공휴일
Cost 예산 €
Tel 014 833 612
Web www.vincek.com.hr

## 토르테 이 토 TORTE i to

디저트

센타 캅톨Centar Kaptol 쇼핑몰 내에 위치한 평범한 카페로 딸기케이크와 치즈케이크가 맛있다. 가격은 보통 20Kn로 빈첵보다는 비싼 편이지만 우리 입맛에는 더 잘 맞는다. 딸기 블루베리 케이크 추천!

Address Nova Ves 11
Open 월~토 08:00~23:00,
    일 09:00~23:00
Cost 예산 €
Tel 013 090 155
Web www.torte-i-to.hr

## 크라바타 Kravata

크로아티아는 넥타이가 탄생한 나라로 16세기부터 사용되었다. 이후 17세기에 루이 14세가 크로아티아 군인들의 목에 매인 스카프를 보고 흥미를 느껴 사용하게 되면서 프랑스를 시작으로 유럽에 널리 퍼지게 됐다. 자그레브는 크로아티아에서 실크 넥타이를 합리적인 가격에 살 수 있는 곳이다. 크라바타는 1950년부터 넥타이만을 파는 전문점이다. 가격은 250Kn 정도로 대체로 클래식한 스타일의 넥타이가 많다.

 쇼핑

Address  Radićeva 13
Open     월~토 09:00~20:00,
         일 09:00~15:00
Tel      014 830 919

## 나투라 크로아티차 Natura Croatica

크로아티아의 농산물로 만든 식료품점으로 염소 우유로 만든 치즈, 피클, 오일, 식초, 송로버섯(크로아티아 특산물!), 꿀, 와인, 초콜릿, 비누 등 다양한 천연 제품을 판매한다. 특별한 선물을 사기에 좋고, 한국으로 돌아와 크로아티아의 맛을 즐기기에도 그만이다. 송로버섯을 이용한 올리브유나 치즈 등은 우리나라에서 볼 수 없는 제품이니 강추! 가격은 비싼 편이다.

 쇼핑

Address  Preradovićeva 8
Open     월~금 09:00~21:00,
         토 10:00~16:00
Close    일·공휴일
Tel      014 855 076
Web      www.naturacroatica.com

## 아로마티카 Aromatica

크로아티아는 흐바르 등지에서 생산한 허브식물을 가공한 제품을 저렴하게 구입할 수 있다. 요즘 스킨 후 천연 에센셜 오일 한 가지만을 바르는 여성들이 많아지고 있는데 우리나라보다 훨씬 저렴한 가격에 다양한 제품을 구입할 수 있다. 민감한 아토피성 피부에 좋은 달맞이꽃 오일을 이용한 제품들을 국내보다 저렴한 가격에 판다. 선물용으로도 좋다. 자그레브에 두 곳, 로빈, 코르출라 섬에 지점이 있다. 관광안내소에 문의하면 5% 할인쿠폰을 준다.

**쇼핑**

Address Vlaška 7
Open 월~금 08:00~21:00, 토 08:00~15:00
Close 일요일
Tel 014 811 584
Web www.aromatica.hr

## 보른스테인 Bornstein

크로아티아와 세계에서 생산된 와인을 시음하고 판매하는 와인전문점이다. 크로아티아 와인을 선물용으로 구입하고 싶은 사람에게 추천한다. 화이트와인은 비예라 비나 Bijela Vina, 레드와인은 츠르나 비나 Crna Vina 라고 한다.

**쇼핑**

Address Kaptol 19
Open 월~금 09:00~20:00, 토 09:00~14:00
Close 일요일
Tel 014 812 361
Web www.bornstein.hr

## 골동품 시장 Britanski Trg Antique Market

일요일에 자그레브에 머문다면 골동품 시장을 가보는 것도 좋다. 규모는 크지 않으며 앤티크 소품이나 액세서리, 책 등을 구입할 수 있다. 옐라치치 광장에서 서쪽으로 일리차 길을 1km 정도 걸어가면 나온다.

**쇼핑**

Address Britanski Trg
Open 일 09:00~14:00
Close 월~토요일

> **Tip 숙소**
> 자그레브의 구시가지는 서유럽에 비해 작은 규모로 볼거리가 많은 편은 아니다. 때문에 오전에 도착했다면 숙박하지 않고 중앙역이나 버스터미널에서 플리트비체 국립공원으로의 표를 끊고 짐을 맡긴 후, 여유시간 동안 구시가지를 구경하는 경우가 많다. 이 경우 한국에서 곧바로 입국한 경우라면 몸이 피곤하고, 목적지에 저녁 무렵 도착하기 때문에 불안해질 수도 있다. 일정에 무리가 없다면 1박을 추천하고 다음 날 일찍 목적지로 이동하는 것을 추천한다.

요금(성수기 기준)
€30 미만 € | €30~70 미만 €€ | €70~100 미만 €€€ | €100 이상 €€€€

## 1. 한인숙소

크로아티아 여행 붐을 타고 여럿 생겼다. 요금은 가장 저렴한 도미토리가 비수기(10~5월) €30, 성수기(6~9월) €35로 현지 호스텔보다는 비싼 편이다. 서유럽의 한인숙소들과 비슷하다. 한식 조식과 무료 와이파이가 제공된다.

### 러브 크로아티아 Love Croatia

크로아티아 체인 한인숙소로 스플리트와 두브로브니크에 지점이 있다. 도미토리와 1~4인실 숙소를 운영한다. 다른 도시의 지점까지 바로 연결되는 셔틀버스를 운행하는데 현지 교통보다 50Kn 정도 비싸지만 이동시간이 단축된다.

 한인숙소
Address  Mesnička ulica 5
Cost  예산 €€
Tel  인터넷전화 070 7561 3901
   현지 전화 091 6200 800
   카카오톡ID jjmmss4174
Web  lovecroatia.co.kr

### 이니 하우스 Inny House

3인 정원의 소수 도미토리를 운영하는 숙소다. 보통 도미토리에서 사용하는 2층 침대가 아닌 1층 침대를 이용해 좀 더 쾌적하다.

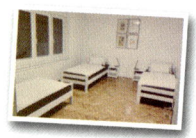

한인숙소
Address  Trg Drage Iblera 5
Cost  예산 €€
Tel  인터넷전화 070 8899 0425
   현지 전화 095 8312 486
   카카오톡ID skyrookie00
Web  www.innyhouse.com

### 모이돔 Mojdom

2016년 2월에 문을 열었다. 구시가지의 카페와 식당거리인 트칼치차 거리에 있어 위치가 좋다. 트칼치차 거리의 카페 15% 할인권을 제공하고 투어도 알선한다.

한인숙소
Address  Tkalčićava 24
Cost  예산 €€
Tel  인터넷 전화 070 8739 7718
   현지전화 098 2477 48
   카카오톡 ID mojdom1
Web  www.mojdom2016.com

## 2. 호스텔

개별여행자라면 저렴한 가격에 세계여행자들을 만날 수 있고 여행정보를 얻을 수 있는 최적의 숙소다. 아침 식사는 불포함이거나 간단한 편이지만 대신 주방이 있고 한인숙소의 1/2 가격이다. 모두 무료 와이파이 사용이 가능하다.

### 닷츠 호스텔 자그레브
Dots Hostel Zagreb

호스텔

기차역과 반 옐라치치 광장 사이에 위치한 밝은 분위기의 호스텔이다. 호스텔 전문사이트에서 거의 만점에 가까운 점수를 받았다. 1~2인실과 4·6인실 도미토리가 있다.

Address  Palmotićeva 30
Cost  예산 €€
Tel  015 807 226
Web  www.mojdom2016.com

### 유스호스텔 자그레브
Youth Hostel Zagreb

호스텔

자그레브에 위치한 공식 유스호스텔로 210명을 수용할 수 있는 규모다. 중앙역과 버스터미널 모두 도보로 가능하며 시설도 깔끔하다. 1~3인실과 6인실 도미토리를 운영한다. 1인실 요금이 €30~, 2인실은 €40~로 저렴한 편이다.

Address  Petrinjska 77
Cost  예산 €
Tel  014 841 261
Web  www.hfhs.hr/en/hostels/zagreb-youth-hostel-370

### 칠아웃 호스텔 자그레브
Chillout Hostel Zagreb

호스텔

옐라치치 광장에서 5분 거리에 위치한 비비드한 컬러의 모던한 호스텔로 화장실이 딸린 2인실과 4·6·8인실의 도미토리가 있다. 취사 가능한 주방이 있다.

Address  Tomićeva 5A
Cost  예산 €
Tel  014 849 605
Web  www.chillout-hostel-zagreb.com

> **TIP 호스텔과 아침 식사**
> 자그레브의 호스텔은 취사시설을 갖춘 대신 아침 식사가 불포함된 호스텔이 많다. 또 아파트먼트를 이용할 경우도 많아 현지식 아침을 시도해보기에 좋다. 자그레브에는 Dubravica, Mlinar, Pan-Pek과 같은 빵집 Pekara 체인점이 있는데 당일 나온 따끈한 빵과 커피로 아침 식사를 해결할 수 있다. 빵 가격은 우리나라보다 저렴한 편이며 기독교 국가와 이슬람 국가의 모든 음식을 맛볼 수 있는 것도 재미난 특징이다. 프랑스의 바게트와 크루아상, 독일의 곡물 빵, 오스트리아의 카이저젬멜 Kaisersemmel과 스투르델, 이탈리아의 포카치아와 피자를 구입할 수 있고, 터키에서 아침 식사로 많이 먹는 부렉Burek(터키에서는 뵈렉Börek, 치즈, 시금치, 다진 고기가 들어가 있다)도 맛볼 수 있다. 점심으로는 다양한 샌드위치를 저렴하게 구입할 수 있다.

순서대로 판펙, 밀나, 두브라비카

**순서대로** 스완키 호스텔, 샤피 호스텔, 유스호스텔 자그레브, 칠아웃 호스텔 자그레브

## 스완키 호스텔 Swanky Hostel

〈꽃보다 누나〉에서 여배우들이 숙소에 대한 불만을 표시하자 옮긴 숙소다. 1~2인실과 4인 가족실, 8·11인실 도미토리가 있다. 옐라치치 광장에서 600m 떨어져 있다.

| | |
|---|---|
| Address | Ilica 50 |
| Cost | 예산 € |
| Tel | 014 004 248 |
| Web | www.swanky-hostel.com |

호스텔

## 샤피 호스텔 Shappy Hostel

옐라치치 광장에서 5분 거리에 위치한 호스텔로 1~2인실과 4·5·10인실 도미토리를 갖추고 있다. 도미토리도 깔끔하지만 2인실이 저렴하면서 시설도 좋다. 한국인들에게 가장 인기 있는 현지 호스텔이다.

| | |
|---|---|
| Address | Varšavska 8 |
| Cost | 예산 € |
| Tel | 014 830 483 |
| Web | www.hostel-shappy.com |

호스텔

## 3. 아파트먼트

크로아티아에서는 스튜디오(우리나라의 원룸 형식의 집)를 임대해주는 경우가 많다. 조리시설이 갖춰져 있고 독립적인 숙박형태 2~4인실로 2명 이상의 여행자나 가족여행자들에게 알맞다. 호텔과 비교해 가격이 저렴한 것은 아니지만 동행자가 많을 경우 호텔보다 편리하다. 중심가의 아파트먼트는 별도의 주차장이 없어 공용주차장을 이용해야 한다. 또 짐이 많다면 엘리베이터 여부를 꼭 체크해보도록 하자.

## 아파트먼트 엔젤 메인 스퀘어
### Apartments Angel Main Square

반 옐라치치 광장에 위치한 모던한 스타일의 아파트먼트로 요금은 고급 호텔과 차이가 없다. 1~8인실의 9개의 아파트먼트를 보유하고 있다. 주방과 세탁기 등이 있어 인원수가 있는 그룹에게 알맞다.

| | |
|---|---|
| Address | Trg Bana Josipa Jelačića 6 |
| Cost | 예산 €€€€ |
| Tel | 099 5974 174 |
| Web | www.zagrebaccommodations.com |

아파트먼트

## 실린더 아파트먼트
Cylinder Apartments

반 옐라치치 광장에서 구시가지로 올라가는 길에 위치한 아파트먼트. 좋은 위치와 주변의 다른 아파트먼트보다 저렴한 가격, 주인의 친절함으로 한국인들에게 인기 있다. 2~4인용 스튜디오를 운영한다.

Address  Radićeva 6
Cost  예산 €€€
Tel  099 312 6835
Web  www.cilindar-apartments.com

## 지그재그 아파트먼트
Zig Zag Apartments

구시가지 중심가에 위치한 12개의 스튜디오와 방 1~3개가 있는 아파트먼트를 운영한다. 가격대는 성수기 기준으로 €75~180로 다양하다. 홈페이지를 통해 가격과 투숙 인원에 맞는 숙소를 정하면 된다. 체크인은 리셉션 주소로 가거나 예약된 숙소 앞에서 만나면 된다.

Address  Petrinjska 9(체크인하는 리셉션 위치)
Tel  01 8895 433
Cost  예산 €€€
Web  www.zigzag.hr/en

## 자그레브 센터 아파트먼트
Zagreb Center Apartments

시설과 위치, 거기에 가격까지 저렴한 아파트먼트다. 즈린예바츠 공원Park Zrinjevac 근처의 아파트먼트로 구시가지와 중앙역 중간 정도에 있다.

Address  Petra Berislavića 14
Cost  예산 €€
Tel  098 9121 266

## 야드란카 & 벨라 아파트먼트
Jadranka & Bella Apartments

버스터미널에서 100m 거리에 있는 깨끗하고 저렴한 아파트먼트로 아침 일찍 버스를 타는 사람에게 추천한다. 한 주인이 야드란카Jadranka와 벨라Bella 두 곳을 운영한다. Bella는 1인이 이용할 경우에는 €35, 2인이 묵을 경우에는 €45로 호스텔보다 저렴하거나 비슷한 가격. 야드란카는 1~2인은 €50, 3인은 €56다.

Address  Avenija Marina Držića 15
Cost  예산 €€
Tel  091 7337 206 또는 091 5622 249
Web  apartmanizagreb-katanec.hr/index_en.php

버스정류장 근처에 위치한 야드란카 & 벨라 아파트먼트

1. Zagreb

## 4. 호텔

다음의 호텔은 모두 중앙역과 구시가지 사이의 위치가 편리한 호텔들이다. 호텔의 장점은 안락한 숙소와 서비스를 누릴 수 있는 것. 조식으로 로컬 음식을 맛볼 수 있는 것도 즐겁다.

### 에스플라나데 자그레브 호텔
Esplanade Zagreb Hotel

1925년 오리엔트 특급열차 승객들을 위해 만들어진 5성급 호텔로 고풍스럽고 럭셔리한 분위기가 단연 으뜸이다. 중앙역과 가깝고 트램을 타기에도 좋다. 신혼여행과 가족여행자 모두에게 추천할 만한 호텔이다. 조식도 훌륭하다.

호텔

Address Mihanoviceva 1
Cost 예산 €€€€
Tel 014 566 666
Web www.esplanade.hr

1925년에 지어진 작은 높은 호화로움을 자랑하는 호텔

호텔 센트랄

### 호텔 센트랄 Hotel Central

중앙역 바로 앞의 호텔로 위치가 좋고 가격도 저렴하고 시설도 깔끔하다.

호텔

Address Branimirova 3
Cost 예산 €€€
Tel 014 841 122
Web www.hotel-central.hr

### 호텔 야게르호른 Hotel Jagerhorn

구시가지의 중심인 옐라치치 광장 근처의 호텔로 작은 정원과 세심한 서비스로 트립 어드바이저 자그레브 1위 호텔이 됐다. 5성급인 에스플라나데 자그레브 호텔 Esplanade Zagreb Hotel 보다 가격이 비싸다. 1~2인실과 아파트먼트도 함께 운영한다.

호텔

Address Ilica 14
Cost 예산 €€€€
Tel 014 833 877
Web www.hotel-jagerhorn.hr

## 아르코텔 알레그라 자그레브 호텔
Arcotel Allegra Zagreb Hotel 🛜

독일과 오스트리아, 크로아티아에 있는 체인 호텔로 현대적인 스타일의 합리적인 가격의 호텔이다.

 호텔

Address Branimirova 29
Cost 예산 €€€
Tel 014 696 000
Web www.arcotelhotels.com

## 호텔 두브로브니크 Hotel Dubrovnik 🛜

옐라치치 광장 바로 옆에 있는 호텔로 구시가지에 머문다면 최고의 위치다.

 호텔

Address Ljudevita Gaja 1
Cost 예산 €€€
Tel 014 863 555
Web www.hotel-dubrovnik.hr

## 쉐라톤 자그레브 호텔
Sheraton Zagreb Hotel 🛜

메르디앙, 웨스틴, 쉐라톤 등이 속해 있는 스타우드 계열의 호텔로 SPG Starwood Preferred Guest 포인트로 항공권 마일리지 전환이나 무료 호텔 이용 등의 혜택이 있어 관심 회원들이 많이 이용한다.

 호텔

Address Kneza Borne 2
Cost 예산 €€€€
Tel 014 553 535
Web www.hotel-sheratonzagreb.com

## 호텔 9 Hotel 9 🛜

모던한 스타일의 부티크 호텔로 버스터미널 근처에 위치하고 있다. 아침 일찍 버스를 탈 경우 추천.

 호텔

Address Mavra Vetranovica 2
Cost 예산 €€€
Tel 015 625 040
Web www.hotel9.hr

## 베스트 웨스턴 프리미어 호텔 아스토리아
Best Western Premier Hotel Astoria 🛜

4,200개의 호텔을 보유한 세계적인 체인 호텔로, 체인 호텔 이용 시 포인트 적립과 다양한 혜택이 있어 선호하는 호텔이다. 홈페이지를 통한 회원가입과 예약을 해야 혜택을 얻을 수 있다.

호텔

Address Petrinjska 71
Cost 예산 €€€
Tel 014 808 900
Web www.bestwestern-ce.com

# 2 요정들의 호수, 플리트비체 호수 국립공원
## Nacionalni Park Plitvička Jezera

# Map of
Plitvice

# 플리트비체 호수 국립공원 들어가기

버스 운행시간은 기본적으로 인터넷으로 확인할 수 있다. 그러나 플리트비체는 인터넷으로 검색하는 것보다 버스터미널의 인포메이션에 문의해 보면 더 많은 시간대가 운행되고 있으니 인터넷의 시간표를 기본적으로 참고하고 버스터미널에서 다시 한 번 확인하는 것이 좋다.

* 버스 시간표 확인 : www.akz.hr/default.aspx?id=261

## 1. 자그레브에서 가기

버스터미널에서 2시간 15분~30분이 소요되며 하루 8~15회 운행한다. 운행시간은 첫차 05:45, 막차 23:00(성수기)이며, 요금은 버스회사에 따라 다른데 90Kn 안팎이다. 왕복할 경우 25% 할인해준다. 짐이 있으면 7Kn 추가된다.

## 2. 자다르에서 가기

버스터미널에서 2시간 15분~20분이 소요되며 하루 2회 운행한다. 운행시간은 14:30, 15:10이며, 요금은 100Kn 안팎으로 짐이 있으면 7Kn 추가된다.

### 1. 버스정류장의 티켓오피스에서 버스표를 미리 사둬야 할까?

버스정류장에 내리면 정류장의 매표소에서 표를 판매하는 사람들이 있다. 이들은 특정 버스회사의 표를 판매하는 사람들로 호객행위를 한다. 플리트비체에서 이동할 때 버스표는 버스에 오른 후 차장에게서 사게 되는데 만차일 경우 정류소에 멈추지 않고 그냥 지나가기도 하기 때문이다. 최성수기일 경우 이용해볼 만하기도 하나 버스 시간은 여러 시간대가 있고, 입석으로 탄 후 중간 중간 사람들이 내리면 앉을 수 있기 때문에 대부분 태워주니 일부러 관광시간을 줄여 특정회사의 버스를 탈 필요는 없다. 걱정이 된다면 미리 인터넷으로 표를 예매해두면 된다.

### 2. 버스정류장에 붙어 있는 버스 시간만 있는 걸까?

미리 알아본 버스 시간표와 버스정류장에 붙어 있는 버스 시간표가 달라 당황할 수 있다. 이 역시 특정회사가 붙여놓은 시간표이니 당황하지 말자. 플리트비체 입장권을 사기 전에 먼저 관광안내소에 들러 자신이 이동할 버스 시간표를 확인한 후 매표소로 향하는 것이 가장 안전하다.

### 3. 버스를 놓쳤다면?

자다르나 자그레브까지 택시요금은 €100를 부른다. 인원수가 많다면 괜찮겠지만 그렇지 못하다면 당황하지 말고 관광안내소로 가자. 안내소에서 저렴한 민박집을 소개해주고 민박집 주인이 안내소까지 직접 픽업하러 와서 여러 모로 편리하다.

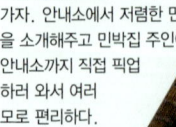
유용한 관광안내소

이 시간대의 버스만 있는 것이 아니니 놀라지 말자.

출발 버스 정류장

출발 버스 정류장

# 플리트비체 호수 국립공원에서 이동하기

플리트비체에서 자다르와 스플리트로 가는 버스의 첫차는 09:45, 막차는 14:30(스플리트행 막차), 17:50(자다르행 막차)이고, 요금은 버스에 따라 자다르가 100Kn 안팎, 스플리트는 135~160Kn이다. 시간은 자다르가 2시간 50분, 스플리트는 6시간 10~20분이 걸린다. 성수기 시즌, 시외버스가 만차되어 플리트비체를 그냥 지나치는 경우가 많은데 틈새시장을 노린 봉고택시가 운영된다. 자그레브, 자다르, 스플리트 등의 주요 도시를 운행하며 입구 1·2에서 관광객 모집 후 출발한다. 스플리트인 경우 요금은 200Kn으로 버스보다 가격이 비싸지만 3시간 만에 스플리트의 숙소 앞에 내려준다.

플리트비체에서 자그레브로 가는 버스의 운행시간은 첫차는 06:52, 막차는 17:50이며, 하루 8~15회 운행한다. 소요 시간은 버스 회사마다 다른데 1시간 50분~2시간 30분이다. 모든 시간표는 국립공원으로 들어가기 전에 반드시 관광 안내소에서 다시 한 번 확인하자.

### 숙박하지 않고 자다르나 스플리트, 또는 자그레브로 이동하는 여행자를 위한 팁

플리트비체에서 짧은 일정으로 숙박하지 않고 이동해야 하는 사람들도 있다. 예를 들어, 자그레브에서 07:30 첫 버스를 타면 플리트비체 호수 국립공원에 10시 정도에 도착한다. 입장권을 끊고 선택한 루트를 돌아보며 점심을 먹은 후, 버스를 타고 자다르나 스플리트로 이동하는 여행자들은 짐 보관이 가장 큰 문제다. 이때 짐 보관을 고민하는데 공원의 1번 출입구에서 무료 짐 보관이 가능하다. 관광안내소에 문의를 하면 공용 무료 짐 보관소 열쇠 또는 로커의 열쇠를 주는데 로커는 많지 않으니 서두르는 것이 좋다. 2번 출입구에서는 호텔 예제로에서 30Kn에 짐을 보관해준다.

2. Nacionalni Park Plitvička Jezera

# 플리트비체 호수 국립공원 코스

플리트비체 호수 국립공원이 추천하는 루트는 모두 8개가 있다. 트레킹을 시작하는 입구에 따라 초록색과 주황색 루트로 나뉘고, 시간에 따라 트레킹 루트가 결정된다. 상부 호수 쪽은 지대가 높고, 하부 호수 쪽은 낮다. 시작 포인트에 따라 내리막을 걸을 수도, 오르막을 걸을 수도 있다.

**파노라마 기차(Panoramic Train) 운행시간**
① St2 → St1 08:30~17:00(30분 간격), St1 → St2 09:00~17:30(30분 간격)
② St2 → St3 09:00~16:00(30분 간격), St3 → St1 09:30~16:30(30분 간격)
*성수기와 비수기 시즌의 운행시간이 다르니 현지에서 한 번 더 확인해야 한다.

## A 루트
플리트비체의 하이라이트 지역을 짧게 돌아보는 루트다. 초입에 플리트비체 폭포를 보고 내리막길을 걸어 하부 호수를 한 바퀴 돌고 다시 입구 1로 올라오는 가장 짧은 루트로 시간이 없는 여행자들에게 알맞다. 비수기에는 1번 출입구만 문을 열기 때문에 이 루트를 이용하게 된다. *소요시간 2~3시간

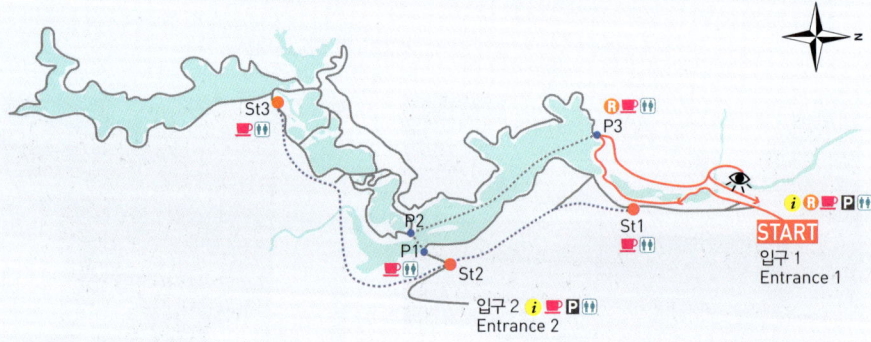

## B 루트
A루트에 덧붙여 P3 → P1까지 보트로 이동하고 St2 → St1까지 파노라마 기차로 이동해 입구1로 돌아오는 루트다. 비수기 시즌에 적당한 루트다. 소요시간은 A루트보다 길지만 보트와 꼬마열차를 이용하기 때문에 루트 A보다 실제로 걷는 시간은 더 짧다. *소요시간 3~4시간

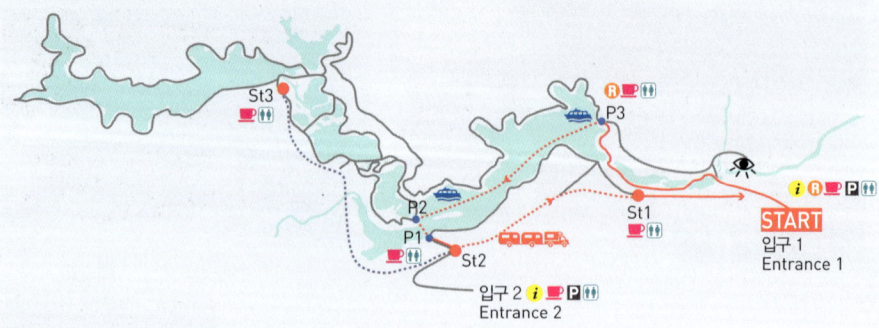

## C 루트

B루트에 상부 호수를 추가로 돌아보는 루트다. H루트와 동일하나 시작지점이 다르고 역방향이다. 상부 호수의 정상 부분에서 파노라마 기차를 타고 내려온다. P2 → St3 구간은 오르막으로 오르막이 꺼려진다면 H루트를 이용하면 된다.

*소요시간 4~6시간

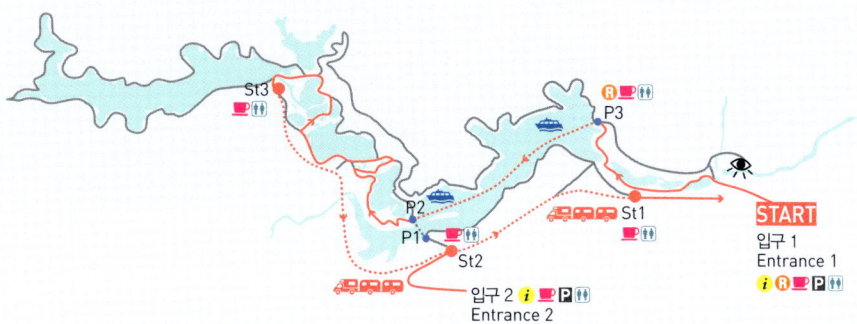

## E 루트

상부 호수를 보는 가장 짧은 루드다. 상부 호수는 작은 폭포들이 이어지는 아기자기한 분위기다. 입구 2로 들어가 St2에서 파노라마 기차를 타고 St3까지 오르막을 올라간다. St2 → St3 구간은 걸어서 오르기에는 조금은 힘든 루트로 파노라마 기차를 이용해 올라간 뒤 내리막길로 이동하는 것이 수월하다. 거의 모든 구간이 대체로 계속 내리막길이어서 편하게 돌아볼 수 있다. 같은 소요시간이 걸리는 A루트와 둘 중 하나를 선택해야 한다면 A루트가 더 낫다.

*소요시간 2~3시간

## F 루트

F루트는 입구 1에서 시작하는 B루트와 동일한데 시작하고 끝나는 장소만 다르다.
비수기나 성수기에 모두 이용할 수 있는 루트지만 입구1에서 시작하는 것보다 오르막과 내리막을 감안할 때 B루트보다 약간 더 수월하다. *소요시간 3~4시간

## H 루트

가장 많이 추천하는 루트다. 상부 호수로 가는 오르막길을 파노라마 기차를 타고 이동하며 도보로 내리막길을 내려오게 된다. 상부와 하부 호수를 모두 보고 보트와 파노라마 기차도 타보는 다양한 체험을 할 수 있다. 오전 8시 공원 문 여는 시간에 맞춰 들어간다면 오후 2~3시까지 보고 자다르나 스플리트로 이동할 수도 있다. *소요시간 4~6시간

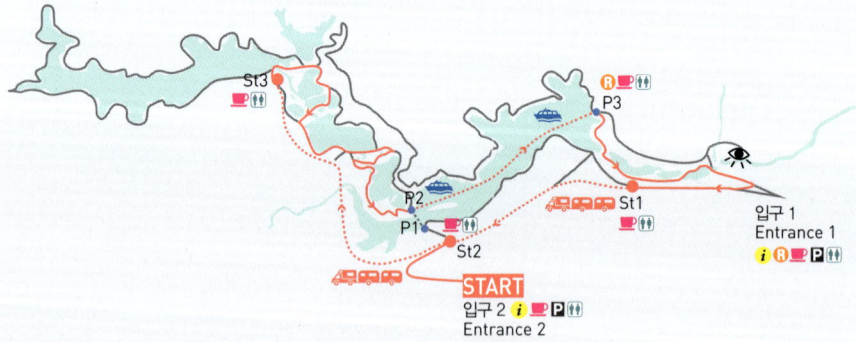

**Tip 기존 루트에 뷰포인트의 조합**

A·B·C·F·H루트에서 큰 폭포Veliki Slap(Big Waterfall)로 가서 K루트의 뷰포인트Sightseeing Point를 다녀오는 것도 좋다. 가장 아름다운 전경을 볼 수 있다. 75p 참고.

## K 루트

K루트는 H코스를 도보로 둘러보는 것으로 두 가지로 나뉜다. 입구 1로 들어가 입구 2로 나오는 것과 그 반대의 경우다. 입구 1만 열리는 비수기가 아니라면 입구 2로 들어가 입구 1로 나오는 것이 트레킹하기에 보다 수월하다. 입구 1에서 루트를 끝낸다 하더라도 파노라마 기차를 타고 다시 입구 2로 돌아올 수 있기 때문에 숙소로 돌아오는 것에도 무리가 없다. 6~8시간이 소요되기 때문에 플리트비체에서 숙박을 해야 한다. *소요시간 6~8시간

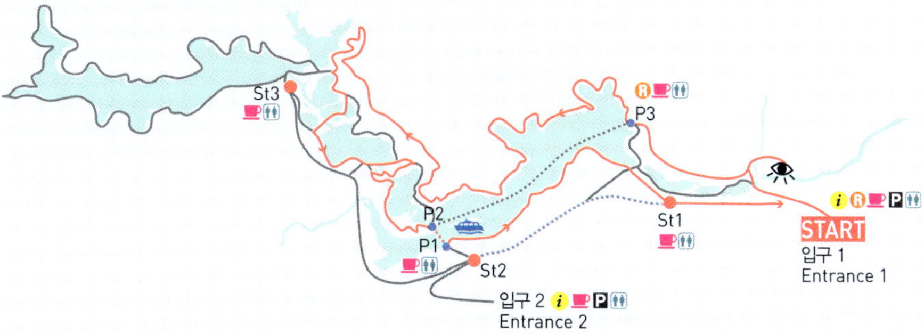

2. Nacionalni Park Plitvička Jezera

# 플리트비체 호수 국립공원
Nacionalni Park Plitvička Jezera
(Plitvice Lakes National Park)

 관광명소

플리트비체 호수 국립공원은 두브로브니크와 함께 크로아티아에서 가장 빼어난 아름다움을 자랑하는 지역이다. 백운암 지반이 물로 인한 침식작용과 오랜 시간에 걸친 석회화 과정을 통해 크고 작은 폭포와 아름다운 물빛의 호수가 탄생했다. 이러한 천혜의 장관을 인정받아 1979년 UNESCO 세계자연유산으로 지정된 곳이다.

공원은 층층 계단을 이루고 있는 16개의 호수와 크고 작은 90여 개의 폭포들로 연결되어 있다. 크게 상부 호수Upper Lakes 지역과 하부 호수Lower Lakes 지역으로 나뉜다. 상부 호수는 총 12개의 호수로 구성되며 가장 큰 호수는 프로스찬스코Proščansko다. 물의 요정이 갑자기 튀어나와도 자연스러운 신비롭고 아기자기한 분위기다. 하부 호수 지역은 4개의 호수가 있는데 그중 코즈야크Kozjak가 가장 크다. 코즈야크 호수는 코라나Korana 강의 원천이 된다. 플리트비체 호수 국립공원의 대표적인 포토 포인트는 78m 높이의 웅장한 폭포로 입구 1번 근처에 있다. 플리트비체의 국립공원 내에는 트레이드마크인 갈색 곰을 비롯하여 300여 종의 나비, 160여 종의 조류, 50여 종의 포유동물, 20여 종의 박쥐, 1,200여 종의 희귀식물 등이 서식하고 있다.

공원에서는 플리트비체를 효과적으로 돌아볼 수 있는 루트를 친절하게 소개해주며 초행자의 고민을 덜어준다. 대체로 편한 길이지만 산길도 있어 운동화가 좋다. 2~3시간이 걸리는 A와 E코스에서 6~8시간이 걸리는 K코스까지 출발지와 시간에 따라 총 8가지 코스가 있다. 자세한 설명은 지도 70p를 참고하자. 공원 내에서는 자연을 해치는 모든 행위가 금지된다. 그저 조용히 걸으며 관찰하고 아름다움을 즐기면 된다. 공원에서 이용하는 차와 보트는 전기로 운행된다. 플리트비체 호수 국립공원은 입구1과 입구2 두 곳이 있는데 비수기에는 입구1만 문을 연다. 아름다운 플리트비체 호수의 자연을 좀 더 즐기고 싶다면 국립공원 내 호텔에서 숙박을 하자. 구입한 1일권에 도장을 찍으면 머무는 날까지 더 볼 수 있게 해준다. 성수기에는 매표소에 1시간 이상 줄을 서야 하니 되도록 오픈시간에 맞춰 가자.

Address HR 53231 Plitvička Jezera
Open 08:00~17:00
Cost **1일권**
① 1~3・11~12월 일반 55Kn, 학생 45Kn, 7~18세 35Kn
② 4~6・9~10월 일반 110Kn, 학생 80Kn, 7~18세 55Kn
③ 7~8월 일반 180Kn, 학생 110Kn, 7~18세 80Kn, 7세 미만 무료
**2일권**
① 1~3・11~12월 일반 90Kn, 학생 70Kn, 7~18세 55Kn
② 4~6・9~10월 일반 180Kn, 학생 130Kn, 7~18세 90Kn
③ 7~8월 일반 280Kn, 학생 210Kn, 7~18세 140Kn, 7세 미만 무료
Tel 053 751 015
Web www.np-plitvicka-jezera.hr

P1・P2・P3을 운행하는 버스 / 플리트비체에서 운행하는 파노라마 기차

갈로바츠 호수의 폭포 & 78m 높이로 플리트비체에서 가장 큰 폭포 벨키 슬랍이다. 여름철에는 물이 많지 않다.

K루트의 Sightseeing Point에서 보이는 전경. 이곳에 가기 위해서는 큰 폭포 벨키 슬랍 왼쪽으로 난 가파른 계단을 따라 15분 정도 올라간 뒤 도로를 따라 걸어가면 표지가 보인다.

2. Nacionalni Park Plitvička Jezera

# 공원 내의 레스토랑 Restaurant

공원 안에는 10개의 레스토랑과 카페가 있다. 모두 같은 음식을 동일한 가격으로 판매하는데 비싸지는 않지만 적당히 때우는 음식 맛이라고 생각하면 된다. 보통 오전에 플리트비체 호수 국립공원으로 들어가면 점심은 공원 내의 식당을 이용하게 되며 가장 먹기 좋은 것은 P3번 선착장의 통닭구이다. 노천은 숯불에, 실내식당에서는 전기로 굽는다. 가격은 1/2 통닭이 52Kn로, 맥주와 함께 점심으로 맛보는 것도 좋다. 이외에 햄버거와 수제 소시지도 판매한다.

공원 주변의 식당들은 '뛰어난 맛'으로 추천하는 곳이라기보다는 뜨내기 여행자나 100명 단위의 단체 여행자들을 위한 '적당한 맛'을 선사하는 곳이다. 선택의 폭이 넓지 않기 때문에 자신의 예산에 맞는 레스토랑을 골라 플리트비체 호수 국립공원 주변의 강에서 잡은 송어구이Pastrva sa žara(Grilled Trout)와 자두 브랜디 슬리보 비차Sljivovica, 레몬 맥주(오쥬스코 리문Ožujsko Limun, 까를로바츠코 라들러 리문Karlovacko Radler Limun, 바바리아 리문Bavaria Limun)를 맛보면 된다. 좀 더 저렴하게 식사를 해결하려면 물과 빵, 과일 등을 살 수 있는 슈퍼마켓에 가면 된다. 무키네 마을에서 숙박을 한다면 로브니 센타Robni Centar 슈퍼마켓(월~토 07:00~21:00, 일 08:00~15:00)이 있으며 플리트비체 호수 공원으로 올 때 미리 먹을거리를 사 오는 것도 좋다.

> **TIP 플리트비체의 트레이드마크, 플리트비체 슈트루들라**
>
> 플리트비체 주차장 입구 쪽에 가면 알록달록한 색깔의 속을 빵으로 싼 음식을 판매하는 가게를 볼 수 있다. 이것은 플리트비체 슈트루들라Plitvička Štrudla로 플리트비체의 트레이드마크 먹거리다. 슈트루들라는 오스트리아의 스트루델의 크로아티아 버전이다. 스투르델Strudel은 오스트리아의 디저트로 18세기 합스부르크 제국에 의해 동유럽에 퍼졌다. 가장 오래된 레시피 기록은 1696년으로 빈 시립도서관에 소장되어 있다. 속에 넣은 재료에 따라 이름이 달라지는데 사과 스투르델Appfel Strudel이 가장 보편적이다. 플리트비체 슈트루들라 안에는 사과, 치즈, 양귀비 씨, 호두, 체리가 들어 있다. 다양한 맛보기로 3가지를 넣어 만든 삼색 슈트루들라도 있으니 커피와 함께 맛보자. 가격은 15Kn.

1/2 통닭구이, 적당한 맛이다.

P3번에서 통닭구이를 판매하는 식당

## 레스토랑 폴야나 Restoran Poljana

벨뷰 호텔 뒤에 있는 식당으로 플리트비체 호텔과도 가깝다. 플리트비체 국립공원에서 파는 메뉴보다 좀 더 폭이 넓다. 이 지역의 특선 메뉴인 송어구이를 비롯해 소고기와 돼지고기 스테이크 등을 판다. 식당과 같은 건물에는 셀프 서비스 그릴 레스토랑이 있는데 더 저렴하다.

| | |
|---|---|
| Address | Velika Poljana, HR 53231 Plitvička Jezera |
| Open | 08:00~23:00 |
| Cost | 예산 € |
| Tel | 053 751 092 |

레스토랑 폴야나 외관

비스트로 부츠니차 메뉴 & 비스트로 부츠니차 외관

## 비스트로 부츠니차 Bistro Vučnica

무키네 마을의 유일한 레스토랑이다. 2번 입구에서 1.5km 남쪽에 위치해 있다. 무키네 마을에 묵는다면 선택의 여지없이 이곳에서 저녁 식사를 하게 된다. 음식 맛이나 친절도는 그저 그런 정도다. 현지인들은 피자 테이크아웃을 많이 한다.

| | |
|---|---|
| Address | Mukinje bb |
| Open | 08:00~23:00 |
| Cost | 예산 € |
| Tel | 053 751 015 |

## 레스토랑 데게니아 Restoran Degenija

플리트비체 호수 국립공원의 1번 출입구로부터 4km 북쪽에 위치한 식당으로 렌터카 여행자들이 이용 가능하다. 그나마 주변에서 먹을 만한 곳이다. 추천메뉴는 강에서 잡은 싱싱한 송어구이 요리다. 호텔 안에는 음료를 즐길 수 있는 카페 바 플럼 Caffe Bar Plum도 있다.

| | |
|---|---|
| Address | Seličte Drežničko bb 47245 Rakovica |
| Open | 07:00~23:00 |
| Cost | 예산 € |
| Tel | 047 782 060 |
| Web | restoran-degenija.hr |

레스토랑 데게니아 전경

> **Tip**
>
> **숙소**
> 플리트비체 호수 국립공원 주변에는 다양한 형태의 숙소가 있다. 먼저 국립공원 내의 2번 출입구 주변에 국립공원에서 운영하는 호텔과 캠핑장이 있고, 국립공원에서 2km 정도 남동쪽으로 떨어진 무키네Mukinje 마을의 민박집, 무키네 마을 길 건너 편에 있는 예제르체Jezerce 마을이 있다. 공원 입구에서 가장 가까운 숙소를 찾는다면 국립공원 내 호텔에 묵으면 되고, 호텔 요금이 부담스럽거나 크로아티아 민박집을 체험해보고 싶다면 무키네 마을이나 예제르체 마을로 가면 된다. 무키네 마을과 예제르체 마을 입구에 버스정류장이 있어 다른 도시로 이동 시에 편리하다. 렌터카 여행자는 좀 더 선택의 폭이 더 넓다. 여기서는 한 곳을 추천했지만 공원 내의 호텔보다 시설 좋고 저렴한 호텔과 현지인 민박이 있다. 부킹닷컴 등의 호텔 예약사이트를 검색해보자.

## 1. 플리트비체 호수 국립공원 내 호텔

국립공원 내에는 플리트비체, 예제로, 벨뷰, 그라보바츠 네 곳의 호텔이 있다. 그라보바츠 호텔은 공원 내에서도 좀 더 안쪽으로 들어가기 때문에 보통 여행자들은 플리트비체, 예제로, 벨뷰 세 곳의 호텔에 머문다. 가격은 예제로, 플리트비체, 벨뷰, 그라보바츠 순으로 높다. 입구에서 가장 가까운 호텔은 플리트비체이고 예제로와 벨뷰는 좀 더 떨어져 있다. 관광객들은 플리트비체 호텔을 가장 선호한다. 중간 가격에 비슷하게 낡은 호텔의 객실 중에서 조금 더 나은 편이고 입구에서도 가깝기 때문이다. 호텔 예약은 아래 국립공원 호텔 예약사이트에서 직접 하는 것이 이코노미 싱글·더블룸을 선택할 수 있어 가장 저렴하다. 호텔요금은 아침 식사를 포함한 성수기 2인실 기준 €75~130 정도다. 7~8월에 원하는 날짜에 호텔 예약을 원한다면 4~6개월 전에 미리 해놓는 것이 좋다. 낡은 세 호텔의 가장 큰 매력이라면 국립공원 내의 호텔에 묵을 경우 구입한 국립공원 티켓이 머무는 기간 만큼 연장되는 것과 체크아웃 후 무료 짐 보관이다.

**Address** HR 53231 Plitvička Jezera
**Access** ① 자그레브에서 갈 경우
호텔 플리트비체와 벨뷰는 입구 2번 버스정류장에서 내린 후 버스가 지나온 방향으로 170m 걸어가면 호텔 간판이 보인다. 예제로 호텔 입구는 700m 떨어져 있다.
② 자다르에서 갈 경우
무키네 마을 정류장 다음에 내리면 되는데 초행자라면 놓치기 쉬우므로 버스 운전기사에게 내릴 정류장을 적당한 때에 미리 말해두자.
**Web** 호텔 예약
www.np-plitvicka-jezera.hr /en/plan-your-visit /accommodation
(호텔 요금 변동 기준 :
비수기 1~4·11~12월
성수기 5·6·9·10월
최성수기 7·8월)

## 플리트비체 호텔 Plitvice Hotel 🛜

가격과 위치 등을 고려하면 공원 내 호텔 중에서 가장 좋은 평가를 받는 호텔이다. 엘리베이터가 없어서 짐이 무거운 사람들에게 불편하다. 지하 1층에 레스토랑이 있다. 와이파이는 호텔 로비에서만 사용 가능하다.

호텔

Cost 예산 €€
Tel 053 751 200

> **아이와 함께하는 여행자**
> ① 7세 미만의 아이가 부모와 함께 침대를 쓸 경우 무료, 조식 무료
> ② 7세 미만의 아이가 침대를 사용할 경우 50% 할인
> ③ 7~12세의 아이 30% 할인

## 예제로 호텔 Jezero Hotel 🛜

가장 규모가 크고 국립공원 호텔 중 가격이 가장 높다. 시설은 다른 호텔들과 크게 차이가 없다. 엘리베이터가 있어 편리하고 식당이 있다. 와이파이는 호텔 로비에서만 사용 가능하다.

호텔

Cost 예산 €€€
Tel 053 751 500

## 벨뷰 호텔 Bellevue Hotel

시설은 플리트비체, 예제로, 벨뷰 호텔 중 가장 떨어지며 1층에 ATM기가 있다. 와이파이는 식당에서만 가능하다.

**호텔**

Cost   예산 €€
Tel    053 751 800

## 그라보바츠 호텔 Grabovac Hotel

공원 내에 있는 호텔 중에서 가장 저렴하다. 다른 호텔들이 방이 없을 때에 유일하게 자리가 있는 편이다. 위치상으로 렌터카 여행자만이 이용할 수 있다.

**호텔**

Cost   예산 €€
Tel    053 751 999

# 2. 플리트비체 호수 국립공원 외 호텔

## 호텔 데게니아 Hotel Degenija

플리트비체 호수 국립공원 1번 출입구로부터 4km 북쪽에 위치한 호텔이다. 엘리베이터와 에어컨이 있고 식당도 함께 운영해서 렌터카 여행자들에게 편리하다.

**호텔**

Address  Selište Drežničko bb,
         47245 Rakovica
Cost     예산 €€
Tel      047 782 143
Web      hotel-degenija.com

호텔 데게니아를 알려주는 푯치판

## 3. 무키네 마을과 예제르체 마을 민박

플리트비체 호수 국립공원 입구 2번 정류장에서 남동쪽으로 2km 정도 떨어진 무키네 마을과 도로를 사이에 두고 있는 반대편의 예제르체 마을은 대부분의 집이 민박을 겸하고 있다. 국립공원 호텔에서 수용하지 못하는 여행자들은 모두 이곳에 묵는 편이다. 무키네 마을에는 슈퍼마켓(07:00~19:00)도 있고, 버스정류장 근처에 식당도 하나 있다. 도착하는 날 먼저 숙박을 하고 다음 날 아침 일찍 국립공원으로 향한다면 무키네 마을 버스정류장에서 내리면 된다. 버스 운전기사에게 미리 말을 해놓거나 자그레브에서 출발했다면 국립공원 입구 2번이 지난 다음 정류장에 내리면 된다. 민박은 한국에서 미리 예약할 수도 있지만 최성수기라 할지라도 현지에서 구하는 데 무리가 없다. 버스정류장에 호객 행위를 하러 나오기도 하고, 또 마을 안으로 들어가 괜찮아 보이는 집을 골라 방을 본 후 선택하면 된다. 가장 좋은 방법은 입구1·2에 있는 관광안내소에 문의를 하면 가격대와 위치를 고려한 민박집을 무료로 알선해주고, 픽업도 해준다. 민박 요금은 1~4인실에 €25~100 정도로 호텔보다 저렴하다. 무키네 마을에서 플리트비체 호수 국립공원 입구까지 숲을 통과하는 1.5km 지름길이 있다.

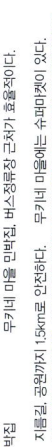

### 크로아티아의 민박집, 소베

크로아티아의 모든 도시와 마을에서 운영되는 숙소형태다. 소베는 자신이 살고 있는 집의 비어 있는 방을 숙소용으로 내놓는 것을 말한다. 크로아티아어로 '소베Sobe', 영어로는 '프라이빗 어코모데이션Private Accomodation'이라고 한다. 형태는 크게 두 가지로 나뉘는데 방을 빌려주는 '룸스Rooms'는 화장실과 샤워실이 바깥에 있고 대체로 공용으로 사용한다. 독일어로는 '짐머Zimmer', 이탈리아어로는 '까메레Camere(복수)', '까메라Camera(단수)'로 쓴다. 주방과 화장실이 딸린 형태의 숙소는 '아파트먼트Apartment'라고 한다. 가격은 룸스Rooms보다 비싸지만 가족이나 커플이 이용하기에 좀 더 편리하다.

민박집의 매력은 아무래도 로컬의 아침 식사를 제대로 즐길 수 있다는 것! 따끈따끈 직접 만든 빵이 나오거나 전통식으로 크로아티아인들의 아침 식사 분위기를 제대로 느낄 수 있다. 민박집을 구할 때 유료 아침 식사를 제공해주는 곳으로 선택하면 된다.

# Theme 1

# 물의 마을, 라스토케

라스토케Rastoke는 슬루니Slunj 북쪽에 위치한 작은 마을로 슬룬치차Slunjčica 강이 플리트비체 국립공원에서 내려온 코라나Korana 강과 합류하는 지점에 위치해 있다. 강을 끼고 집들이 옹기종기 모여 있는데 물이 집의 하부로 흘러 폭포가 되어 떨어지는 등 독특한 풍경을 선사한다. 우리나라에서는 볼 수 없는 광경으로 신기하기 그지없다. 이처럼 물 위에 집을 지을 수 있는 것은 플리트비체 국립공원처럼 오랜 시간에 걸쳐 바닥이 석회화되어 단단히 굳었기 때문이다. 여러 집에는 크고 작은 폭포를 이용한 물레방아Zličare가 있어 흥미롭고도 아름답다. 대부분의 물레방아는 19~20세기에 제작되었으며 가장 오래된 물레방아는 17세기에 만들어진 것이다.

〈꽃보다 누나〉에서 플리트비체 국립공원을 방문하기 전에 여배우들이 구경했던 곳으로 유명세를 타고 있다. 마을의 지형이 플리트비체와 같고 크고 작은 폭포가 있기 때문에 사람들은 라스토케를 '플리트비체 국립공원 미니어처'라고 부르기도 한다.

## 가는 법

### 1. 자그레브에서 가기
플리트비체행 버스를 타면 된다. 소요시간은 1시간 40~50분이고 요금은 80Kn(짐값 7Kn) 안팎이다. 내린 후 버스가 지나왔던 방향으로 5분 정도 올라가면 다리 직전에 마을로 들어가는 길이 있다.

### 2. 플리트비체 국립공원에서 가기
자그레브행 버스를 타고 슬루니에서 내리면 된다. 버스는 첫차 06:52, 막차 17:50이며, 성·비수기에 따라 달라진다. 소요시간은 30분, 요금은 30Kn(짐값 7Kn) 안팎이다. 내린 후 버스가 가는 방향으로 5분 정도 올라가면 다리 직전에 마을로 들어가는 길이 있다.

## 관광명소

### 슬로빈 유니크 라스토케 Slovin Unique Rastoke
마을 안에 있는 유료 관광지다. 물레방아와 라스토케의 전통가옥을 볼 수 있다. 식당 라스토취킴 크로봄Rastočkim Krovom과 민박집도 함께 운영한다. 2~3인용 방 2개와 2인용 방갈로 독채를 운영하는데 아래 웹사이트에 들어가면 예약을 할 수 있다.

| | |
|---|---|
| Address | Rastoke 25b |
| Open | 월~토 09:00~17:00 |
| Close | 일요일 |
| Cost | 일반 30Kn, 8~17세·학생·65세 이상 15Kn, 7세 미만 무료 |
| Tel | 047 801 460 |
| Web | www.slunj-rastoke.com |

슬루니 버스터미널. 슈퍼마켓이 있다.

플리트비체 국립공원의 미니어처라 불리는 라스토케

슬로빈 유니크 라스토케

다리 아래 라스토케 마을이 있다.

2. Nacionalni Park Plitvička Jezera

## 레스토랑

### 페트로 Petro 📶

라스토케에 머무는 여행자라면 모두 이곳에 간다. 〈꽃보다 누나〉에서 저녁 식사를 한 곳이기도 하다. 추천할 메뉴로는 슬룬치차 강에서 잡아온 싱싱한 송어(크로아티아어 Pastrva, 영어 Trout) 요리를 맛봐야 하고, 생선 요리를 좋아하지 않는다면 돼지고기 등의 요리를 주문하면 된다. 후식으로는 슈트루들라Štrudla와 케이크가 있다. 가격은 플리트비체 국립공원보다 비싼 편이다.

| | |
|---|---|
| Address | Rastoke 29 |
| Open | 09:00~23:00 |
| Cost | 예산 € |
| Tel | 047 777 709 |
| Web | www.petro-rastoke.com |

## 쇼핑

라스토케 마을에서는 몇 가지 전통음식을 판다. 물레방아로 빻은 옥수수, 호밀, 보리, 수수를 이용해 프로야Proja라는 전통 빵과 자두Šljiva로 만든 잼이나 전통주(보드카 또는 브랜디) €15를 판다. 라스토케를 기억할 만한 마을 그림이 그려진 마그네틱도 좋은 기념품거리다.

상싱한 송어를 구워주는 집화 페트로

물레방아로 빻은 곡물들을 판다.

페트로

페트로

라토스케 마을

## 숙소

라스토케는 30여 개의 집이 모여 있는 작은 마을이다. 대부분 민박집(크로아티아어로 소베Sobe)을 운영하는데 대부분 1~3개의 방이 있고 한 방에는 2~5인이 머물 수 있는 시스템이다. 렌터카를 이용한 여행자라면 플리트비체에서의 숙박보다 이곳을 추천한다. 밋밋한 플리트비체의 호텔보다 훨씬 좋은 추억을 선사할 것이다. 주차요금은 없고 민박집 마당에 주차하면 된다. 대중교통을 이용하는 여행자들에게는 플리트비체에 갈 때 버스 시간표에 맞춰야 한다는 번거로움이 있기는 하지만 그래도 좋은 추억이 될 것이다. 작은 규모의 마을이기 때문에 성수기에 숙박하려면 미리 예약을 하는 것이 좋다. 예약은 해당 민박집에 메일을 보내거나 또는 부킹닷컴을 이용하면 된다. 다음은 한국인들에게 인기 있는 민박집이다. 이곳 말고도 고만고만한 민박집들이 많으니 너무 인기 있는 숙소에 목맬 필요는 없다. 숙소요금은 성수기 2인 기준 €50~80 선이다. 숙소가 만실이라면 5분 거리에 있는 슬루니에서 숙박을 할 수도 있다.

민박집들은 다리 건너편에도 더 많이 있다.

### ❶ 룸스 패밀리 부췌타 Rooms Family Vučeta (21번) 🛜

이반 부췌타Ivan Vučeta 씨가 운영하는 숙소로 트립 어드바이저에서 1위를 했고, 우리나라 여행자들에게도 가장 인기 있는 숙소다. 당연히 예약하기 힘들고 3인실과 4+1인실 방 딱 2개뿐이다. 머물고 싶다면 미리 예약 메일을 보내야 한다. 메일로 연락하면 답이 온다.

| | |
|---|---|
| Address | Rastoke 21 |
| Cost | 예산 € |
| Tel | 047 777 730 |
| Email | mario.jurcevic@ka.t-com.hr, ivan.vuceta@ka.t-com.hr |
| Web | www.meetcroatia.net /rooms-family-vuceta-rastoke |

20번과 21번 민박집이 나란히 있다.

### ❷ 밀카 부췌타 Milka Vučeta (20번)

21번 집 바로 옆집이다. 21번에 숙박하지 못한 사람들이 옆집에 머물면서 이곳도 함께 잘 알려졌다. 영어는 잘 못하지만 친절하다. 2인용 방이 세 개가 있고 조식을 별도로 추가할 수 있다. 직접 방문하거나 전화로만 예약할 수 있다.

| | |
|---|---|
| Address | Rastoke 20 |
| Cost | 예산 € |
| Tel | 047 777 253 |

20번 민박집

### ❸ 소베 벨코비 Sobe Belkovi (14번)

마리야 코바체비츠Marija Kovačević 씨가 운영하는 민박집으로 라스토케 마을 가장 안쪽에 있다. 200년 된 물레방아가 있다. 예전에 영화배우 박용우가 이곳에 머물기도 했다. 영어를 잘 못하기 때문에 예약을 하려면 아래 휴대전화로 문자 또는 직접 전화해야 한다. 이곳에서 직접 빻은 프로야라는 전통 빵을 만들어 판다. 마을 안쪽에 위치해 있다. 조식이 포함되어 있다.

| | |
|---|---|
| Address | Rastoke 14 |
| Cost | 예산 € |
| Tel | 091 5950 364 |
| Web | www.belkovi-rastoke.com/en |

14번 민박집 안쪽에 일반 민박집 마을이 있다.

# 3 바다로부터의 빛과 소리,
## 자다르
## Zadar

# Map of
Zadar

### 관광명소 & 로컬명소

1. 땅의 문 Kopnena Vrata (Land Gate)
2. 5개의 우물이 있는 광장
   Trg Pet Bunara (5 Wells Square)
3. 세관의 문 Kopnenih Vrata (Customs' Gate)
4. 성 아나스타시아 대성당
   Katedrala Sv. Stošije (St. Anastasia's Cathedral)
5. 성 도나트 교회
   Crkva Sv. Donata (St. Donatus Church)
6. 로만 포룸 Rimski Forum (Roman Forum)

자다르 관광안내소 Tourist Information Center
Address Mihe Klaića 1
Open 1~6·11~12월 월~금 08:00~21:00, 토·일 09:00~21:00
7~8월 월~금 08:00~24:00, 토·일 09:00~24:00
9~10월 월~금 08:00~22:00, 토·일 09:00~22:00
Tel 023 316 166    Web www.visitzadar.net

❼ 바다 오르간 Morske Orgulje (Sea Organ)
❽ 태양의 인사
　　Pozdrav Suncu (The Greeting to the Sun)
❾ 바다의 문 Morska Vrata (Sea Gate)

### 레스토랑
❶ 페트 부나라 Pet Bunara
❷ 파스타 & 스바스타 Pasta & Svašta
❸ 비스트로 고메 칼레라르가 Bistro Gourmet Kalelarga
❹ 크로칸테 Croccante
❺ 서프 앤 프라이 Surf 'N' Fries
❻ 도나트 하스티차르니카 Donat Hastičarnica
❼ 레스토랑 브루체타 Restaurant Bruschetta
❽ 레스토랑 코르나트 Restaurant Kornat
❾ 트라토리아 칸조나 Trattoria Canzona

### 숙소
❶ 부티크 호스텔 포럼 Boutique Hostel Forum
❷ 더 호스텔 The Hostel
❸ 아트 호텔 칼레라르가 Art Hotel Kalelarga

3. Zadar

# 자다르 들어가기

## 1. 플리트비체 호수 국립공원에서 가기

플리트비체 버스정류장에서 성수기 기준 하루 10회의 버스를 운행한다. 첫차와 막차의 운행시간은 03:30/07:00/22:45이고, 소요시간은 버스에 따라 1시간 10분~30분, 요금은 100Kn 안팎이다. 짐값 7Kn 별도.

## 2. 스플리트에서 가기

스플리트 버스터미널에서 성수기 기준 하루 8~11회의 버스를 운행한다. 운행시간은 06:00부터 23:00까지로 자주 있다. 소요시간은 버스에 따라 1시간 15분~55분, 요금은 110~130Kn이다. 짐값 7Kn 별도.
기차를 이용할 수도 있으나 한 번 갈아타야 하고 소요시간이 길어 불편해 잘 이용하지 않는다.
*비수기의 운행 간격은 반으로 줄어드니 버스터미널에서 미리 체크하자.

성 아나스타시아 대성당 종탑에서 바라본 자다르

## 요새 도시 Grad Utvrda

과거에 자다르는 높고 튼튼한 성곽으로 둘러싸인 요새 도시였다. 성곽은 베네치아 공국이 십자군을 이용해 자다르를 얻은 후 쌓은 것으로 베네치아 공국에서 가장 컸다. 1868년 오스트리아 제국의 황제 프란츠 요세프 1세Franz Joseph I에 의해 남서쪽 요새가 허물어지면서 보행자 다리의 주변에 일부 성곽과 4개의 문이 남아 있다. 요새와 문은 1543년 베네치아의 건축가인 미켈레 산미켈리Michele Sanmicheli가 만든 것이다. 자다르의 주출입구인 땅의 문 Kopnena Vrata(Land Gate)과 보행자 다리 근처의 세관의 문 Kopnenih Vrata(Customs' Gate), 날개 달린 사자상 조각이 있는 바다의 문Morska Vrata(Sea Gate)이 주요 볼거리다. 땅의 문은 후기 르네상스 시대의 걸작으로 평가되는데 성 크르쉐바나Sv. Krševana의 기마상과 베네치아 공국을 상징하는 날개 달린 사자상을 볼 수 있다. 땅의 문으로 들어가 오른쪽 장군의 타워Kapetanova Kula(Captain's Tower)를 지나면 투르크족의 공격을 대비해 만든 5개의 우물이 있는 광장Trg Pet Bunara(5 Wells Square)이 있다.

# 로만 포룸 Rimski Forum (Roman Forum)

관광명소 / 로컬명소

자다르는 기원전 1세기, 아우구스투스$^{Augustus}$ 황제 시절 로마인들이 정복하면서 도시의 면모를 갖췄다. 구시가지의 중앙에는 로마인들의 유적이 남아 있는데 90×45m의 규모로 달마티아 지역에서 가장 크다. '포룸'의 뜻은 오늘날 '광장'이라는 뜻으로 사람들이 모이고 상점도 있었던 도시의 심장이었다. 지금도 자다르의 중심으로 쇼핑길인 쉬로카$^{Široka}$ 길과 연결되며 주변에는 종탑, 카페, 레스토랑이 있다.

**Address** Forum

수치심의 기둥. 중세시대에는 이곳에 죄인들 묶어 수치심을 느끼게 했다.

로만 포룸 예 왔다고 한번에 확신할 수 있었다. 그 이유는 바로 이 건물 때문

로마시대의 대리석을 볼 수 있다.

로마시대의 중심가였던 이곳은 오늘날에도 그 역할을 다하고 있다.

# 성 도나트 교회
Crkva Sv. Donata (St. Donatus Church)

9세기 전기 로마네스크양식으로 지어진 성당으로 자다르의 상징이다. 삼위일체 성당으로 불리다 15세기부터 성당을 지은 주교의 이름을 따 성 도나트의 성당으로 부르게 됐다. 지금은 행사장이나 공연장으로 사용되고 있다. 무료 와이파이를 이용한 오디오가이드로 설명을 들을 수 있다.

Address  Trg Rimskog Foruma
Open    4·5·10월 09:00~17:00,
        6·9월 09:00~21:00,
        7·8월 09:00~22:00
Close   11~3월
Cost    10세 이상 20Kn, 학생 12Kn,
        10세 미만 무료

# 성 아나스타시아 대성당
Katedrala Sv. Stošije (St. Anactasia's Cathedral)

12~13세기에 만들어진 로마네스크양식의 성당으로 달마티아에서 가장 크다. 종탑은 15세기와 19세기에 만들어진 것으로 네오로마네스크양식으로 만들어졌다. 1943년 제2차 세계대전 때 폭탄에 의해 파괴되었다가 1989년에 복원됐다. 15세기에 만들기 시작해 1893년에 완성된 종탑은 56m 높이다. 180개의 계단을 오르면 자다르 시의 모습이 한눈에 들어온다.

Address  Trg Svete Stošije
Open    09:00~22:00
Cost    대성당 무료, 종탑 15Kn

성 도나트 성당과 성 아나스타시아 대성당 종탑의 야경

3. Zadar

## 바다 오르간 Morske Orgulje (Sea Organ)

대리석 계단 아래에 설치된 35개의 파이프를 통해 파도와 바람이 통과하면서 자연적으로 소리가 나는 자연 오르간이다. 파도의 속도와 높이, 바람의 세기에 따라 소리의 높낮이가 달라지는데 묘한 음악을 만들어낸다. 세계 유일의 바다 오르간으로 크로아티아의 건축가인 니콜라 바시츠 Nikola Bašić가 2005년에 만든 것으로 2006년 유러피안 도시 공공장소 상European Prize for Urban Public Space을 수상했다.

Address listarska Obala

## 태양의 인사
Pozdrav Suncu (The Greeting to the Sun)

자다르 항구 끝에는 지름 22m의 원형으로 300개의 태양열 집열판이 설치되어 있다. 낮에는 별로 눈에 띄지 않지만 낮 동안 흡수한 태양열 에너지를 이용해 해 질 무렵부터 형형색색으로 빛을 내기 시작한다. 바다 오르간 소리에 맞춰 빛의 공연이 시작되는 것이다. 빛의 공연은 태양계를 형상화한 것이다. 낮에 이어 밤에도 태양의 빛이 다른 형태로 지속된다는 주제도 재미있다. 이곳에서 태양열 에너지는 46,500Kwh로 매일 열리는 빛의 공연뿐만 아니라 자다르 바닷가의 조명도 밝혀준다. 바다 오르간을 만든 니콜라 바시츠의 작품으로 바다 오르간 바로 옆에 위치해 있다. 아이뿐만 아니라 어른들도 좋아한다. 이를 보려면 자다르에서 숙박해야 한다.

Address listarska Obala

## 레스토랑 코르나트
Restaurant Kornat

자다르에서 인기 있는 레스토랑으로 한국인도 많이 찾는 다. 추천 메뉴는 송로버섯 소스가 들어간 요리다. 메뉴에 따라 호불호가 갈리나 대체로 송로버섯 소스로 만든 리조또, 아귀(Monkfish Medallions)와 소고기 스테이크(Beefsteak)는 맛있다는 평이다.

Address Liburnska obala 6
Open 11:00~23:00
Cost 예산 €€
Tel 023 254 501
Web www.restaurant-kornat.hr

## 비스트로 고메 칼레라르가
Bistro Gourmet Kalelarga

아트 호텔 칼레라르가 1층에 있는 레스토랑으로 자다르에서 가장 추천할 만한 식당이다. 아침 식사부터 저녁 식사까지, 그리고 디저트 또한 훌륭하다. 올리브 오일 케이크와 같은 흥미로운 이름의 디저트도 있다.

Address Ulica Majke Margarite 3
Open 08:00~24:00
Cost 예산 €€
Tel 023 233 000
Web www.arthotel-kalelarga.com

올리브 오일 케이크

**TIP 레스토랑**
자다르의 레스토랑에서는 달마티아 전통요리와 이탈리아 요리가 주류를 이룬다. 한 끼 정도 레스토랑을 이용할 수 있다면 달마티아 요리를 맛보도록 하자.

## 페트 부나라 Pet Bunara

'5개의 우물'이라는 뜻이다. 슬로푸드를 표방하며 유기농 식재료로 음식을 만든다. 여행자에게 인기 있는 식당이다.

Address Stratico Ulica-pokraj Trga Pet Bunara
Open 11:00~23:00
Cost 예산 €€
Tel 023 224 010
Web www.petbunara.hr

## 파스타 & 스바스타 Pasta & Svašta 📶

작은 이탈리안 레스토랑으로 맛있는 피자와 파스타 요리를 만든다.

| | |
|---|---|
| 레스토랑 | |

Address  Poljana Sime Budinica 1
Open    11:00~24:00
Cost    예산 €
Tel     099 7310 232

## 크로칸테 Croccante 📶

제대로 만든 이탈리안 피자를 파는 곳으로 기대해도 좋다. 저자가 크로아티아에서 먹은 피자 중 최고의 맛을 자랑한다. 피자 외에 샌드위치와 크루아상 등의 빵도 판다.

패스트푸드

Address  Široka 14
Open    07:00~24:00
Cost    예산 €
Tel     023 250 829

크로칸테

슬라스티차르니차 도나트

## 슬라스티차르니차 도나트
Slastičarnica Donat 📶

자다르에서 (가장 맛있는) 아이스크림을 파는 곳이다. 성 아나스타시아 대성당 바로 앞에 있다.

디저트

Address  Trg Svete Stošije 4
Open    07:00~24:00
Cost    예산 €
Tel     023 250 829

> **TIP 숙소**
> 자다르에는 호텔이나 호스텔도 있지만 아파트먼트나 스튜디오와 같은 숙소 형태가 일반적이다. 2인 이상이라면 이러한 숙소에서, 1인 여행자라면 호스텔을 이용하면 된다. 기차역과 버스터미널에서 구시가지 입구까지는 1.4km 떨어져 있기 때문에 (로만 포룸까지는 1.8km) 짐이 무겁다면 부담되는 거리다. 이때 콘줌 슈퍼 앞에서 2 · 4번 버스(운영 05:40~23:00, 요금 2회권 16Kn)를 타거나 택시를 이용하면 20~25Kn 정도 든다. 다음 날 아침 일찍 버스나 기차를 타야 한다면 기차역과 버스터미널 근처에 숙소를 정하는 것, 그렇지 않다면 구시가지 내에 숙소를 정하면 된다. 숙소 가격이 구시가지 안팎에 따라 차이가 있으므로 저렴한 숙박을 선호한다면 구시가지에서 조금 떨어진 숙소를 이용하면 된다. 렌터카 여행자인 경우 구시가지 바깥에 차를 주차하고 구시가지로 들어가야 한다. 아파트먼트와 스튜디오의 시설은 비교가 무의미할 정도로 훌륭한 수준이다. 부킹닷컴 등의 예약사이트에서 가격과 위치를 고려해 예약하면 된다. 여기서는 구시가지 내의 호스텔과 호텔 정보만 소개한다.

## 부티크 호스텔 포럼
Boutique Hostel Forum

구시가지 내 성 도나트 성당 바로 옆에 있는 호스텔이다. 간단한 런치박스 형태의 조식을 제공해준다.

| | |
|---|---|
| Address | Široka Ulica 20 |
| Cost | 예산 € |
| Tel | 023 250 705 |
| Web | hr.hostelforumzadar.com |

## 더 호스텔 The Hostel

블랙 앤 화이트 풍의 작은 호스텔로 2인실과 5 · 10인실 도미토리를 운영한다. 자다르 구시가지와 버스터미널과 기차역 중간에 위치해 있다.

| | |
|---|---|
| Address | Trg Kneza Višeslava 8 |
| Cost | 예산 € |
| Tel | 099 2061 402 |
| Web | www.thehostel.com.hr |

## 아트 호텔 칼레라르가
Art Hotel Kalelarga

앞서 소개한 비스트로 고메 칼레라르가의 건물에 있는 모던한 호텔이다. 구시가지 내에 위치한 별 4개짜리 작은 부티크 호텔로 객실이 10개뿐이어서 일찍 예약이 끝난다.

| | |
|---|---|
| Address | Ulica Majke Margarite 3 |
| Cost | 예산 €€€€ |
| Tel | 023 233 000 |
| Web | www.arthotel-kalelarga.com |

# 4 71명의 얼굴, 시베니크 Šibenik

시베니크는 두브로브니크와 우열을 가릴 수 없을 만큼 계단이 많은 곳이다. 때문에 루트를 참고해 돌아다니는 것이 계단을 덜 오르고, 내리막길을 걸어 걷기 수월하다. 이 루트는 총 1km 정도의 짧은 루트로 시베니크의 주요 관광지를 모두 돌아보는 루트다.

4. Šibenik

# Map of
## Šibenik

### 관광명소 & 로컬명소
❶ 성 미카엘 요새
  Tvrđava Sv. Mihovila (Fortress of St. Michael)
❷ 성 로브레 수도원의 중세 정원
  Srednjovjekovni Samostanski vrt Sv. Lovre
  (Medieval Garden of St. Lawrence Monastery)
❸ 성 로브레 교회
  Crkva Sv. Lovre (Church of St. Lawrence)
❹ 성 야고보 대성당
  Katedrala Sv. Jakova (St James' Cathedral)

### 레스토랑
❶ 펠레그리니 Pelegrini
❷ 부펫 노스탈지야 Buffet Nostalgija

### 숙소
❶ 호스텔 스플렌디도 시베니크 Hostel Splendido
❷ 글로보 호스텔 Globo Hostel
❸ 시티 아파트먼트 City Apartments

*i* 관광안내소　🚻 화장실　K 슈퍼마켓 콘줌

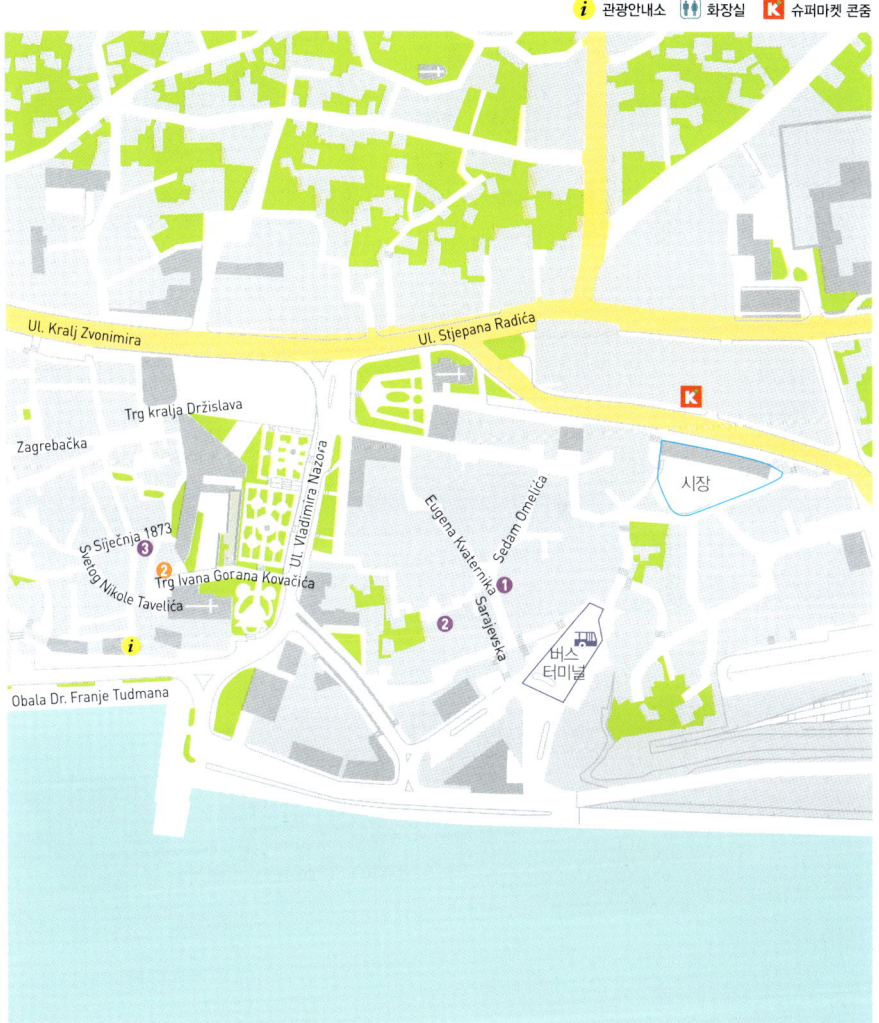

4. Šibenik

# 시베니크 들어가기

## 1. 자다르에서 가기

버스터미널에서 하루 20회의 버스를 운행한다. 운행시간은 03:10~20:10까지 자주 있고, 소요시간은 버스에 따라 1시간 10분~30분, 요금은 45~60Kn이다.

버스터미널

매표소. 버스 시간표를 안내하는 곳은 바깥쪽에 있다.

## 2. 스플리트에서 가기

버스터미널에서 하루 25회의 버스를 운행한다. 운행시간은 05:00~23:00이고, 소요시간은 1시간 30~40분, 요금은 50~60Kn이다.
* 버스 운행시간은 변동될 수 있으니 다시 한 번 확인하자.

버스터미널

# 성 야고보 대성당
Katedrala Sv. Jakova (St James' Cathedral)

 관광명소

1431년에 고딕양식으로 짓기 시작한 성당으로 시베니크를 대표하는 명소다. 1441년 자다르 태생의 건축가인 유라이 마테예브 달마티나츠 Juraj Matejev Dalmatinac가 르네상스양식으로 개축해 그의 사후인 1536년에 완공했다. 때문에 성당의 상단부는 르네상스, 하단부와 내부는 고딕양식을 보여준다. 성당의 하이라이트는 성당 허리부분을 둘러싸고 있는 71개의 크로아티아인 두상 장식이다. 이러한 외벽 장식을 프리즈 Frieze라고 하는데 얼굴이 모두 다르고 표정도 제각각이다. 실제 크로아티아인들을 모델로 만든 것이라고 한다. 내부 제단의 둥근 아치형 천장 또한 당시 건축기술로는 불가능한 형식으로 제작과정이 미스터리라고 한다. 2000년 유네스코의 문화유산에 등재됐다. 미사는 09:30/11:00/18:00에 있다.

Address  Trg Republike Hrvatske 1
Open  비수기
  08:30~12:00, 16:00~20:00,
  여름 성수기 08:30~20:00
Cost  15Kn

성 야고보 대성당

성 야고보 대성당의 부조

성당 둘레를 장식하고 있는 두상들

신비로운 지금 공법

4. Šibenik

## 성 로브레 교회와 수도원
Crkva i Samostan Sv. Lovre
(Church of St. Lawrence and Monastery)

프란체스코 수도사들은 투르크족을 피해 1648년에 시베니크에 정착했다. 성 로브레 수도원은 15세기에 만들어진 것으로 수도사들이 1654년에 사들인 것이다. 성 로브레는 초기 기독교의 일곱 부제 중 한 사람인 라오렌티우스Laurentius다. 수도원에 있는 중세 정원은 꽃과 허브가 심어진 운치 있는 카페로 사용되고 있다. 성 로브레 교회는 1655년에 지어졌다. 교회 입구 옆에는 동굴이 있는데 이는 프랑스 루르드 동굴에서 발현한 성모마리아를 형상화한 것이다.

Address  Kačićeva 11
Open  수도원
  월~토 09:00~20:00,
  일 09:00~14:00
Tel  022 217 020

## 성 미카엘 요새
Tvrđava Sv. Mihovila (Fortress of St. Michael)

구시가지 북쪽 해발 70m 높이에 위치한 요새로 15~17세기에 만들어졌다. 고대 일리리아인의 철기시대 유적 등의 전시관도 있지만 여행자들에게는 시베니크에서 가장 좋은 전망을 선사하는 장소이다. 미카엘 요새로 입구 조금 전에 성 아나 공동묘지Groblje Sv. Ana에서도 전망이 조금 보이는데 미카엘 요새보다는 많이 떨어진다.

Address  Tvrđava Sv. Mihovila
Open  08:00~22:00
Cost  일반 35Kn, 5~18세 20Kn,
  5세 미만 무료

성 미카엘 요새에서 바라본 시베니크

> **TIP 레스토랑**
> 시베니크에는 유명한 레스토랑이 있다. 아래 소개한 펠레그리니는 시베니크의 음식 가격을 올려놓았다고 사람들이 투덜거릴 만큼 유명한 맛집이다. 꼭 먹어보기를 추천한다. 펠레그리니의 가격이 너무 비싸다고 생각된다면 절반 가격의 맛집인 부펫 노스탈지야를 이용하면 된다.

## 펠레그리니 Pelegrini

시베니크에서 가장 인기 있는 레스토랑으로 성 야고보 성당 입구에 있다. 본음식이 100~160Kn로 비싼 편이다. 저렴한 코스 메뉴를 즐기고 싶다면 12:00~15:00 런치 메뉴를 이용해보자. 전식+본식+후식이 130Kn 정도 한다.

**레스토랑**
Address  Jurja Dalmatinca 1
Open  11~3월
  목·금·토 12:00~24:00,
  일 12:00~18:00
  4~5월 화~일 12:00~24:00
  6~10월 12:00~24:00
Close  1월
Cost  예산 €€
Tel  022 213 701
Web  www.pelegrini.hr

성 야고보 성당 바로 옆에 있어 찾기 쉽다.

## 부펫 노스탈지야 Buffet Nostalgija

펠레그리니의 절반 가격으로 맛있게 먹을 수 있는 로컬 식당을 찾는다면 이곳을 찾으면 된다. 종종 공연도 열린다.

**레스토랑**
Address  Biskupa Fosca 11
Open  월~토 09:00~22:00
Cost  예산 €
Tel  091 5872 506

노스탈지야의 특선 요리, 상어고기와 폴렌타

> **Tip 숙소**
> 시베니크의 구시가지는 계단이 많아 하룻밤 머물 예정이라면 버스터미널 근처에 숙소를 구하는 것이 여러모로 편리하다. 시베니크 구시가지에 있는 유일한 호텔인 리비에라 호텔 야드란Rivijera Hotel Jadran은 낡고 평이 좋지 않다.

## 호스텔 스플렌디도 시베니크
### Hostel Splendido 🛜

 호스텔

버스터미널 근처에 위치한 호스텔로 2인실과 4·8인실의 도미토리가 있다. 주방시설이 있어 취사가 가능하다. 버스 정류장을 뒤로하고 전방의 호스텔 표지가 있는 계단으로 올라가면 된다.

Address  Eugena Kvaternika 11
Cost  예산 €
Tel  091 1503 029
Web  www.hostel-splendido.com

호스텔 스플렌디도

글로보 호스텔

*버스터미널 앞쪽의 계단길은 호스텔 스플렌디도와 글로보 호스텔로 가는 지름길이다.*

## 글로보 호스텔 Globo Hostel 🛜

 호스텔

호스텔 스플렌디도와 비슷한 곳에 위치한 호스텔로 2인실과 4·6·8·10인실의 도미토리가 있다.

Address  Sarajevska 2
Cost  예산 €
Tel  022 244 817
Web  www.hostel-globo.com

## 시티 아파트먼트 City Apartments 🛜

 아파트먼트

버스터미널에서 가까운 구시가지 내에 있는 아파트먼트로 버스터미널에서 350m 거리다. 아주 조금 울퉁불퉁한 길을 걸어야 한다. 2층 침대가 있는 스튜디오와 3~6인용 아파트먼트 3개를 운영하고 있다.

Address  Siječnja 1873, 15(Br. 4)
Cost  예산 €€€
Tel  098 9454 700
Web  sibonik-city-apartmani.com/eng

# Theme 1

## 아름다운 작은 마을, **프리모스텐**

아슬아슬하게 육지와 붙어 있는 형태의 작은 마을로 크로아티아에서 아름답기로 손꼽히는 곳이다. 항공사진이 아니면 이런 형태가 잘 보이지 않아 아쉽다. 구시가지는 1542년 투르크족의 침공을 대비해 성곽을 쌓고 탑을 세웠다. 구시가지의 마을과 육지는 처음에 도개교로 만들었다가, 1564년 흙으로 둑을 만들어 연결한 것이다. 이때 프리모스티티$^{Primostiti}$('다리'라는 뜻)에서 현재의 프리모스텐이라는 이름이 생겨났다.

### 가는 법

자그레브, 자다르, 시베니크, 스플리트, 두브로브니크 등을 목적지로 하는 버스가 하루에도 20~25대가 프리모스텐을 경유한다. 목적지에 따라 30분~1시간 간격으로 버스가 있으니 프리모스텐에 내리면 먼저 버스정류장의 시간표를 확인한 후 구시가지로 향하면 된다. 상행과 하행 모두 한 정류장에 도착하기 때문에 버스의 목적지를 확인하고 타야 한다. 시간은 자다르에서 1시간 50분~2시간, 시베니크에서 30분, 스플리트에서 1시간 정도가 걸린다.

버스정류장. 재시간에 어느 버스는 도달한다.

구시가지 입구

한가로운 프리모스텐의 바다

프리모스텐의 아이 맞는 해수욕장

라두차 해변에서 바라본 구시가지

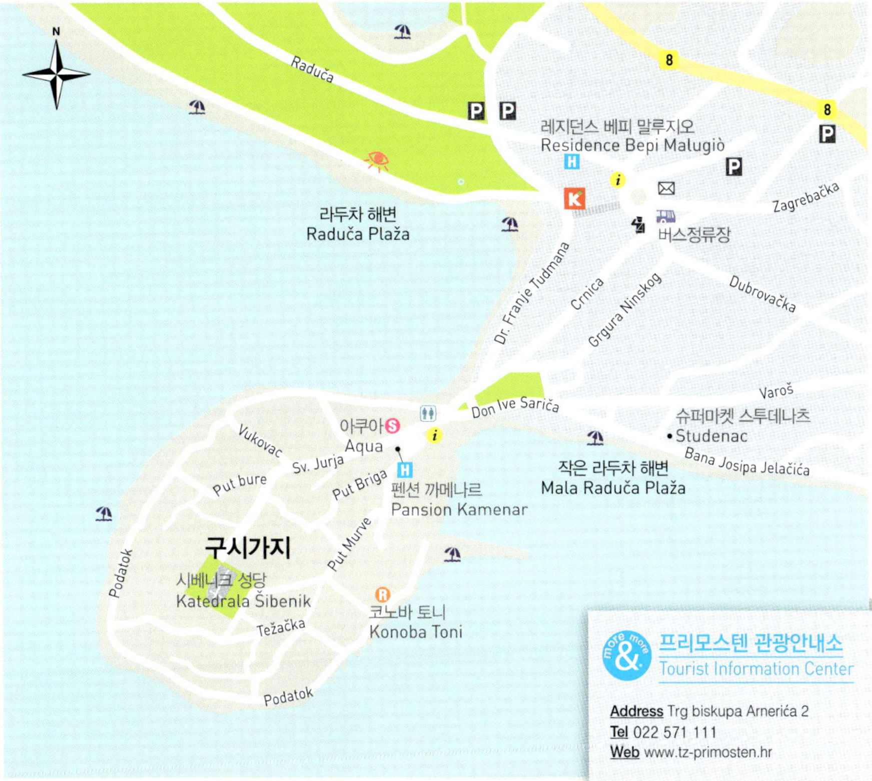


more more &

**프리모스텐 관광안내소**
Tourist Information Center

**Address** Trg biskupa Arnerića 2
**Tel** 022 571 111
**Web** www.tz-primosten.hr

## 관광명소

### ❶ 라두차 해변 Raduča Plaža

프리모스텐 구시가지와 육지를 잇는 잘록한 양쪽 부분은 길고 아름다운 해변이 형성되어 있다. 구시가지로 들어가는 입구에서 오른쪽은 라두차 해변Raduča Plaža, 왼쪽은 작은 라두차 해변Mala Raduča Plaža이다. 크로아티아어로 말라Mala는 '작은'이라는 뜻이다.

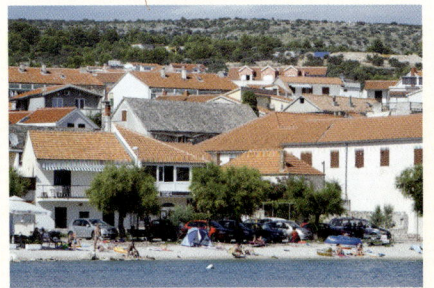

### ❷ 부차바츠 벨리키 Bucavac Veliki

프리모스텐 마을에서 남쪽으로 3.5km 떨어진 곳에 있는 작은 규모의 와이너리다. 184,000㎡ 크기의 땅에 2×6m 규모의 직사각형으로 구획이 나뉘어 있고, 그 안에 포도나무가 심어져 있다. 프리모스텐은 기원전 8세기부터 일리리아인Illyrian이 살던 곳으로 7세기 무렵 그리스인과 로마인들이 들어와 정착했다. 와인은 일리리아인 때부터 재배되었는데 최초의 기록은 11세기부터다. 1542년 투르크족의 침공을 피해 주민들은 험한 바위산 쪽으로 이동했는데 이때 와인경작지가 바위산에 만들어지게 됐다. 흙이 거의 없는 척박한 돌산에서 자란 포도나무는 키가 작으며 자라는 속도가 느리지만 특유의 당도를 지니게 된다. 이곳에서 생산된 바비츠Babić 종으로 만든 레드 와인은 뛰어난 품질을 자랑한다.

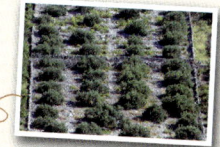

부차바츠 벨리키 포도나무

## 축제

### 프리모스텐 축제 Primoštenske Užance
매년 8월 1일에서 15일까지는 프리모스텐의 축제 기간이다. 프리모스텐의 전통 결혼식, 당나귀 경주, 보트 경주 등이 펼쳐지며 아드리아 해에서 잡아 올린 싱싱한 생선과 프리모스텐 주변에서 생산한 고품질의 와인으로 마무리한다. 이 기간 동안은 숙소를 구하기 힘들다.

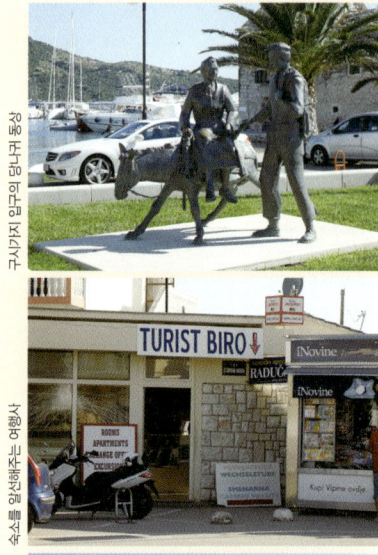

구시가지 입구의 당나귀 동상

## 숙소

프리모스텐 숙박의 99%는 아파트먼트Apartment와 룸Room이다. 프리모스텐은 작은 마을로 스플리트나 시베니크에서 당일치기로 구시가지 구경과 함께 물놀이를 즐기고 돌아갈 수도 있지만 하루 이틀쯤 여유를 즐기기에도 그만인 곳이다. 숙소 예약을 미리 하지 못했다면, 버스정류장이 있는 원형교차로에 투리스트 비로Turist Biro 등의 여행사에서 숙소를 알선해준다. 구시가지 내에 있는 관광안내소에서는 숙소 알선을 해주지 않는다.

숙소를 알선해주는 여행사

### ❶ 펜션 까메나르 Pansion Kamenar 🛜
구시가지 바로 안쪽에 있는 인기 있는 숙소로 해변에서도 가깝고 버스터미널까지도 거리도 나쁘지 않다. 성수기라면 되도록 빨리 예약해야 한다. 1~2인실의 심플하고 작은 방 7개를 운영한다. 1층에 레스토랑도 함께 운영한다.

| Address | Rudina Biskupa Arnerića 5 |
|---|---|
| Cost | 예산 €€ |
| Tel | 022 570 889 |
| Web | www.restaurant-kamenar.com |

### ❷ 레지던스 베피 말루지오 Residence Bepi Malugiò 🛜
라두차 해변에 위치한 숙소로 여행자들에게 인기가 많다. 방마다 발코니가 있는데 프리모스텐의 전망이 잘 보인다.

| Address | Raduča 3 |
|---|---|
| Cost | 예산 €€ |
| Tel | 339 3718 491 |
| Web | www.bepimalugio.com |

펜션 까메나르

라두차 해변길

레지던스 베피 말루지오

## Theme 2

### 폭포에서 수영을, 크르크 국립공원

크로아티아에서 가장 아름다운 크르크 강을 끼고 형성된 국립공원으로 1985년 국립공원으로 지정됐다. 디나리츠 Dinaric 산에서 발원한 강은 크르크 국립공원을 통과하며 72.5km를 흘러 시베니크 쪽의 바다로 흘러간다. 우리나라에는 거의 알려져 있지 않지만 그저 볼 수만 있는 플리트비체 호수 국립공원과 달리 물놀이를 즐길 수 있기 때문에 여름철이면 현지인과 유럽인들로 북적인다. 시베니크에서 약 14km 거리로 대중교통이나 투어, 또는 렌터카를 이용해 찾아갈 수 있다.

### 가는 법

크르크 국립공원은 출입구가 두 곳이 있어 다녀올 루트를 미리 고민해야 한다. 시베니크에서 출발하는 버스는 로조바츠Lozovac를 경유해 스크라딘Skradin으로 들어간다. 그래서 스크라딘으로 들어가서 로조바츠로 나올 수도 있고, 그 반대도 가능하다. 또는 들어간 입구로 나올 수도 있다. 이 중 일반적으로 이용하는 방법은 다음과 같다.

#### ❶ 스크라딘 입구 In
시베니크에서 스크라딘 버스정류장에서 내린다(40분 소요). 버스가 지나온 방향 반대로 걸어가면 스크라딘 마을로 이어진다(버스에서 내린 사람들을 따라가면 된다. 대부분 크르크 국립공원으로 가는 사람들이다). 선착장으로 향하는 표지를 따라가면 선착장까지 여유 있게 10분. 곧바로 선착장에 대기하고 있는 보트를 타면(입장료를 내지 않는다. 이후에 살 국립공원 티켓에 포함되어 편도 무료, 추가 이용 시 10Kn) 35분 뒤에 크르크 국립공원 선착장에 도착한다. 숲길을 따라가면 매표소가 나온다.
다시 스크라딘으로 돌아가 버스를 탈 예정이라면 선착장의 보트 시간표를 체크해두면 된다.

#### ❷ 로조바츠 입구 Out
크르크 국립공원에서 소개한 루트를 따라 돌아본 뒤 로조바츠 입구로 가는 버스정류장으로 간다. 버스는 20~30분마다 한 대씩 있다. 로조바츠 입구에서 버스정류장을 물어보면 길가에 서 있으라 하는데 버스 정류장 표지가 따로 없으니 버스가 지날 때 손을 들어 표시해야 한다.

**버스요금** 48Kn(로조바츠와 스크라딘 동일)
**버스 시간표**
시베니크 → 로조바츠 → 스크라딘
· 월~토 09:00/11:15/13:00/15:30/20:15
· 일 09:00/11:15/12:45/15:30/20:15
스크라딘 → 로조바츠 → 시베니크
· 월~금 06:00/06:45/10:45/12:45/14:00/17:00/19:45
· 토 06:00/10:45/12:45/14:00/17:00/19:45
· 일 10:45/12:45/14:00/17:00/19:45
**보트 시간표**
시기에 따라 첫 배와 마지막 배 시간이 다를 수 있으니 현지에서 다시 한 번 확인하자.
· 스크라딘 선착장 → 크르크 국립공원 입구
  08:00~18:00(1시간 간격)
· 크르크 국립공원 입구 → 스크라딘 선착장
  09:30~19:30(1시간 간격)

**Address** Nacionalni Park Krka, Lozovac
**Open** 로조바츠와 스크라딘 입구
여름 08:00~19:00
겨울 09:00~16:00
**Cost** 크르크 국립공원은 크게 3곳으로 입장료가 구분되는데 추가요금을 내고 배를 타고 상류로 올라가면 작은 비소바츠Visovac 섬의 교회와 수도원을 다녀올 수 있다(3~11월 100Kn, 왕복 2시간 소요). 좀 더 들어간다면 로쉬키 계곡Roški Slap까지 다녀올 수 있다(130Kn, 왕복 3시간 30분 소요).
① 1·2·11·12월
일반 30Kn, 학생·7~18세 20Kn, 7세 미만 무료
② 3~5·10월
일반 90Kn, 학생·7~18세 70Kn, 7세 미만 무료
③ 6~9월
일반 110Kn, 학생·7~18세 80Kn, 7세 미만 무료
**Tel** 022 201 777
**Web** www.npkrka.hr(웹에서만 접속 가능)

크르크 국립공원으로 향하는 배 & 로조바츠 입구에서 출발하는 버스

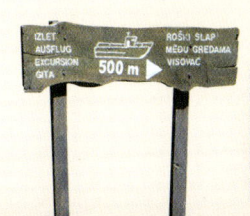

플리트비체보다 한가롭고 규모가 작다.

잔디밭은 어느새 선탠 장소로.

곡식을 가는 맷돌

물을 이용해 곡식을 빻는다.

크르카 국립공원 물맛은 최고

스크라딘 폭포, 국립공원에서 물놀이를 즐길 수 있다. 바닥이 미끄럽고 울퉁불퉁해 아쿠아 슈즈를 신는 것이 좋다.

## 관광명소

**스크라딘 폭포** Skradinski Buk

크르크 국립공원을 대표하는 장소로 유럽에서 석회화 과정으로 형성된 폭포들 중 가장 규모가 크다. 플리드비체의 형성과정과 동일하게 석회화 과정을 통해 장벽이 형성되어 계단식 호수와 폭포가 만들어졌다. 가장 높은 곳의 폭포와 가장 낮은 폭포의 차이는 45.7m에 달한다. 크르크 국립공원에 있는 7개의 폭포 중 가장 하류에 위치해 있다. 이 폭포 주변에서 사람들이 물놀이를 즐긴다. 여름철이라면 수영복을 준비해가자.

## 숙소

크르크 국립공원 주변에는 여러 개의 작은 호텔이 있다. 아래는 스크라딘 입구와 로조바츠 입구에 가까운 편이 좋은 숙소를 추천해놓은 곳이다. 그중 1박을 하기에 좋은 곳은 스크라딘으로 작은 마을과 해변, 분위기 좋은 레스토랑 카페 등이 잘 발달되어 있다.

**❶ 호텔 스크라딘 폭포** Hotel Skradinski Buk

크르크 국립공원 스크라딘 입구에 있는 호텔로 1~3인실의 방을 운영하고 있으며 호텔 내에 레스토랑도 운영하고 있다. 조식이 포함된다.

| | |
|---|---|
| Address | Skradinski Buk d.o.o., Burinovac 2, 22222 Skradin |
| Cost | 예산 €€€ |
| Tel | 022 771 771 |
| Web | www.skradinskibuk.hr |

**❷ 호텔 브라타 크르케** Hotel Vrata Krke

로조바츠 입구 바로 맞은편에 있는 호텔로 2인실과 아파트먼트를 운영한다. 조식이 포함된다.

| | |
|---|---|
| Address | Put Bioca 15/a, 22000 Šibenik |
| Cost | 예산 €€€ |
| Tel | 022 778 092 |
| Web | www.vrata-krke.hr |

# 5 로마 황제의 궁전, 스플리트
Split

디오클레티아누스 궁전 중앙에 위치한 열주 광장에서 시작한다. 고대 시대에 만들어진 디오클레티아누스 궁전의 핵심 지역을 돌아보고 궁전 바깥쪽의 중세시대 때의 거주 지역을 돌아보는 루트다. 구시가지는 넓지 않기 때문에 전체 루트는 1.5km로 짧은 편이다. 여기에 ❶닌의 그레고리우스 동상을 구경하고(현재 보수중이라 발만 오픈시켜 놓았다) 궁전 내부의 아기자기한 골목을 돌아보면 하루가 금세 간다. 해 질 녘이 되면 구시가지에서 2.5km 떨어진 마르얀 언덕에 오르는 것으로 마무리한다.

# Map of
## Split

### 관광명소 & 로컬명소
① 디오클레티아누스 궁전 Dioklecijanova Palača
  ⓐ 열주 광장 Trg Peristil
  ⓑ 성 도미니우스 대성당 Katedrala Sv. Duje
  ⓒ 주피터의 신전 Jupiterov Hram
  ⓓ 황제의 알현실 Predvorje
  ⓔ 지하궁전 Sale Sotterranee
  ⓕ 민속 박물관 Etnografski Muzej
② 닌의 그레고리우스 동상 Grgur Ninski
③ 생선시장 Ribarnica
④ 마르얀 언덕 Marjan
⑤ 이반 메슈트로비치 갤러리 Ivan Meštrović Gallery

### 레스토랑
① 코노바 마테유스카 Konoba Matejusk
② 뷔페 피페 Buffet Fife
③ 트라토리아 바야몬테 Trattoria Bajamonte
④ 우예 오일 바 UJE Oil Bar
⑤ 비스트로 톡 Bistro Toć
⑥ 보비스-리바 Bobis-Riva
⑦ 크루쉬취츠 Kruščić
⑧ 우예 와인 바 UJE Wine Bar
⑨ 푸드 바 피가 Food Bar Figa
⑩ 칸툰 파우리나 Kantun Paulina
⑪ 크렘 데 라 크렘 Crème de la Crème
⑫ 레스토랑 아페티트 Restaurant Apetit
⑬ 루카 아이스크림 & 케이크 Luka Ice Cream & Cakes

### 쇼핑
① 코자 Koza
② 핑크 씽크 Pink Think
③ 우예 UJE
④ 미칼 네그린 Michal Negrin
⑤ 아쿠아 Aqua
⑥ 크로아타 Croata

### 숙소
① 올드 타운 호스텔 스플리트 Old Town Hostel Split
② 디자인 호스텔 골리 & 보시 Design Hostel Goli & Bosi
③ 차이코프스키 호스텔 Tcaikovskj Hostel Split
④ 디오클레티안 팔라스 게스트하우스
   Diocletian Palace Guesthouse
⑤ 룸스 앤 아파트먼트 야노비츠
   Rooms and Apartments Djanovic
⑥ 타워광장 아파트먼트 Tower Square Apartments
⑦ 스플리트 올드 타운 스위트 Split Old Town Suites
⑧ 유디타 팔라스 Judita Palace
⑨ 룩스 Luxe
⑩ 크로 파라다이스 그린 호스텔 CroParadise Green Hostel
⑪ 러브 크로아티아 Love Croatia(한인숙소)

**Tourist Information Centre**
**Address** Obala Hrvatskog Narodnog Preporoda 9
**Open** 월~토 08:00~20:00, 일 08:00~13:00
**Tel** 021 360 066

**Tourist Information Centre**
**Address** Peristil bb
**Open** 월~토 08:00~20:00, 일 08:00~13:00
**Tel** 021 345 606

# 스플리트 들어가기

## 버스

버스터미널에서 구시가지까지는 500m로 항구를 왼쪽에 끼고 전방의 성 도미니우스 대성당 종탑 쪽으로 걸으면 된다.

### 1. 자다르에서 가기
버스터미널에서 하루 25회의 버스를 운행한다. 운행시간은 첫차 03:10, 막차 22:30이고, 소요시간은 버스에 따라 2시간 30분~3시간 35분, 요금은 80~105Kn이다.

### 2. 두브로브니크에서 가기
버스터미널에서 하루 16회의 버스를 운행한다. 버스의 운행시간은 첫차 05:00~막차 22:00이고, 소요시간은 버스에 따라 3시간 45분~4시간 50분, 요금은 125Kn이다.
* 버스 운행시간은 변동될 수 있으니 다시 한 번 확인하자.

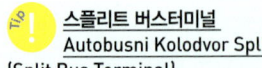

**스플리트 버스터미널**
**Autobusni Kolodvor Split**
**(Split Bus Terminal)**
크로아티아 국내선과 보스니아 헤르체고비나, 슬로베니아, 오스트리아, 헝가리 등의 국제선을 운행한다. 버스터미널과 기차역 주변에 사설 유인 짐 보관소(06:00~22:00)가 있어 스플리트를 경유하는 여행자들에게 편리하다.
Address  Obala Kneza Domagoja br.12
Tel  021 329 180
Web  www.ak-split.hr/EN/vozni.red/VozniRedOdlazaka.aspx

버스를 타기 전 버스회사, 출발시간, 목적지를 확인할 수 있다.

## 비행기

스플리트 공항에서 스플리트 구시가지로 오는 방법은 플레소 운송의 공항버스, 프로메트 사의 공항버스와 일반버스, 택시(Tel 021 895 237)가 있다. 이 중 가장 많이 이용하는 교통수단은 보라색의 프로메트와 흰색 플레소 공항버스다. 공항 밖 정류장에 정차된 두 회사의 버스 중 먼저 출발하는 걸 타면 된다. 요금은 편도 30Kn, 왕복 40Kn으로 동일하며 소요시간도 30분으로 동일하다. 공항버스는 짐값을 별도로 받지 않으며 스플리트 버스터미널에서 표를 살 때는 33Kn이다.

### 플레소Pleso 공항버스
비행기 출발과 도착시간에 맞춰 운행하는 버스로 비행기 도착 20분 뒤에 출발한다. 공항버스는 버스터미널이 종착지다.
운행　스플리트 → 공항 05:00~18:20
　　　공항 → 스플리트 07:10~22:15

### 프로메트Promet 공항버스
플레소 공항버스보다 더 자주 운행한다.
운행　4~10월(운행 간격이 일정하지 않음)
**스플리트 버스터미널 → 공항**
첫차 06:00(토·일 운행 없음)~막차 16:20(월·수·일은 운행 없음)
**공항 → 스플리트 버스터미널**
첫차 07:30(토·일 운행 없음)~20:50

### 프로메트Promet 37번 일반버스
공항버스보다 저렴하나 여러 정류장에 들르기 때문에 오래 걸린다. 또 37번의 종착지가 구시가지 북쪽에 위치한 수코이샨Sukoišan 버스터미널로 850m 떨어져 있다. 걸어서 갈 수도 있지만 버스 9번이나 10번으로 갈아타면 구시가지 입구에서 내릴 수 있다. 버스 타는 곳은 공항 앞 주차 구역을 지나 큰길로 나오면 있다. 공항 쪽 정류장은 트로기르행, 공항 건너편은 스플리트행 버스정류장이다.
**스플리트 수코이샨 버스터미널 → 공항 → 트로기르 버스터미널**
운행　월~금 04:00~24:15(20~45분 간격),
　　　토·일 04:30~24:15(30~45분 간격)
**트로기르 버스터미널 → 공항 → 스플리트 수코이샨 버스터미널**
운행　월~금 04:00~23:45(20~50분 간격)
소요시간　스플리트 50분, 트로기르 10분
요금　스플리트 17Kn, 트로기르 13Kn

### 택시
택시요금은 기본 18Kn에서 시작해 1Km 당 8Kn씩 추가되며 원칙적으로는 짐 하나당 2.5Kn를 별도로 받는다. 보통 시내까지 정액으로 운행하는데 250Kn 안팎이다. 흥정이 가능하다.

> **스플리트 공항**
> **Zračna Luka Split (Split Airport)**
> 런던, 파리, 뮌헨, 비엔나, 코펜하겐 등의 유럽 주요 도시와 크로아티아 국내선이 스플리트로 운항한다. 스플리트 공항은 스플리트와 트로기르 사이에 위치한 공항으로 스플리트에서는 20km, 트로기르와는 6km 떨어져 있다.
> **Address** Cesta dr. Franje Tuđmana 1270, 21217 Kaštel Štafilić
> **Tel** 021 203 555
> **Web** www.split-airport.hr

프로메트 공항버스

플레소 운송의 공항버스

택시

## 기차

자그레브에서 하루 3~4편, 자다르에서 하루 3편의 기차를 운행한다. 플리트비체를 보지 않는 여행자라면 자그레브에서 야간열차를 타고 새벽에 도착하는 것을 이용해볼 만하다. 자다르에서 스플리트행 기차는 버스보다 드물지만 소요시간은 비슷하다. 기차역에서 구시가지까지는 450m 정도로 버스터미널보다 조금 위쪽에 있다. 왼쪽에 항구를 끼고 걸어가면 된다. 기차역 내부에는 로커(24시간 15Kn)가 있다.

### 자그레브 → 스플리트
<u>운행</u>　07:35 → 13:38, 15:21 → 21:20, 23:05 → 06:54, 00:25 → 08:09
<u>소요시간</u>　6~8시간
<u>요금</u>　190~210Kn

### 자다르 → 스플리트
<u>운행</u>　07:35 → 09:56, 14:40 → 17:01, 20:30 → 22:51
<u>소요시간</u>　2시간 20분
<u>요금</u>　100.70Kn
* 기차 운행시간은 변동될 수 있으니 다시 한 번 확인하자.

## 페리

페리터미널에서 구시가지까지는 약 1km 정도로 항구를 왼쪽에 끼고 걸어가면 된다.

### 국내선
스플리트는 아드리아 해의 주요 도시를 연결하는 페리를 운항하고 있다. 야드롤리니야와 U.T.O 카페탄 루카 두 곳에서 운항한다. 여기서는 스플리트, 흐바르, 코르출라, 믈레트, 두브로브니크 간의 시간과 요금을 소개하고 스플리트, 흐바르, 브라츠 비스 섬으로의 운항정보는 147p, 161p를 참고하자.

페리터미널

## U.T.O 카페탄 루카 U.T.O Kapetan Luka

* 스플리트 ↔ 두브로브니크 운행시간

운행	5월 월·화·금·토 6~9월 매일 10월 금·토·일
(9~10월은 두브로브니크 → 스플리트 구간만 30분씩 빨라짐)
① 스플리트 07:40 → 밀나 08:10/08:15 → 흐바르 08:45/08:55 → 코르출라 10:00/10:10 → 믈레트 10:40/10:45 → 두브로브니크 12:00
② 두브로브니크 16:30 → 믈레트 17:45/17:50 → 코르출라 18:20/18:30 → 흐바르 19:35/19:45 → 밀나 20:15/20:20 → 스플리트 20:50

예약  www.krilo.hr

* 구간별 소요시간 및 승선요금

| 6~9월 요금 및 소요시간 | 스플리트 | 밀나 | 흐바르 | 코르출라 | 믈레트 | 두브로브니크 |
|---|---|---|---|---|---|---|
| 스플리트 | x | 40Kn (25분) | 70Kn (1시간) | 120Kn (2시간 35분) | 130Kn (2시간 55분) | 190Kn (4시간 30분) |
| 밀나 | 40Kn | x | 70Kn | 110Kn | 130Kn | 190Kn |
| 흐바르 | 70Kn | 70Kn | x | 90Kn | 130Kn | 190Kn |
| 코르출라 | 120Kn | 110Kn | 90Kn | x | 80Kn | 120Kn |
| 믈레트 | 130Kn | 130Kn | 130Kn | 80Kn | x | 80Kn |
| 두브로브니크 | 190Kn | 190Kn | 190Kn | 120Kn | 80Kn | x |

* 페리 티켓은 온라인이나 선착장의 매표소 또는 지정 여행사에서 구입이 가능하다.
* 3~12세 일반의 50%, 3세 미만 무료
* 페리 요금과 시간표는 변동될 수 있으니 홈페이지를 통해 다시 확인하자.

스플리트 페리터미널

### 야드롤리니야 Jadrolinija

* 스플리트 ↔ 흐바르 ↔ 코르출라 운행시간

<u>비수기 1월~6월 2일 · 10월 3일~12월</u>
① 스플리트 → 흐바르 → 코르출라
스플리트 16:30 → 흐바르 17:35/17:45 → 코르출라 19:10

② 코르출라 → 흐바르 → 스플리트
월~토 코르출라 06:00 → 흐바르 07:25/07:35 → 스플리트 08:40
일 · 공휴일 코르출라 13:00 → 흐바르 14:25/14:35 → 스플리트 15:40

<u>성수기 6월 3일~10월 2일</u>
① 스플리트 → 흐바르 → 코르출라
스플리트 17:00 → 흐바르 18:05/18:15 → 프리그라디차 Prigradica(코르출라) 19:15/19:20 → 코르출라 20:00

② 코르출라 → 흐바르 → 스플리트
코르출라 06:00 → 프리그라디차(코르출라) 06:40/06:45 → 흐바르 07:45/08:00 → 스플리트 09:05

*구간별 승선요금

| 구간 \ 시기 | 비수기<br>1월~6월 2일 · 10월 3일~12월 | 성수기<br>6월 3일~10월 2일 |
|---|---|---|
| 스플리트 ↔ 코르출라 | 60kn | 80kn |
| 스플리트 ↔ 프리그라디차 | x | 70kn |
| 흐바르 ↔ 코르출라 | 40kn | 70kn |
| 스플리트 ↔ 흐바르 | 40kn | 55kn |
| 흐바르 ↔ 프리그라디차 | x | 50kn |
| 프리그라디차 ↔ 코르출라 | x | 50kn |

## 국제선
스플리트의 국제선은 이탈리아의 앙코나와 연결된다.

### 이탈리아 앙코나 ↔ 스플리트
이탈리아의 앙코나Ancona에서 크로아티아의 스플리트로 운행하는 블루 라인Blue Line 사의 여객선이다. 예약은 홈페이지나 페리터미널에서 할 수 있다.

운행 3월 21일~11월 5일 요일에 따라 출항 여부와 출항지가 다르므로 홈페이지에서 확인하자.
   ① 앙코나 20:15/21:15 → 스플리트 07:00
   ② 스플리트 10:00(7월 18일)/20:15 → 앙코나 19:00(7월 18일)/07:00

요금 8월 성수기 기준으로 데크Deck €10부터 좌석Seat €10, 선실Cabins €20~70로 나뉘며,
   4~12시 50% 할인된다. 모든 배편은 1인당 항만세 €15와 유류할증료 €15가 추가된다.

홈페이지 www.blueline-ferries.com

SNAV, 이탈리아를 운행하는 페리

> **Tip 스플리트 교통수단을 한눈에**
> ① 기차역 ② 버스터미널 ③ 페리터미널, 국제선과 국내 장거리 노선 페리가 정박한다. ④ 국내선, 중거리 페리들이 정박하는 곳 ⑤ 근교 섬을 돌아보는 투어 보트들이 서는 곳

# 디오클레티아누스 궁전
Dioklecijanova Palača (Diocletian's Palace)

디오클레티아누스 황제가 은퇴 후 지내기 위해 295년 ~305년에 만든 궁전이다. 브라츠 섬의 최고급 대리석과 이집트의 화강암, 투트모세 3세Thutmose III에게서 가져온 스핑크스 등으로 화려하게 꾸몄다. 궁전의 크기는 가장 긴 가로 길이가 214.97cm, 세로 181.65cm, 성벽의 높이는 25m, 총면적은 31,000㎡에 달했다. 궁전은 오늘날 세계 어느 곳에서도 찾아볼 수 없을 만큼 매력적인 장소로 인정받고 있다. 보통 고대 궁전은 관람료를 내고 구경하는 생기를 잃은 '과거의 공간'인 데 반해 디오클레티아누스 궁전은 스플리트 시민의 주거지로, 상점으로 또 레스토랑과 카페로 북적인다. 이렇게 궁전이 생활공간이 된 데에는 6~7세기에 있었던 유라시안 아바르Eurasian Avars와 슬라브Slavs의 침공 때문이다. 궁전은 디오클레티아누스 사후 얼마 동안 궁전으로 이용되었는데 로마인들이 땅을 포기하고 떠나자 수백 년간 방치되어 폐허가 되었다. 그러던 중 이민족의 침략으로 이들을 피해 스플리트의 궁전에 숨어 살기 시작했다. 궁전은 높고 튼튼한 벽으로 둘러싸인 요새였기 때문이다. 궁전은 중세시대를 거치면서 계속해서 변화했다. 현재 스플리트의 길과 광장 등의 도시 형태는 13세기에 갖춰진 것이다. 12~13세기에 만들어진 로마네스크양식의 교회와 종탑, 15세기에는 고딕양식의 건물이, 이후에 르네상스와 바로크양식의 건물이 추가되면서 1,700여 년의 역사를 모두 담게 됐다. 이러한 이유로 궁전과 구시가지는 1979년 유네스코의 세계문화유산에 등재됐다.

은 문 주변에 상점들이 자리 잡은 전경이다.

굴목의 카페

305년의 디오클레티아누스 궁전

→ 초기 궁전과 15세기, 17세기의 모습

영주 광장에서 공연이 시작되면 아이들은 춤을 춘다.

고대시대에 만든 건축물과 현대의 사람들이 어우러진 스플리트

## 열주 광장 & 문 Trg Peristil & Vrata

열주 광장은 디오클레티아누스 궁전의 정 가운데에 있다. 늘어선 기둥은 이집트에서 가져온 것이다. 그늘지고 계단이 많아 관광객들이 휴식을 취하는 장소이기도 하다. 열주 광장은 외부와 연결되는 궁전의 동서남북 문과 직선으로 연결된다. 남쪽은 디오클레티아누스의 주거지로 황제의 알현실을 통과하면 황제의 아파트와 연결된다. 열주 광장과 연결된 계단으로 내려가면 지하궁전을 지나 남문(청동의 문)Mjedena Vrata(Brass Gate)으로 이어지고, 북쪽은 신하와 군인 하인들이 머물던 공간으로 북문(황금의 문)Zlatna Vrata(Golden Gate)과 이어진다. 이곳으로 305년 6월 1일, 퇴임한 디오클레티아누스 황제가 궁전으로 들어왔다. 동쪽은 원래 디오클레티아누스 황제의 무덤이 있던 자리로 도미니우스 대성당이 있고, 동문(은의 문)Silver Gate(Srebrna Vrata)으로 이어진다. 서쪽은 주피터 신전이 있고 서문(철의 문)St. Teodor Željezna Vrata(Iron Gate)을 지나면 나로드니 광장과 만난다. 현재는 주피터의 신전만이 남아 있지만 원래는 땅의 여신 시빌리와 사랑의 여신 비너스의 세 개의 신전이 함께 있었다.

열주 광장

휴식을 취하는 사람들

❶ 청동의 문. 바다에서 궁전으로 들어오던 문이다. ❷ 황금의 문. 닌의 그레고리우스 동상이 세워진 곳이다. ❸ 황금의 문을 지키는 로마병사들
❹ 은의 문. 시장이 서는 곳으로 가장 활기 넘치는 문이다. ❺ 철의 문. 나로드니 광장으로 이어진다. ❻ 성 로카 교회에 위치한 관광안내소

### 디오클레티아누스 황제

디오클레티아누스Gaius Aurelius Valerius Diocletianus Augustus(245~316)는 달마티아의 스플리트에서 8km 떨어진 살로나Salona(현재의 솔린Solin)에서 태어나 284~305년에 로마 황제로 지냈다. 황제 은퇴 이후 316년 사망할 때까지 디오클레티아누스 궁전에서 여생을 보냈다. 그러나 그의 말년은 행복하지 않았다. 디오클레티아누스 황제와 같은 날 은퇴한 막시미아누스Maximianus(205?~310)가 디오클레티아누스의 아내 프리스카와 외동딸 발레리아를 납치한 것이다. 후에 석방하기는 했으나 추방해버렸다. 막시미아누스가 리키니우스Licinius(263~325)와의 싸움에서 패하고 사망하자 모녀는 리키니우스에게 도움을 요청했지만 오히려 테살로니카에서 이들을 살해해버렸다. 디오클레티아누스는 이듬해 사망했다.

디오클레티아누스는 로마제국에서 기독교인을 가장 강력하게 박해한 황제로 유명하다. 기독교인들에 대한 박해는 309년까지 지속되었고, 콘스탄티누스 1세와 리키니우스의 313년 밀라노칙령으로 끝이 났다. 매년 8월 중순에 디오클레티아누스 축제Days of Diocletian가 열린다. 궁전과 구시가지 곳곳에서 다채로운 행사가 펼쳐진다.

# 성 도미니우스 대성당
Katedrala Sv. Duje (St. Domnius Cathedral)

디오클레티아누스 궁전 내에 있는 대성당으로 원래는 디오클레티아누스 황제의 무덤Emperor's Mausoleum으로 지어진 것이다. 내부는 아름다운 돔 형태로 디오클레티아누스의 황제와 아내를 조각한 벽장식이 남아 있다. 황제의 무덤에 성모마리아를 위한 교회가 생기고, 이후 성 도미니우스의 유해를 봉헌한 성당이 세워졌다. 성 도미니우스Sv. Duje(Saint Domnius, 3세기경~304)는 로마시대에 달마티아 지방의 주도인 살로나Salona의 주교로 현재 스플리트의 수호성인이다. 아이러니한 것은 디오클레티아누스의 기독교 박해로 참수되어 순교한 그가 기독교 박해로 유명했던 로마 황제의 무덤 자리에 만든 성당에 안치되었다는 것이다. 성당은 로마네스크양식으로 지었는데 이러한 양식은 성당 내부에 본당으로 들어가는 나무문에 잘 표현되어 있다. 안드리야 부비나Andrija Buvina가 1220년경에 조각한 것으로 예수의 일생에서 주요 장면이 조각되어 있다. 스플리트 어디에서나 눈에 띄는 57m 높이의 '성모마리아 교회 종탑Crkva Gospe od Zvonika(Church of Our Lady of the Bell Tower)'은 12세기 로마네스크양식으로 만든 것으로 무너졌다가 1908년 재건된 것이다. 열주 광장에서 성당 계단을 오르면 왼쪽에 벨 타워 입구가 있다. 성당 입구는 기독교 성인들을 등에 업은 사자상이 지키고 있다. 미사시간은 08:00/10:00/11:00/19:00 이다.

| | |
|---|---|
| Address | Kraj sv. Duje 5 |
| Open | 6~9월 |
| | 월~토 08:00~19:00, |
| | 일 12:30~18:30 |
| | (10~5월은 날짜에 따라 달라짐) |
| Cost | 성 도미니우스 대성당 15Kn, |
| | 종탑 전망대 15Kn |
| Tel | 021 345 602 |

> **Tip 성 도미니우스 대성당 통합티켓**
> 열주 광장 주변의 볼거리들을 한 티켓으로 볼 수 있는 통합티켓이 있다. 각각의 티켓을 구입하는 것과 크게 차이가 나지 않지만 하이라이트인 성 도미니우스 대성당(15Kn), 종탑 전망대(15Kn), 주피터 신전(10Kn) 세 곳을 보면 40Kn인데 통합티켓 2는 45Kn이다.
>
> Open 6~9월 월~토 08:00~19:00, 일 12:30~18:30
> (10~5월은 날짜에 따라 달라짐)
> Cost **통합티켓 1** 성 도미니우스 대성당
> + 주피터 신전(성 야고보 세례당)
> + 납골당 = 25Kn
> **통합티켓 2** 성 도미니우스 대성당
> + 주피터 신전(성 야고보 세례당)
> + 납골당 + 종탑 전망대
> + 성당 보물관 = 45Kn

성 도미니우스 대성당과 종탑

안드리야 부비나가 조각한 나무문. 돔 안으로 들어가는 통로에 있어 놓치기 쉽다.

종탑 천장과 천사 조각이 따로 돌아 있다.

성 도미니우스의 유해가 안치된 무덤 앞

성 도미니우스의 유해가 안치된 무덤 뒤. 특수 석으로 꾸며져 있다.

종탑으로 오르는 가파른 계단

입구는 사자상이 지키고 있다.

종탑에서 바라본 스플리트와 마르얀 언덕

지하에 위치한 납골당

5. Split

## 주피터의 신전
Jupiterov Hram (Temple of Jupiter)

디오클레티아누스 궁전 안에는 세 개의 신전이 만들어졌다. 땅의 여신 시빌리와 사랑의 여신 비너스, 그리고 주피터의 신전으로 황제의 무덤Emperor's Mausoleum(지금의 성 도미니우스 대성당) 맞은편에 있었다. 디오클레티아누스 황제는 자신을 주피터라고 칭했다. 이 중에 유일하게 남아 있는 신전으로 초기 중세시대부터 성 야고보의 세례당Krstionicu Sv. Ivana(Baptistry of St. John)으로 사용되었다. 11세기와 12세기 초에 종탑이 세워지기도 했다.

Address Jupiterov Hram
Open 6~9월
월~토 08:00~19:00,
일 12:30~18:30
(10~5월은 날짜에 따라 달라짐)
Cost 10Kn
또는 성 도미니우스 대성당 통합티켓

> **Tip 원 페니 투어**
> 스플리트에는 아주 유명한 투어가 있다. '원 페니 투어One Penny Tour'가 그것이다. 열주 광장에 가면 빨간색과 파란색 피켓을 든 사람들이 있는데 정말 단돈 €1(또는 7.5Kn)에 스플리트 구시가지 곳곳을 돌아다니며 한 시간 동안 열정적인 설명을 해준다. 영어 듣기가 어느 정도 가능하다면 저렴한 스플리트 워킹투어를 경험해보자.

## 황제의 알현실 Predvorje (Vestibule)

열주 광장은 알현실과 황제의 아파트Carev Stan(Imperial Apartments)로 이어진다. 알현실의 돔형 공간은 울림이 좋아 클라파Klapa라는 달마티아 지방의 아카펠라 공연을 하고 있다. 황제의 아파트는 중세시대 때 파괴되어 흔적만 남아 있다. 알현실에서 바다 방향으로 가면 왼쪽에 민속박물관(월~토 09:30~19:00 일 10:00~13:00 입장료 15Kn)으로 갈 수 있다.

황제의 알현실

**순서대로** 돔형 천장으로 울림이 좋다, 클라파를 부르는 사람들, 민속박물관

# 지하궁전 Sale Sotterranee
(Cellars of the Diocletian's Palace)

황제가 사용하던 아파트 아래 공간으로 지상층과 똑같은 넓이에 똑같은 구조로 만들어져 로마시대 때 황제의 아파트를 그대로 유추해 볼 수 있는 장소다. 로마시대에는 복합 공간으로 방, 식당, 홀, 저장소 등으로 사용됐다. 중세시대에는 곡식과 와인을 저장하던 창고로 이용하다 이후에는 쓰레기장으로 사용했다. 냄새로 사람들이 드나들지 않았던 덕분에 원형이 잘 보존되었다. 19세기 중반, 복원작업이 진행되어 박물관으로, 넓은 홀은 전시회장으로 이용되고 있다. 디오클레티아누스 궁전에서 가장 비싼 입장료지만 굉장히 넓고 과거 로마시대의 건축 원형을 그대로 볼 수 있다. 청동의 문으로 들어가면 왼쪽에 입구가 있고, 열주 광장에서 지하로 연결된다. 지하궁전으로 들어가는 통로는 기념품 상점들이 들어서 있다.

Open  08:30~21:00
Cost  일반 40Kn, 학생 · 7~14세 20Kn

궁전 지하실 입구

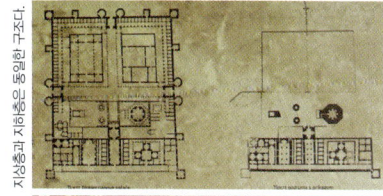

지상층과 지하층은 동일한 구조다.

넓은 홀은 전시공간으로 사용되고 있다.

중세시대에 올리브 오일을 짜던 기구

로마시대 때 궁전 건축에 사용되던 나무

# 닌의 그레고리우스 동상
Grgur Ninski (Gregory of Nin)

그레고리우스는 10세기 크로아티아 닌의 주교로 바티칸의 교황에게 크로아티아어로 미사를 드릴 수 있게 해달라고 간청한 인물이다. 당시 미사는 라틴어로만 진행됐었다. 그레고리우스는 크로아티아의 종교지도자이며 크로아티아 어학사전을 편찬한 어학의 아버지로 많은 존경을 받는 인물이다. 디오클레티아누스 궁전 북문(황금의 문) 바깥에 세워진 동상은 크로아티아 출신의 세계적인 조각가인 이반 메슈트로비치Ivan Meštrović가 청동으로 만든 것으로 높이가 4.5m에 달한다. 한쪽 손에는 책을 들고, 다른 한쪽 손은 하늘을 가리키는 모습이다. 그레고리우스 주교의 엄지발가락을 만지면 행운이 온다는 속설이 있어 모두들 한 번씩 만지고 간다. 발가락 부분만 반질반질 윤이 난다. 이반 메슈트로비치가 만든 또 다른 조각이 브라체 라디츠 광장Trg Braće Radić에 있다. 스플리트 출신의 크로아티아의 국민시인, 마르코 마룰리츠Marko Marulić(1450~1524)의 동상이다.

닌의 그레고리우스 동상

발가락이 반질반질 빛을 발하고 있다.

브라체 라디츠 광장의 마르코 마룰리츠 동상

공사중인 동상

## 나로드니 광장 Trg Narodni

나로드니 광장은 인민 광장People's Square이라는 뜻이다. 주변에는 로마네스크양식의 시계와 중세시대에 만든 종탑과 해시계, 15세기에 만들어져 오늘날 전시회장으로 사용되고 있는 구시청사Gradska Vijećnica(Town Hall)가 있다.

**Address** Trg Narodni

## 시장 Pazara (Food Market)

크로아티아의 모든 마을에는 시장이 있지만 스플리트처럼 활기 넘치는 곳은 없다. 신선한 과일과 채소를 판매하는 아침 시장이다. 이곳과 생선시장 때문에 스플리트에서는 취사가 가능한 아파트먼트에서 묵는 것을 추천한다. 우리나라보다 저렴하고 요리를 시도해보고 싶은 식재료들이 가득하다.

**Address** Stari Pazar
**Access** 디오클레티아누스 궁전 동문(은의 문)으로 바깥쪽에 있다.
**Open** 06:00~16:00

## 생선시장 Ribarnica (Fish Market)

스플리트 주민들은 생선시장을 '스플리트의 배꼽'이라고 부른다. 그만큼 생선은 스플리트 주민들의 주식이자 중요한 먹거리다. 시장에는 싱싱한 생선들을 저렴한 가격에 파는데 요리에 자신 있는 사람이라면 시장에서 사온 생선과 채소로 요리하는 기쁨을 누려보자.

로컬 명소

Address  Obrov 5
Access  디오클레티아누스 궁전 서문으로 나가 나로드니 광장을 지나 성 마리아 Kraj Sv. Marije 길을 따라가면 마르몬토바 Marmontova 길과 만나는 지점에 있다.
Open  06:00~13:00

## 이반 메슈트로비치 갤러리
Ivan Meštrović Gallery

이반 메슈트로비치는 크로아티아 출신의 조각가·건축가로 20세기를 대표하는 세계적인 조각가 중 한 명이다. 스플리트의 랜드마크인 닌의 그레고리우스 동상도 그의 작품이다. 갤러리 건물은 메슈트로비치가 자신의 집을 설계한 건물로 1931~1939년에 걸쳐 지은 것이다. 디오클레티아누스 궁전에서 서쪽으로 약 2km 정도 떨어져 있는데 도보 또는 버스로 갈 수 있다(버스 추천). 한가로운 분위기로 조각에 관심이 있다면 방문해보자.

갤러리

Address  Setaliste Ivana Mestrovica 46
Access  버스 12·7·8번
Open  5~9월 화~일 09:00~19:00
        10~4월 화~토 09:00~16:00,
        일 10:00~15:00
Close  월·공휴일
Cost  일반 40Kn, 학생 20Kn
Tel  021 340 800
Web  www.mdc.hr/mestrovic
        /galerija/opci-en.htm

버스는 프라예 투즈마나 광장에서 탈 수 있다.

# 마르얀 언덕 Marjan

스플리트의 전체적인 전망을 한눈에 보고 싶다면 이곳으로 가면 된다. 마르얀은 원래 바위로만 이루어져 있던 언덕으로 1852년부터 소나무로 조림사업을 시작해 오늘날에 이르렀다. 지금은 '스플리트의 폐'라고 부른다. 여러 여행책에 소개된 스플리트의 전경은 모두 이곳에서 찍은 것이다. 구시가지에서 2km 정도 떨어져 있으며 해발 178m 높이이다. 마르얀에서 가장 좋은 전망을 볼 수 있는 곳은 사진에 보이는 전망대이다. 바로 옆에 카페가 있어 차 한 잔 하고 가기 좋다. 중세시대에 만들어진 성 니콜라스 성당을 지나 좀 더 올라가면 정상이 나온다.

로컬 명소

Access 언덕으로 가는 길은 두 가지가 있다. 투즈마나 광장Trg Franje Tudmana에서 슈페룬Sperun 길의 표지판을 따라 오르거나 〈꽃보다 누나〉에서 나온 것처럼 라바 거리 끝에서 해안을 따라 걷다 오른쪽에 마르얀으로 올라가는 표지판을 보고 올라가는 길이다.
방송에 나온 길은 경사가 심하니 슈페룬 길로 완만하게 올라가는 것을 추천한다.

사진에 나오는 전망대에서의 전망이 가장 좋다.

중세시대에 만들어진 성 니콜라스 성당

마르얀으로 오르는 계단길

> **Tip** 레스토랑
> 크로아티아 제2의 도시답게 다양한 식당들이 가득하다. 생선시장을 가 보았다면 스플리트 해산물 식당의 유혹은 견디기 어려울 것이다. 아파트먼트에 머문다면 직접 만들어 먹는 것도 좋다. 스플리트의 싱싱한 해산물 요리를 한 번쯤 맛보도록 하자.

## 코노바 마테유스카 Konoba Matejuska

 레스토랑

트립 어드바이저 1위 레스토랑으로 로컬보다 여행자들에게 인기 있다. 생선요리를 추천하는데 주문을 받을 때 쟁반에 그날 시장에서 사온 해산물을 보여주며 설명 해준다. 원하는 해산물의 종류와 크기를 선택하면 요리해주는 시스템이다. 생선구이 선택 시 3Kn의 소스 값이 추가된다. 진한 국물의 생선수프와 새우튀김은 다들 감탄할 만하다.

| | |
|---|---|
| Address | Tomića Stine 3 |
| Open | 화~토 12:00~23:00, 일 12:00~17:00 |
| Close | 월요일 |
| Cost | 예산 €€ |
| Tel | 021 355 152 |
| Web | www.konobamatejuska.hr |

코노바 마테유스카 / 푸짐한 싱싱한 생선 & 생선구이

## 트라토리아 바야몬트
### Trattoria Bajamont

 레스토랑

철의 문으로 들어가 바로 왼쪽 골목에 위치한 식당이다. 해산물 요리와 스파게티 등의 이탈리안 요리를 저렴한 가격에 푸짐하고 맛있게 요리해 많은 여행자들이 찾는다.

| | |
|---|---|
| Address | Bajamontijeva 3 |
| Open | 월~금 08:00~23:00, 토 11:00~20:00 |
| Close | 일요일 |
| Cost | 예산 € |
| Tel | 099 5426 675 |
| Web | trattoriabajamont.fullbusiness.com |

## 뷔페 피페 Buffet Fife 🛜

저렴하고 푸짐한 양으로 한국인들에게 인기 있는 식당이다. 한국어 메뉴판이 있어 주문하기 편리하다. 가격도 유럽 관광객들을 대상으로 한 비싼 식당의 절반!

레스토랑

Address Trumbićeva Obala 11
Open 06:00~24:00
Cost 예산 €
Tel 021 345 223

맥주를 부르는 어장어 튀김 양이 많다.

## 푸드 바 피가 Food Bar Figa 🛜

보츠니 광장Trg Voćni에서 연결되는 작은 계단에 위치한 이탈리안 식당이다. 알록달록한 쿠션과 작은 의자 등으로 분위기가 좋아 항상 사람들로 북적인다. 점심 식사로 부담 없는 가격의 홈메이드 파스타를 먹기에 좋다

레스토랑

Address Buvinina 1
Open 08:00~02:00
Cost 예산 €
Tel 021 274 491

푸드 바 피가 모습 & 쫄깃한 홈메이드 파스타

## 크루쉬취츠 Kruščić

건강하고 맛있는 빵을 만드는 곳이다. 첨가제 없이 밀, 염소젖, 꿀 등의 천연재료로 정직한 맛을 낸다. 가격도 저렴해 조식 불포함 숙소에 묵는다면 아침으로 추천한다.

베이커리

Address Obrov 6
Open 월~토 08:00~14:00
Close 일요일
Cost 예산 €
Tel 099 2612 345

## 비스트로 톡 Bistro Toć

기차역 근처의 맛집으로 버스나 기차, 페리를 타기 전후에 방문하기에 좋은 집이다. 해산물 요리와 이탈리안, 커리 요리까지 넘나들지만 이 식당은 멕시칸 레스토랑이라는 것! 이곳의 음식은 골고루 다 맛있다는 평이다. 기차를 타고 이른 시간 스플리트에 도착했다면 아침 식사를 해보자.

| | |
|---|---|
| 레스토랑 | |
| Address | Šegvića 1 |
| Open | 08:00~23:45 |
| Cost | 예산 €€ |
| Tel | 021 488 409 |

## 우예 오일 바 UJE Oil Bar

크로아티아 특산물을 전문적으로 파는 쇼핑숍인 우예UJE에서 크로아티아산 오일을 이용한 식당을 운영하고 있다. 신선한 올리브 오일은 빵을 구워 위에 살짝 뿌려만 먹어도 풍미가 좋다. 근처에 와인 전문 바도 운영하고 있다.

| | |
|---|---|
| 레스토랑 | |
| Address | Dominisova 3 |
| Open | 11:00~23:00 |
| Tel | 095 2008 008 |
| Web | www.uje.hr |

## 칸툰 파우리나 Kantun Paulina

패스트푸드 샌드위치 전문점으로 저렴한 가격과 맛으로 로컬이나 여행자들에게 모두 인기 있는 식당이다. 체바피 Ćevapi는 빵에 다진 고기구이와 야채를 넣은 크로아티아식 샌드위치로 한 번쯤 맛볼 만하다. 가격은 20Kn 안팎이다.

| | |
|---|---|
| 패스트푸드 | |
| Address | Matošića 1 |
| Open | 월~토 08:00~23:30, 일 10:00~23:30 |
| Tel | 021 395 973 |

## 보비스-리바 Bobis-Riva

1949년부터 운영해온 디저트 가게로 케이크나 페이스트리, 초콜릿, 아이스크림 등의 달콤함을 선사하는 곳이다. 스플리트에만 마르몬토바 1번지 등 6개의 가게가 있고 트로기르, 솔린 등의 도시에 지점이 있다. 여기서는 본점의 주소를 소개한다.

**디저트**

Address  Obala Hrv. Narodnog Preporoda 20. A
Open    월~토 06:00~22:00, 일 07:00~22:00
Cost    예산 €
Tel     021 347 962
Web     www.bobis-svagusa.hr (웹에서만 접속 가능)

**Tip! 또 다른 아이스크림 맛집**
루카 아이스크림 & 케이크Luka Ice Cream&Cakes도 맛집으로 유명하다. 국립극장 뒤편에 있다. 116p 지도 참고.

## 크렘 데 라 크렘 Crème de la Crème

달콤한 케이크나 마카롱을 맛보기 좋은 곳이다. 우아한 분위기의 실내에서 한국에서보다 저렴한 가격의 큼직한 케이크를 먹어보자. 스플리트에 두 개의 가게가 있는데 이 중 구시가지를 소개한다.

**디저트**

Address  Ilićev Prolaz 5
Open    월~토 08:00~23:00
Close   일요일
Cost    예산 €
Tel     021 355 123
Web     www.cremedelacreme.hr

견과류가 듬뿍 들어간 스플리트 케이크. 커피도 맛있다.

## Tip 쇼핑

스플리트를 기념할 만한 열쇠고리, 마그네틱 등의 소소한 기념품들은 남문에서 열주 광장으로 이어지는 지하통로 상점에서 구입할 수 있다. 라벤더 관련 제품이나 허브 비누, 꿀, 올리브 오일 등은 은의 문 밖의 노천시장에서 구입할 수 있다. 자라 Zara, 베르쉬카Bershka, 베네통Benetton, 야마마이Yamamay 등의 브랜드 제품은 1806~1813년 나폴레옹 지배시절에 조성된 마르몬토바 거리Marmontova Ulica와 마르몬토바 거리 끝에 있는 프리마Prima 쇼핑몰에서 구입할 수 있다. 황금의 문 근처의 공원길에서는 매주 수요일마다 골동품 시장이 조성된다. 스플리트에서 유명한 제품은 가죽으로 만든 핸드메이드 신발이나 가방으로 미로 같은 골목에 작은 숍들이 숨어 있다. 저렴하지는 않지만 좋은 품질의 유니크한 가죽제품을 구입할 수 있다.

## 코자 Koza

쇼핑

천연 가죽으로 만든 핸드메이드 가방, 지갑, 신발을 파는 가게다. 비비드한 컬러의 오직 하나뿐인 가죽 가방이나 신발을 찾는다면 방문해보자. 코자는 크로아티아어로 '염소'라는 뜻으로 로고로 사용하고 있다.

**Address** Zadarska 2
**Open** 09:00~20:00
**Tel** 021 355 369

## 핑크 씽크 Pink Think

쇼핑

크로아티아인들이 디자인한 의류, 주얼리, 신발 등을 파는 가게로 구경해볼 만하다.

**Address** Zadarska 8
**Open** 08:30~22:00
**Tel** 021 317 126

## 우예 UJE

크로아티아에서 생산된 올리브 오일, 꿀, 와인, 말린 과일, 잼, 스펀지 등을 파는 크로아티아 기념품 종합선물세트와 같은 곳이다. 가격은 시장에서 사는 것보다 비싸지만 포장이 좀 더 세련되어 선물용으로 좋다. 소개한 주소 말고도 Šubićeva 6에 한 곳이 더 있다.

 쇼핑

Address  Marulićeva 1
Open  09:00~21:00
    (7월 1일~8월 15일에는 ~22:00)
Tel  021 342 719
Web  www.uje.hr

## 미칼 네그린 Michal Negrin

이스라엘 태생 디자이너, 미칼 네그린Michal Negrin 이름을 딴 핸드메이드 주얼리 브랜드로 세계 25개국에 지점을 갖고 있다. 복고풍의 화려한 디자인과 캐릭터 주얼리로 인기 있는 브랜드다. 가격은 저렴하지 않지만 크로아티아의 세금이 25%이기 때문에 면세가로 구입하기에 좋다.

쇼핑

Address  Mihovilova širina 13
Open  09:00~21:00
Tel  021 344 006
Web  www.michalnegrin.com

## 숙소

스플리트에는 다양한 가격대의 다양한 숙박시설이 산재해 선택의 폭이 넓다. 숙소의 요금은 디오클레티아누스 궁전 안에 있느냐 밖에 있느냐에 따라 가격 차이가 크다. 개별여행자라면 선택의 여지없이 호스텔이다. 스플리트의 호스텔은 대체로 아침 식사 불포함, 주방사용이 불가능하다. 가장 많은 숙소는 역시 아파트먼트인데 가족여행자나 신혼부부, 2인 이상의 여행자에게 추천한다. 아파트먼트는 독립적이고, 가격은 2인 이상일 때 호스텔에 묵는 요금과 큰 차이가 없어 매력적이다. 또한 스플리트 시장에서 싱싱한 생선과 채소를 직접 요리해 먹을 수 있는 즐거움이 있다. 요리에 관심이 없다면 아파트먼트보다 좀 더 저렴한 룸 Room을 구하면 된다. 호스텔의 가격은 성수기와 비수기에 따라 다른데 성수기 도미토리는 대략 €18~35선이다. 아파트먼트는 2인 기준으로 궁전과 구시가지 바깥쪽은 €100 미만, 안쪽은 그 이상을 생각하면 된다. 버스터미널이나 페리터미널에 도착한다면 Apartment 또는 Rooms 종이를 든 사람을 만날 수 있는데 이들은 자신의 집을 렌트해주기 위해 나온 주인들로 인터넷 숙소 예약사이트를 통하는 것보다 저렴하고 흥정도 가능하다. 호텔은 소규모의 부티크 호텔이 많은데 가격은 €200 정도로 꽤 비싼 편이다. 성수기에 여행한다면 반드시 2~3개월 전에 숙소를 예약해야 원하는 숙소를 얻을 수 있다. 숙박 시 1인 1박당 €1의 도시세가 추가된다.

요금(성수기 기준)
€50 미만 € | €50~150 미만 €€ | €150 이상 €€€

## 러브 크로아티아 Love Croatia

**한인 숙소**

크로아티아 체인 한인숙소로 스플리트 점이다. 도미토리와 2~3인실을 운영한다. 위치는 버스터미널에서 남쪽으로 900m, 디오클레티아누스 궁전의 청동의 문까지는 1.5km 떨어져 있다.

Address  Preradovića Šetalište 15
Cost  예산 €
Tel  인터넷전화 070 7561 3901
      현지 전화 091 6200 800
      카카오톡ID jjmmss4174
Web  lovecroatia.co.kr

## 디자인 호스텔 골리 & 보시
Design Hostel Goli & Bosi

**호스텔**

궁전 근처에 위치한 현대적인 숙소를 찾는다면 이곳이 최고다. 흰색과 노란색을 사용한 모던한 형태의 호스텔로 1~4인실과 4·6인실 도미토리를 운영한다. 엘리베이터가 있어 편리하다.

Address  Morpurgova Poljana 2
Cost  예산 €
Tel  021 510 999
Web  www.gollybossy.com

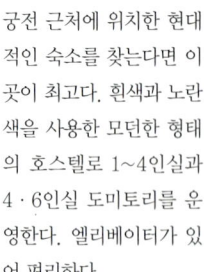

## 올드 타운 호스텔 스플리트
Old Town Hostel Split

호스텔

디오클레티아누스 궁전 내에 위치한 작은 규모의 호스텔이다. 2·4·8인실이 있다. 오랜 역사를 품은 궁전 내 건물에서 머물고 싶은 사람에게 추천한다. 호스텔월드에서 예약 가능하다.

Address Dominisova 3
Cost 예산 €
Tel 091 9201 539
Web www.korean.hostelworld.com/hosteldetails.php/Old-Town-Hostel-Split/Split/42271

올드 타운 호스텔 스플리트 & 디오클레티안 팔라스 호스텔

디오클레티안 팔라스 호스텔이 계단

## 디오클레티안 팔라스 호스텔
Diocletian Palace Hostel

호스텔

궁전 내에 위치한 호스텔로 은의 문(동문)에서 가깝다. 6인실 혼성 도미토리를 운영한다. 1층은 디오클레티안 레스토랑 겸 바이고, 호스텔은 레스토랑을 통과해 2층으로 올라가는데 계단을 올라야 하기 때문에 짐이 무겁다면 피하는 것이 좋다. 현금만 가능하다.

Address Nepotova 4
Cost 예산 €
Tel 099 5647 111

## 차이코프스키 호스텔
Tcaikovskj Hostel Split

호스텔

6인실 도미토리를 운영하는 작은 호스텔로 구시가지 북쪽에 있다. 구시가지 중심보다 저렴하다. 부킹닷컴과 호스텔월드에서 예약이 가능하다.

Address Petra Ilica Čajkovskog br. 4
Cost 예산 €
Tel 021 317 124
Web tchaikovskyhostel.com

## 크로 파라다이스 그린 호스텔
CroParadise Green Hostel

 호스텔

궁전 바깥에 있지만 은의 문까지 250m 거리로 위치도 나쁘지 않다. 혼성 도미토리 4·5인실과 아파트먼트를 운영한다. 주방이용이 가능하다.

Address  Čulića dvori 29
Cost  예산 €
Tel  091 4444 194
Web  www.croparadise.com

## 룸스 앤 아파트먼트 야노비츠
Rooms and Apartments Djanovic

 아파트먼트

디오클레티아누스 궁전 내에 있는 아파트먼트로 로컬 분위기를 즐기고 싶은 사람에게는 그만인 숙소다. 번지수를 보고 들어가면 2층에 있다.

Address  Dominisova 9
Cost  예산 €€
Tel  091 7636 916
Web  www.booking.com/hotel/hr/djanovic-rooms-and-apartments.ko.html

## 타워광장 아파트먼트
Tower Square Apartments

 아파트먼트

2~4인실의 아파트먼트로 궁전 바로 옆에 있다. 창 밖으로 타워 광장이 보인다. 부킹닷컴에서 예약이 가능하다.

Address  Trg Braće Radić 3
Cost  예산 €€
Tel  099 8352 693
Web  www.booking.com/hotel/hr/ap-tower-square.ko.html

## 스플리트 올드 타운 스위트
Split Old Town Suites

쇼핑대로인 마르몬토바 거리에 있는 3인실 아파트먼트로 위치 좋고 가격도 적당한 아파트먼트다. 디오클레티아누스 궁전과 250m 떨어져 있다. 친구 또는 가족여행자들에게 좋다. 부킹닷컴에서 예약 가능하다.

Address  Marmontova 2
Cost  예산 €€
Tel  091 2210 565
Web  www.booking.com/hotel/hr/split-old-town-suites.ko.html

스플리트 올드 타운 스위트

룩스

## 룩스 Luxe

현대적인 분위기의 부티크 호텔로 1~2인실을 운영한다. 가격은 2인실 기준 €150~200선. 10~12월경엔 €100 미만으로 내려간다. 궁전과 버스터미널 중간 큰길에 위치.

Address  A. Kralja Zvonimira 6
Cost  예산 €€€
Tel  021 314 444
Web  www.hotelluxesplit.com

## 유디타 팔라스 Judita Palace

디오클레티아누스 궁전 내에 위치한 부티크 호텔로 '궁전 안의 궁전'을 표방하는 호텔이다. 트립 어드바이저 1위의 호텔로, 스플리트에서 가장 비싼 호텔 중 한 곳이다.

Address  Narodni Trg 4
Cost  예산 €€€
Tel  021 420 220
Web  www.juditapalace.com

---

### 〈꽃보다 누나〉가 묵었던 아파트먼트

〈꽃보다 누나〉에서 배우들이 묵었던 숙소로 아파트먼트 포르테짜는 프라임Prime 쇼핑몰 옆에, 빌라 스파라디움은 은의 문에서 길 건너 약 500m 정도 떨어져 있다. 계단이 있어 짐을 가지고 갈 때 좀 불편하기는 하지만 숙소요금은 저렴한 지역으로 대체로 주변에 비슷한 가격의 숙소들이 많다. 두 곳 중에는 포르테짜가 위치 면에서는 낫다.

아파트먼트 포르테짜 Apartments Fortezza

Address  Ispod Ure 3
Cost  예산 €€
Tel  099 6765 367

빌라 스파라디움 Villa Spaladium

Address  Radunica 17
Cost  예산 €€
Tel  098 263 800

# Theme 1

## 스플리트 **근교 여행**

일정에 여유가 있는 여행자들은 스플리트 주변의 작은 마을과 아름다운 섬들을 돌아볼 수 있는 행운이 생긴다. 버스로 쉽게 다녀올 수 있는 달마티아의 보석 트로기르Trogir, 뾰족한 고깔 모양 해변이 있는 브라츠 섬Otok Brač, 6월에 크로아티아를 찾는다면 흐드러진 라벤더 풍경을 선사해주는 흐바르 섬Otok Hvar, 그리고 매혹적인 아름다움을 품고 있는 비셰보 섬Otok Biševo의 푸른 동굴이 기다리고 있다.

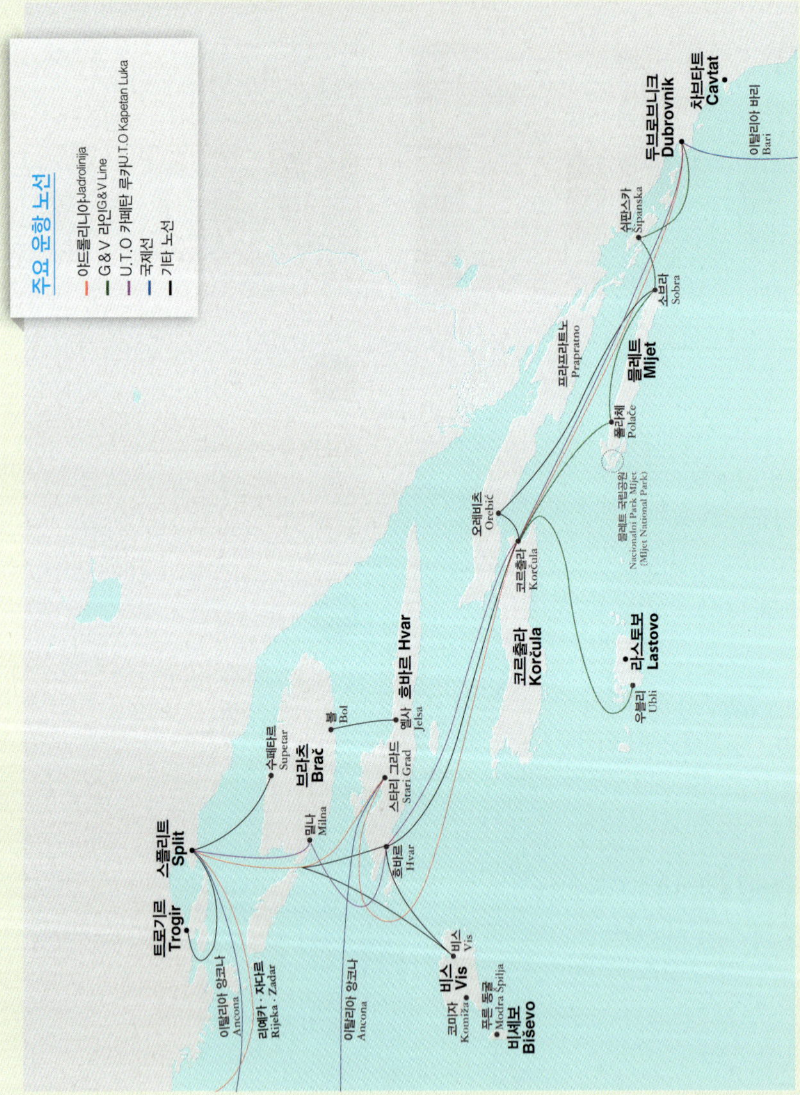

## 스플리트-브라츠-흐바르-코르출라 페리 운항 정보
* 성수기 6월 3일~10월 2일, 비수기 1월~6월 2일 · 10월 3일~12월

### 운행시간

**1. 스플리트 ↔ 브라츠(볼, 옐사)**
소요시간  스플리트-볼 1시간 5분, 스플리트-옐사 1시간 30분

**스플리트 → 볼(브라츠) → 옐사(흐바르)**
❶ 비수기
- 월~목 · 토 · 일 · 공휴일
    스플리트 16:00 → 볼 17:05/17:10 → 옐사 17:30
- 금
    스플리트 16:30 → 볼 17:35/17:40 → 옐사 18:00
❷ 성수기
    스플리트 16:30 → 볼 17:40/17:50 → 옐사 18:10

**옐사(흐바르) → 볼(브라츠) → 스플리트**
❶ 비수기
- 월~토
    옐사 06:00 → 볼 06:20/06:25 → 스플리트 07:30
- 일 · 공휴일
    옐사 13:00 → 볼 13:20/13:25 → 스플리트 14:30
❷ 성수기
- 월~토
    옐사 06:00 → 볼 06:20/06:30 → 스플리트 07:40
- 일 · 공휴일
    옐사 07:00 → 볼(브라츠) 07:20/07:30
    → 스플리트 08:40

**2. 스플리트 ↔ 수페타르(브라츠)**
소요시간  50분

**스플리트 → 수페타르**
❶ 비수기
    06:15~23:59까지 7~9회 운항
❷ 성수기
    05:15~23:59까지 12~14회 운항

**수페타르 → 스플리트**
❶ 비수기
    06:30~22:45까지 7~9회 운항
❷ 성수기
    05:00~22:45까지 12~14회 운항

**3. 스플리트 ↔ 흐바르 ↔ 코르출라**
소요시간  스플리트-흐바르 1시간,
         흐바르-코르출라 1시간 25분,
         스플리트-코르출라 2시간 35분

**스플리트→ 흐바르→ 코르출라**
❶ 비수기
    스플리트 16:35 → 흐바르 17:35/17:45
    → 코르출라 19:10

**코르출라 → 흐바르 → 스플리트**
❷ 성수기
- 월~토
    코르출라 06:00 → 흐바르 07:25/07:35 →
    스플리트 08:40
- 일 · 공휴일
    코르출라 13:00 → 흐바르 14:25/14:35
    → 스플리트 15:40

### 요금

스플리트-브라츠(볼, 옐사) : 비수기 40Kn, 성수기 55Kn
옐사-볼 : 비수기 25Kn, 성수기 35Kn
스플리트-흐바르 : 비수기 40Kn, 성수기 55Kn(밀나Milna 경유 60Kn)
스플리트-코르출라 : 비수기 40Kn, 성수기 80Kn
흐바르-코르출라 : 비수기 40Kn, 성수기 70Kn
* 3~12세 일반 요금의 50%

* 페리시간과 요금은 달라질 수 있으므로 페리터미널 또는 홈페이지를 통해 다시 한 번 확인하자.
    www.jadrolinija.hr

고깔모양 해변으로 유명한 볼의 황금 곶

# Theme 2

## 달마티아의 보석, 트로기르

트로기르는 3세기 비스 섬에서 건너온 그리스인들이 정착한 도시로 살로나Salona가 로마인들의 중심 도시가 되기 이전까지 주변에서 가장 번영했던 곳이다. 이민족들의 침략의 세월을 지나 1420년부터 1797년까지 베네치아 공국의 지배를 받으면서 그동안 전쟁으로 무너진 건물을 위해 새로운 건축물을 짓게 됐다. 15세기에 만들어진 시청City Hall, 로마네스크양식과 고딕, 르네상스양식을 모두 엿볼 수 있는 치피코 궁전Palača Čipiko(Grand Čipiko Palace), 카메를렝고 요새Tvrđava Kamerlengo(Kamerlengo Fortress)(Open 10:00~20:00, Cost 일반 25Kn) 등 트로기르의 구시가지는 로마네스크, 고딕, 르네상스, 바로크 건축의 보고다. 역사적 건축들이 잘 보존되어 도시 전체가 유네스코의 1997년 세계문화유산에 등재되었다. 트로기르는 '달마티아의 보석'이라고 불린다.

### 가는 법

버스터미널에서 고속버스를 타는 방법과 37번 일반버스를 타는 두 가지 방법이 있다. 자신의 숙소 위치를 고려해 가까운 터미널을 이용하면 되는데 궁전 내에 숙소가 있다면 고속버스를 추천한다. 스플리트 버스터미널에서 많은 버스가 간다. 자그레브, 시베니크, 자다르 등의 북쪽 도시로 가는 버스를 타면 된다. 40분이 걸리고(첫차 05:00, 막차 23:00, 요금 23Kn), 일반버스 37번은 여러 정류장에 멈춰 1시간이 걸린다(평일 20분 간격, 일요일 30분 간격, 요금 17~25Kn). 37번은 궁전 황금의 문(북문)에서 850m 떨어진 수코이샨Sukoišan 버스터미널에서 탈 수 있다. 또는 은의 문 쪽 버스정류장 길 건너편에서 1·4·16번을 타고 가다 버스 운전사가 내리라고 하는 곳의 근처 정류장에서 37번을 갈아타고 종착지인 트로기르 버스터미널로 가면 되는데 번거롭다. 터미널에서 내리면 작은 다리를 건너 트로기르 구시가지로 들어가면 된다. 버스터미널에는 짐 보관(15Kn)이 가능하다.

### 트로기르 관광안내소
Trogir Tourist Board

**Address** Trg Ivana Pavla II / 1
**Open** 월~토 08:00~20:00, 일 08:00~13:00
**Tel** 021 885 628
**Web** www.tztrogir.hr

버스터미널, 돌아가는 버스 시간을 미리 꼭 확인하자.

구시가지 입구

15세기에 만들어진 시청

> **종탑에서 바라본 구시가지**
> 성 로브레 대성당 종탑에서 본 트로기르 구시가지, 깃발이 있는 곳은 트로기르에서 가장 오래된 성 바르바라 교회로 9세기 전기 로마네스크양식으로 만들어졌다.

차피코 궁전의 발코니

카메를랭고 요새에서 바라본 트로기르 구시가지

카메를랭고 요새, 내부는 텅 비었다.

5. Split

### 관광명소

**성 로브레 대성당** Katedrala Sv. Lovre (St. Lawrence Cathedral)

성 라우렌티우스St. Laurentius(225~258)는 로마의 발레리아누스 황제의 박해로 순교한 기독교의 성인으로 크로아티아어로는 성 로브레Sv. Lovre라고 한다. 성당의 입구에는 라도반의 문Portal of Radovan이 있다. 화려하게 조각된 문 양쪽에는 베네치아 공국을 상징하는 사자가 있고, 그 위에 옷을 벗고 몸을 가리고 서 있는 아담과 이브의 조각이 있다. 달마티아 최초의 누드 조각이다. 이는 트로기르 태생의 조각가인 라도반이 1240년에 만든 걸작이다. 성당 안쪽으로 들어가면 성 야고보 예배당Sv. Ivana Trogirskog(Chapel of St. John)이 있다. 이 예배당은 1468~1487년 니콜라스 플로렌스가 만든 것으로 달마티아에서 가장 아름다운 르네상스 유물이다. 성당의 종탑에 올라가 볼 수도 있는데 트로기르 주변의 아름다운 전망을 볼 수 있다. 대성당 앞의 건물은 시청이다.

**Address** Katedrala Sv. Lovre
**Open** 4~5월 월~토 08:00~18:00, 일 14:00~18:00, 6~9월 월~토 08:00~19:00, 일 12:00~18:00, 10~3월 월~토 08:00~18:00
**Cost** 대성당과 종탑 25Kn

문 이마고니

> **Tip! 성 로렌스? 성 로브레?**
> 성 로브레Sv. Lovre는 크로아티아어로 영어식으로 하면 성 로렌스St. Lawrence, 살았을 때 당시 라틴어는 성 라우렌티우스St. Laurentius다. 즉 모두 같은 말이다.

관을 수호하는 성

성당 위의 천정 장식

이브의 조각 & 아담의 조각 / 하나님을 형상화한 조각

## 레스토랑

### ❶ 코노바 TRS  Konoba TRS 🛜

트로기르 주민들이 추천하는 적당한 가격의 맛있는 레스토랑이다. 달마티아의 해산물 요리를 맛볼 수 있다. 오징어 먹물 리조또나 강력추천. 진짜 오징어 먹물로 만든 리조또는 이런 맛이라는 걸 보여준다. 런치메뉴도 70Kn 정도로 저렴하다.

| | |
|---|---|
| Address | Matije Gupca 14 |
| Open | 10:00~24:00 |
| Cost | 예산 €€ |
| Tel | 021 796 956 |
| Web | www.konoba-trs.com |

크노바의 오징어 먹물 리조또 & 정어리 구이

### ❷ 피제리아 크리스티안  Pizzeria Kristian 🛜

적당한 가격의 이탈리안 식당으로 피자와 홈메이드 파스타를 판다.

| | |
|---|---|
| Address | Blaženog Augustina Kažotića 6 |
| Open | 08:00~24:00 |
| Cost | 예산 €€ |

### ❸ 카페 바 말리부  Caffe Bar Malibu 🛜

맛있는 아이스크림 집으로 아이스크림 안에 과일이 속속 박혀 있다.

| | |
|---|---|
| Address | Gradska 16 |
| Open | 08:00~23:00 |
| Cost | 예산 € |
| Tel | 021 882 799 |

피제리아 크리스티안

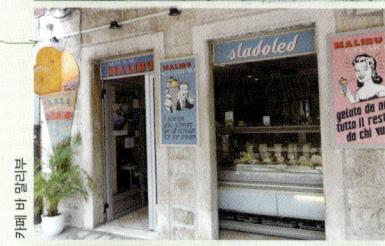

카페 바 말리부

## 숙소

스플리트의 숙소 비용이 부담스러운 여행자라면 트로기르에서 숙박을 하는 것은 어떨까? 두브로브니크로 가는 여행자라면 트로기르에서 1박을 하고 다음 날 아침 일찍 스플리트로 이동한 후 두브로브니크로 가는 버스표를 끊고 짐을 맡긴 후 여유 시간 동안 스플리트를 돌아보는 것도 좋은 방법이다. 트로기르의 숙박은 스플리트보다 저렴한 편이다.

### ❶ 호스텔 트로기르  Hostel Trogir 🛜

트로기르에 있는 유일한 호스텔로 개별여행자에게는 가장 저렴한 호스텔이다. 6·8인실 도미토리가 있다. 호스텔월드에서 예약이 가능하다.

| | |
|---|---|
| Address | Trg Sv. Jakova 7 |
| Cost | 예산 € |
| Tel | 091 5792 190 |

### ❷ 팔라스 데로시  Palace Derossi 🛜

구시가지 입구 바로 오른쪽 옆에 위치한 숙소로 1박 시 매우 편리하다. 버스를 타기에 좋은 위치다. 2~4인실 아파트먼트를 운영한다.

| | |
|---|---|
| Address | Hrvatskih Mučenika 1 |
| Cost | 예산 €€ |
| Tel | 021 881 241 |
| Web | www.palace-derossi.com |

호스텔 트로기르

 **Theme 3**  고깔모양 해변, 황금 곶 **브라츠**

브라츠 섬은 아드리아 해에서 세 번째로 큰 섬으로 크로아티아 섬 중 가장 높은 산이 있다. 섬의 남쪽에 있는 볼Bol 근처에는 신기한 모양의 해변이 있는데 뾰족하게 튀어나온 고깔 모양이다. 바다에서 돌출한 육지로 작으면 곶Cape, 규모가 크면 반도Peninsula라고 부르는데 이곳은 황금 곶Zlatni Rat(Golden Cape)으로 두 개의 해변이 있다. 이 해변은 달마티아 지방에서 가장 아름다운 최고의 해변 1위에 뽑혔다. 길게 돌출한 양쪽 해변 모두에서 수영을 즐길 수 있는데 조금 아쉬운 점은 모래가 아닌 작은 돌로 이루어진 해변이라는 것.

간이 무료 탈의실이 있고 유료 화장실(5Kn)과 샤워실(10Kn), 선베드를 빌릴 경우 50Kn가 든다. 해변에는 간단한 식사와 음료 등을 파는 부스가 있다.

여유가 있다면 볼 시내에서 1박을, 시간이 없다면 스플리트에서 당일치기로 다녀올 수도 있다. 숙소는 부킹닷컴을 통하면 된다. 선크림, 선글라스, 바닥 깔개, 모자, 물놀이 용품은 필수다. 물이 갑자기 깊어지기 때문에 수영을 못하는 사람은 튜브가 필수다.

### 브라츠 관광안내소
**Supetar Tourist Information**

**Address** Centre Porat 1
**Open** 08:00~22:00
**Tel** 021 630 551
**Web** www.supetar.hr

## 가는 법

### 1. 항공
크로아티아 항공 국내선을 이용해 브라츠 공항Aerodrom Brač에 갈 수 있다. 브라츠 공항은 볼에서 14km 북쪽에 위치해 있으며 택시를 타고 시내로 들어가야 한다.

### 2. 페리
스플리트에서 브라츠 섬의 수페타르Supetar와 볼을 잇는 노선이 있다. 볼로 곧바로 가는 배는 드물기 때문에 보통 수페타르로 들어가게 된다. 스플리트에서 수페타르로는 1시간 간격으로 운행된다. 수페타르 항구에서 볼 시내까지는 일반 버스나 택시를 이용할 수 있다. 페리 시간표와 요금은 146p를 참고하자.

수페타르 버스터미널 & 볼고 택시, 1인 50Kn

볼의 버스터미널과 사설 관광안내소, 15Kn에 짐 보관이 가능하다.

> **TIP 수페타르 선착장에서 황금 곶 가기**
>
> 수페타르 선착장에 내려 Autobusna Stanica(Bus Terminal) 표지를 따라 100m쯤 걸어가면 버스터미널이 보인다. 수페타르는 브라츠 섬의 북서쪽에, 볼은 남쪽에 있어 섬을 가로질러 가야 한다. 버스 요금은 편도 40Kn, 왕복 50Kn, 시간은 06:00 전후부터 하루 5~6대(2시간 간격) 정도로 많지 않기 때문에 돌아오는 버스편은 버스터미널에서 내린 후에 확인하자. 막차는 17:00 전후로 끊긴다. 여러 마을을 들러 45분~1시간 15분이 소요된다. 또 볼 시내의 버스정류장에서 황금 곶까지 4km 떨어져 있어 시간이 없는 여행자라면 택시를 타고 곧바로 황금 곶으로 가는 것도 좋은 방법이다. 택시 요금은 1인당 50Kn로 황금 곶까지 25분이 소요된다. 렌터카는 24시간 220~250Kn 정도 한다.
>
> 볼 시내의 버스정류장에서 황금 곶까지는 4km 떨어져 있는데 해안을 왼쪽에 두고 걸어가면 소나무 산책로가 나온다. 그늘지고 구경거리가 많아 걸어갈 만하다.

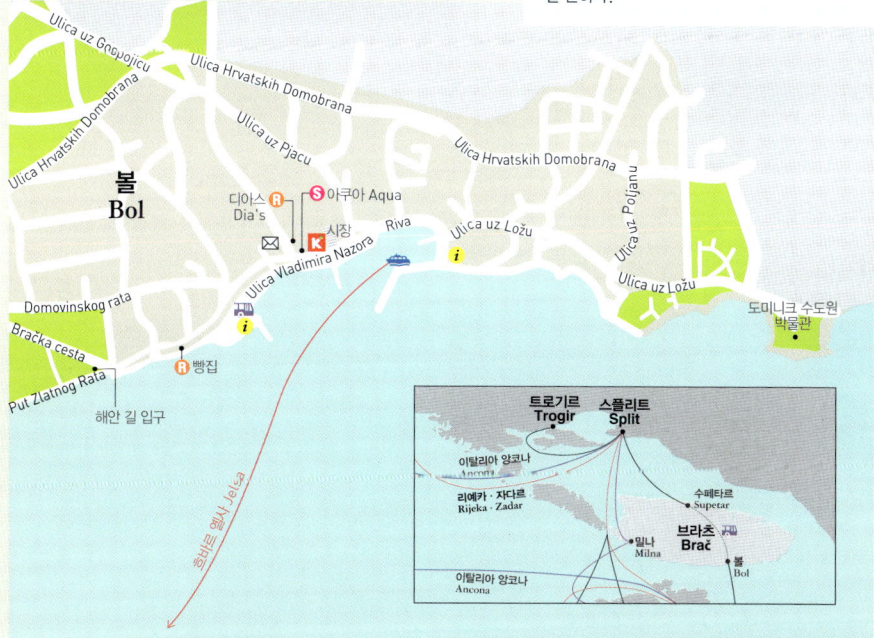

# Theme 4

## 라벤더의 섬, 흐바르

흐바르 섬은 크로아티아에서 가장 일조량이 많은 곳으로 라벤더와 로즈마리, 올리브 등의 허브작물을 광범위하게 재배하는 섬이다. 특산품으로 라벤더와 로즈마리 에센셜 오일과 꿀이 있는데 기념품으로 좋다. 레이스도 유명한데 흐바르의 레이스는 유네스코의 무형문화유산으로 지정됐다.

섬에서 가장 큰 흐바르 시는 스플리트에 비해 한적하고 아름다운 도시로 요새에서 바라보는 전경이 매우 아름답다. 흐바르의 거친 바위 산 아래 펼쳐진 라벤더의 장관을 보려면 6월 중순을 추천한다.

주변 섬 투어를 하기에도 좋기 때문에 흐바르 시에서 1~2박을 추천한다.

 **스타리 그라드 · 옐사 선착장에서 흐바르 시내로 들어가기**

스타리 그라드 선착장에 내리면 주차장에서 페리시간에 맞춰 오는 버스를 타고 흐바르로 가면 된다. 옐사 선착장에 도착했다면 내륙 쪽으로 350m 정도 걸어가면 버스터미널이 나온다. 버스는 옐사-스타리 그라드-흐바르를 연결하는데 옐사에서 흐바르까지는 40분, 스타리 그라드에서 흐바르까지는 20분이 소요된다.

▲ 스타리 그라드의 선착장

### 가는 법

흐바르 섬에는 세 개의 항구가 있다. 스플리트에서 가장 많은 배를 운항하는 곳은 스타리 그라드(1일 기준 성수기 5~7회, 비수기 2~3회)로 이탈리아 앙코나와의 국제선도 운항한다. 그 다음으로는 스플리트와 브라츠 섬을 연결하는 하브르의 중심지인 흐바르 항(앙코나와의 국제선도 운항), 스플리트와 브라츠 섬의 볼에서 연결되는 옐사 항이 있다. 승선권 구입은 항구에서만 가능하다.

<u>소요시간</u> 2시간
<u>요금</u>  1월~5월 28일 · 9월 28일~12월 40Kn,
    5월 29일~9월 27일 55Kn, 3~12세 일반요금의 50%

브루세의 라벤더 밭에서 바라본 흐바르 섬. 군데군데 보이는 돌무더기는 고대시대부터 흐바르 주민들이 척박한 땅을 개간하기 위해 돌을 모아놓은 것이다. 흐바르는 원래 온통 이런 돌로 뒤덮인 돌섬이었는데 오랫동안 대를 이은 노력으로 흐바르 섬은 농작물을 재배할 수 있게 됐다.

## 흐바르 관광안내소
### Hvar Tourist Board

**Address** Obala dr. Franje Tuđmana
**Open** 월~토 08:00~14:00, 15:00~21:00,
일 09:00~13:00, 17:00~21:00
**Tel** 021 765 763
**Web** www.stari-grad-faros.hr

요새 Tvrdava (Fortress)
입구
요새 가는 길
Higijeničkog Društva
Matije Lvanića
Matije Lvanića
달마티노 Dalmatino
Sv. Mara
라벤더 기념품 파는 곳
그라비츠 페카르니차 Grabić Pekarnica
버스터미널
시장  택시
성 스테판 광장 Trg Sv. Stjepana
성 스테판 성당 Sv. Stjepana (St. Stephen's Catedral)
더 화이트 래빗 호스텔 The White Rabbit Hostel
Obala Fabrika
Riva
Kroz Burak
펠레그리니 여행사 Pelegrini Travel Agency
페리선착장

브루세 Brusje
스타리 그라드 Stari Grad
흐바르 Hvar
옐사 Jelsa

## 흐바르
### Hvar

## 관광명소

### ❶ 요새 Gradska Tvrđava Španjola

흐바르 시의 가장 높은 곳에 위치한 요새로 기원전 일리리아인들이 정착하며 방어 목적으로 세운 뒤 비잔틴과 중세를 걸쳐 1282년 베네치아인들이 왔을 때도 군사 요새로 사용됐다. 14세기에 스페인 군사 기술자가 요새를 만든 뒤 쉬판욜라Španjola라는 이름이 붙었다. 요새는 1551년에 제 모습을 갖췄는데 1571년 투르크인들의 공격과 1579년 보관하고 있던 화약이 폭발하며 무너졌다가 복원됐다. 오늘날의 모습은 19세기 오스트리아 제국의 지배하에 증축된 것이다. 내부에는 고대시대부터의 유적들이 전시되어 있는데 대부분 전망을 보러 요새로 올라간다.

**Address** Milana Kukurina 2
**Open** 성수기 09:00~21:00(비수기에는 달라진다)
**Cost** 일반 30Kn

### ❷ 브루세 Brusje

흐바르에서 7km 떨어진 작은 마을로 마을이 끝나는 도로 표지판 근처에 라벤더 밭이 펼쳐져 있다. 흐바르의 전망도 잘 보인다. 라벤더는 6월 중순에서 말까지가 피크이며 6월 말이 되면 모두 잘라내기 때문에 이후에는 볼 수 없다. 여행 시기가 맞다면 브루세를 방문해보도록 하자.

**Access** 대중교통은 12:10에 출발하는 버스 딱 한 대가 있다. 그러나 돌아오는 편이 없으므로 버스를 타고 갔다가는 7km를 걸어야 하는 데다 차도여서 길이 위험하다. 때문에 사람들은 전기자전거(1일 200Kn)나 스쿠터(250~350Kn), 렌터카(500Kn~)를 이용해 가거나 택시(200Kn)를 렌트해 다녀온다. 자외선이 강하기 때문에 렌터카나 택시 또는 투어를 추천한다.

> **TIP 투어로 돌아보기**
> 라벤더 투어나 허브 투어가 있는데 2~3시간 짧은 투어와 반나절 투어가 있다. 짧은 투어는 뜨거운 태양이 한풀 꺾이는 5~6시에 한다. 관광안내소에 문의하면 된다.

## 축제

라벤더의 추수가 끝난 6월 말 2일간 (마지막 주 금·토) 벨로 그라블레Velo Grablje 마을에서 라벤더 축제Lavenda Festival가 열린다. 축제라고 해봐야 작은 규모의 파머스 마켓 분위기다. 벨로 그라블레는 15세기에 형성된 작은 마을로 스타리 그라드와 흐바르를 잇는 길 사이에 있다. 스타리 그라드에서는 첫 번째 꿀 수확을 축하하는 꿀 축제 Honey Festival가 7월 마지막 주에 열린다.

## 레스토랑

### ❶ 달마티노 Dalmatino 📶

흐바르에서 가장 인기 있는 식당으로 음식도 정말 맛있다. 가장 인기 있는 메뉴는 스테이크. 주문을 하면 달마티아 전통 식전주와 신선한 올리브유를 바른 식전 빵, 그리고 식후 주까지 무료로 제공해 풀 서비스에 기분이 좋아진다.

| | |
|---|---|
| Address | Sveti Marak 1 |
| Open | 13:00~01:00 |
| Cost | 예산 €€ |
| Tel | 091 5293 121 |
| Web | www.dalmatino-hvar.com |

스테이크가 인기다.

### ❷ 그라비츠 페카르니차 Grabić Pekarnica

스테파나 광장에 위치한 베이커리로 맛있는 빵과 샌드위치를 판다. 간단하게 아침 식사하기에 이곳보다 좋은 곳은 없다.

| | |
|---|---|
| Address | Trg Sv. Stjepana 37 |
| Open | 08:00~22:00 |
| Cost | 예산 € |
| Tel | 021 717 319 |

무료로 제공되는 젓들

그라비츠 페카르니차의 빵과 샌드위치

## 클럽

여름 성수기의 흐바르는 클럽 파티로 북적인다. 여러 클럽이 있지만 그중에서도 흐바르 섬 내의 훌라훌라 비치 클럽Hula Hula Beach Club과 배를 타고 가야 하는 카르페 디엠 비치Carpe Diem Beach가 인기다. 훌라훌라 비치 클럽은 선셋 포인트이기도 하다. 광장에서 서쪽 해변을 따라 1.1km 걸어가면 된다. 카르페 디엠 비치는 흐바르 선착장에서 20분마다 클럽을 오가는 배가 무료로 운행된다. 주로 자정 무렵에 가며 입장료 200kn으로 비싼 편이다.

## 쇼핑

흐바르는 라벤더와 올리브의 주산지이기 때문에 가장 신선한 제품을 저렴한 가격에 살 수 있는 곳이다. 대도시나 슈퍼마켓에서 파는 제품들과는 비교가 안된다. 항구 근처에 라벤더 제품을 파는 기념품 가게가 줄지어 늘어서 있고 생산한 제품을 직접 판매하는 집들도 많다.

## 숙소

흐바르의 숙소는 아파트먼트나 룸이 대세다. 오기 전에 예약을 한다면 부킹닷컴이나 에어비앤비를 통하면 되고, 이보다 좀 더 저렴하게 현지에서 숙소를 구한다면 여행사를 통하면 된다. 추천할 만한 여행사는 펠레그리니Pelegrini로 페리선착장에 있다. 각종 투어도 알선해준다. 호스텔은 꽤 많이 있고 내륙의 다른 도시들에 비해 저렴한 편이다. 그중에서 위치가 좋고 평이 좋은 호스텔을 소개한다.

### ❶ 더 화이트 래빗 호스텔 The White Rabbit Hostel 🛜
스테파나 광장과 페리터미널에서 모두 가까운 호스텔로 흐바르에서 가장 인기 있는 호스텔이다. 2인실과 혼성 6인실 혼성 도미토리를 운영하는데 도미토리는 항상 만원이니 일찍 예약하는 것이 좋다.

**Address** Stjepana Papafave 6
**Cost** 예산 €
**Tel** 091 6661 985

### ❷ 호스텔 마리네로 Hostel Marinero 🛜
달마티노 식당 근처의 호스텔로 4·8인실 혼성 도미토리를 운영한다. 더 화이트 래빗 호스텔과 함께 인기 있는 호스텔이다. 식당도 함께 운영한다. 이곳 역시 성수기에는 일찍 예약하는 것이 좋다.

**Address** Sv. Marak 9
**Cost** 예산 €
**Tel** 091 4102 751

더 화이트 래빗 호스텔

## 흐바르에서 섬 투어

흐바르는 주변 섬 투어를 하기에 좋은 곳이다. 브라츠Brač 섬의 볼Bol, 코르출라Korčula, 비스Vis와 비셰보Biševo 섬들이 근처에 있어 당일치기 투어로 굉장히 좋은 위치다. 섬 투어는 섬에 직접 다녀오는 것보다 가격은 비싸지만 주요 볼거리 섬을 중심으로 주변의 섬들까지 한 번에 묶어 다녀올 수 있어 효율적이다. 흐바르에서 숙박을 한다면 한 번쯤 투어를 이용해보자.

투어들 중에 특히 비스와 비셰보 섬 투어가 추천할 만하다. 교통이 불편하고 투어만으로 갈 수 있는 포인트들이 포함되어 있다. 비스 섬의 녹색 동굴Green Cave, 파클레니Pakleni 섬의 팔미자나Palmižana도 있다. 크게 두 곳에서 투어를 진행하는데 한 곳은 스피드보트를 이용한 투어이고, 또 다른 곳은 EDI 보트를 이용한 투어다.

먼저 스피드보트를 이용한 투어는 선착장으로 가는 리바Riva 길 초입에 여러 안내 간판들이 세워져 있고 비스-비셰보 섬 투어를 모객하고 있다. EDI 보트를 이용한 투어는 여행사를 통하거나 배 앞에서 투어를 신청할 수 있는데 투어비용은 스피드보트보다 조금 저렴하다. 가격은 비·성수기에 따라 차이가 있지만 스피드보트는 500Kn에 비셰보 섬의 입장료(40Kn)가 불포함이나 여행사를 통하는 투어는 450Kn에 입장료와 점심까지 포함된다. EDI 보트투어는 09:00에 출발해 17:00에 돌아오는데 스피드보트 투어는 1시간 더 늦게 출발해 1시간 일찍 돌아온다. 배가 작고 빠르다. 파도가 높으면 EDI 보트투어는 취소된다. 루트는 동일하다.

| 비스-비셰보 투어 | 요금 | 투어시간 | 비셰보 동굴 입장료 | 점심식사 |
|---|---|---|---|---|
| EDI 보트투어 | 450Kn | 09:00 → 19:00 | 포함 | 포함 |
| 스피드보트투어 | 500Kn | 10:00 → 18:00 | 불포함 | 불포함 |

❶ 선착장에서 비스-비셰보 섬 투어 모객 중에 있다. ❷ 투어 내용을 상세하게 볼 수 있다. ❸ 스피드보트. ❹ 1시간 늦게 출발해 1시간 일찍 도착한다. ❹ EDI 보트, 스피드보트보다 저렴하다. ❺❻ 투어를 이용하면 갈 수 있는 지금은 사용하지 않는 해군시설

### 펠레그리니 Pelegrini

흐바르에서 가장 믿을 만한 여행사로 다양한 투어를 운영한다. 여러 과정을 거쳐야 하는 비셰보 섬의 푸른 동굴 투어를 비롯해 흐바르, 비스, 코르출라, 브라츠 섬 등의 투어와 스노클링, 카약, 낚시투어도 운영한다.

**Address** Riva bb
**Tel** 021 742 743
**Web** www.pelegrini-hvar.hr

# Theme 5

## 비셰보 섬의 **푸른 동굴**

작은 섬 비셰보에는 하루에 몇 시간 동안만 짙은 에메랄드빛을 내는 푸른 동굴 Modra Špilja(Blue Grotto)이 있다. 해가 어느 정도 떠올라 물에 비치는 11시에서 정오 무렵까지만 푸른빛을 내는데, 파도가 높은 날이면 들어갈 수조차 없는 동굴이다. 보트로 푸른 동굴을 구경하는 데 걸리는 시간은 단 5~10분이지만 아름답다. 비셰보 섬으로 직접 가려면 여러 편의 교통을 거쳐야 하기 때문에 한국 여행자들 중 푸른 동굴에 다녀온 사람은 흔치 않다. 때문에 비셰보와 비스 섬은 투어를 이용하는 것이 효율적이다.

### 가는 법

비셰보 섬에 가려면 스플리트와 흐바르에서 투어를 이용해서 가거나 여러 번의 대중교통을 이용할 수 있다. 직접 간다면 일단 비스 섬으로 가야 한다. 비스 섬은 스플리트와 흐바르에서 출발하는 야드롤리니야 페리가 있다. 대기하고 있는 버스를 타고 곧바로 코미자Komiža로 이동해 주변을 둘러보며 1박을 하거나 비스 선착장 주변의 숙소에서 1박을 할 수도 있다. 비스에 머문다면 다음 날 아침 일찍 07:00(일요일은 07:30) 버스로 서쪽 10km 떨어져 있는 코미자로 가는 버스를 타면 된다(20분 소요, 요금 왕복 40Kn). 선착장에서 10시 비셰보 행 보트 택시를 탄다(20분 소요, 요금 왕복 80Kn). 비셰보 섬에 내리면 푸른 동굴로 들어가는 보트를 또 갈아타야 한다(왕복 40Kn). 때문에 여유 있는 여행자가 아니라면 스플리트나 흐바르에서 투어를 추천한다.

## 1. 스플리트 ↔ 비스

시간표는 날씨에 따라 달라질 수 있으니 현지에서 한 번 더 확인하자. 예약은 홈페이지(www.krilo.hr, www.jadrolinija.hr)를 이용하자.

### 1) 스플리트 → 비스

❶ 6월 3일~6월 30일 · 9월 5일~10월 2일
- 야드롤리니야 Jadrolinija
  월·목·토·일 11:00/18:30, 금 10:00/17:00
- U.T.O 카페탄 루카 U.T.O Kapetan Luka
  월·수·일 18:00, 화 16:00

❷ 7월 1일~9월 4일
- 야드롤리니야
  09:00/15:00/21:00, 화 11:00/18:30 추가 운영
- U.T.O 카페탄 루카
  월·수·일 18:00, 화 16:00

❸ 1월~6월 2일 · 10월 3일~12월
- 야드롤리니야
  월~목·토·일·공휴일 11:00/18:30(또는 19:00), 금 10:00/17:00
- U.T.O 카페탄 루카
  월·수·목·토 15:00, 화 16:00, 금 20:30, 일·공휴일 20:00

### 2) 비스 → 스플리트

❶ 6월 3일~6월 30일 · 9월 5일~10월 2일
- 야드롤리니야
  05:30, 07:30(월~토), 15:30, 금 14:00
- U.T.O 카페탄 루카
  월·수·토 07:00, 화 07:15, 일·공휴일 18:00

❷ 7월 1일~9월 4일
- 야드롤리니야
  월·수·일 05:30/12:00/18:00 화 15:30
- U.T.O 카페탄 루카
  월·수·일 07:00, 화 07:15

❸ 1월~6월 2일 · 10월 3일~12월
- 야드롤리니야
  월~토 05:30, 일·공휴일 07:30, 월~목·토(1~2월·4월 12일~12월), 일·공휴일에도 운영) 15:30, 금 14:00
- U.T.O 카페탄 루카
  월~토 07:00, 일·공휴일 13:00 또는 18:00 (3월~5월 30일, 9월 29일~11월 30일)

<u>소요시간</u> 야드롤리니야는 2시간 20분, U.T.O 카페탄 루카는 1시간 25분
<u>요금</u> 요금 비수기 45Kn, 성수기 55Kn, 3~12세는 일반 요금의 50%

## 2. 스플리트 ↔ 흐바르 ↔ 비스

일주일에 화요일 한 대로 매우 드물다.

### 1) 스플리트 → 흐바르 → 비스
❶ 1월~5월 28일 · 9월 28일~12월
  스플리트 15:15 → 흐바르 16:20/16:30 → 비스 17:20
❷ 5월 29일~7월 2일 · 8월 31일~9월 27일
  스플리트 15:15 → 흐바르 16:20/16:30 → 비스 17:20
❸ 7월 3일~8월 30일
  스플리트 16:00 → 흐바르 17:05/17:15 → 비스 18:05

### 2) 비스 → 흐바르 → 스플리트
❶ 1월~5월 28일 · 9월 28일~12월
  비스 07:00 → 흐바르 07:50/08:00 → 스플리트 09:20
❷ 5월 29일~9월 27일
  비스 07:15 → 흐바르 08:05/08:15 → 스플리트 09:20

<u>소요시간</u> 50분
<u>요금</u>   스플리트 ↔ 비스
         비수기 45Kn, 성수기 55Kn
         스플리트 ↔ 흐바르
         비수기 40Kn, 성수기 55Kn
         비스 ↔ 흐바르
         비수기 30Kn, 성수기 40Kn
<u>예약</u>   www.krilo.hr

## 숙소

숙소 예약은 부킹닷컴(www.booking.com)에서 가능하나 보다 많은 숙소 정보를 원한다면 아래 주소로 들어가 보자. 예약은 홈페이지를 둘러본 후 이메일로 하면 된다. 사전에 예약을 못한다 하더라도 현지 선착장에서 호객행위를 하는 주인과 흥정한 후 따라가면 된다.

비스 www.info-vis.net/engleski/eng-grad_vis.htm
코미자 www.info-vis.net/engleski/eng-komiza.htm

비셰보 섬의 선착장. 이곳에서 푸른 동굴로 가는 보트를 갈아탄다.

스플리트의 비스행 페리 매표소

# 6 아드리아 해의 진주, 두브로브니크
## Dubrovnik

두브로브니크에서의 여행 테마는 총 4가지로 나눌 수 있다. **START 1 구시가지 돌아보기 START 2 성벽걷기 START 3 스르지 언덕에서의 전망**, 그리고 **START 4 반예 해변이나 성 야고보 해변에서 수영 즐기기**이다.

**START 1** 구시가지의 루트는 필레 문에서 시작해 플라차 주변의 볼거리들을 둘러보고 크네쥬브 궁전, 두브로브니크 대성당, 성 이그나티우스 성당을 거쳐 폴야나 오픈마켓에서 끝나는 루트이다. 이 장소들의 내부를 모두 관람하면 한나절이 소요된다.

**START 2** 두 번째 성벽걷기는 뜨거운 한낮을 피한 오전이나 늦은 오후가 좋은데 1.94km 한 바퀴 도는 데 2~3시간이 걸린다. 시간이 없다면 성벽 입구 2로 들어가 1로 나오는 짧은 루트를 선택할 수도 있다. 구시가지 바깥의 로브리예나츠 요새(Tvrđava Lovrijenac)까지 입장권에 포함되는데 입장권을 구입한 당일, 또는 다음 날에도 갈 수 있다. 이곳에서 바라보는 두브로브니크 구시가지의 전망은 정말 추천할 만하다.

**START 3** 스르시 언덕에서의 전망은 여행자들이 그나마 붐비지 않는 오전이나 해 질 녘부터 야경 전망을 보기 위해 올라간다. 이곳 카페에서 차 한 잔의 여유는 필수다.

**START 4** 마지막으로 해변은 여유 있는 여행자들이 누릴 수 있는 것으로 두브로브니크 구시가지를 바라보며 선탠과 수영을 즐길 수 있는 루트이다. 반예 해변은 걸어서, 성 야고보 해변은 도보도 가능하나 버스를 타는 것이 좋다.

# Map of
## Dubrovnik

**관광명소 & 로컬명소**
① 필레 문 Vrata Pile
② 오노프리오 분수 Onofrijeva Česma
③ 플라차 Placa (스트라둔 Stradun)
④ 올란도 기둥 Orlandov Stup
⑤ 작은 오노프리오 분수 Mala Onofrijevoj Česmi
⑥ 종탑 Loža Zvonarjev
⑦ 스폰자 궁전 Palača Sponza
⑧ 성 블라호 성당 Crkva Sv. Vlaha
⑨ 프란체스코 수도원과 박물관
  Franjevački Samostan & Muzej
⑩ 도미니크 수도원 박물관
  Dominikanski Samostan Muzej

i 관광안내소　P 주차장　K 슈퍼마켓 콘줌　dm 드럭스토어 DM

**두브로브니크 관광안내소**
PILE (필레 게이트 앞)
Address Brsalje 5
Open 08:00~21:00　Tel 020 312 011

Gruž (페리터미널)
Address Obala Ivana Pavla II, br. 1
Open 08:00~21:00　Tel 020 417 983

⑪ 크네쥐브 궁전 Knežev Dvor
⑫ 두브로브니크 대성당 Katedrala Dubrovačka
⑬ 해양박물관 Pomorski Muzej
⑭ 아쿠아리움 Akvarij
⑮ 민속박물관 Etnografski Muzej
⑯ 전쟁 사진 전시관 War Photo Limited
⑰ 플로체 문 Vrata Ploče
⑱ 크로아티아 나이브 아트 갤러리
　　Croatian Naive Art Gallery
⑲ 성 이그나티우스 성당 Crkva Sv. Ignacija

## 즐길거리
❶ 재즈 카페 투로바두 Jazz Caffe Troubadour

## 레스토랑
❶ 로칸다 페스카리야 Lokanda Peskarija
❷ 레이디 피피 Lady Pi-pi
❸ 뚜또베네 패스트푸드 Tuttobene Fastfood
❹ 돌체 비타 Dolce Vita
❺ 뷔페 쉬콜라 Buffet Škola
❻ 피제리아 타바스코 Pizzeria Tabasco
❼ 달마티노 코노바 Dalmatino Konoba
❽ 카페 바 부자 Café Bar Buža
❾ 타베르나 뿌뽀 Taverna Pupo
❿ 루친 칸툰 Lucin Kantun
⓫ 슬라도레다르나 Sladoledarna
⓬ 오토 타베르나 Otto Taverna
⓭ 강남스타일(한식당)
⓮ 타지마할 Taj Mahal(보스니아 음식점)

## 쇼핑
❶ 군둘리체바 폴야나 오픈마켓
　　Gundulićeva Poljana Open Market
❷ 우예 UJE
❸ 아쿠아 Aqua
❹ 아로마티카 Aromatica
❺ 크로아타 Croata
❻ 마누팍투라 Manufaktura
❼ 크라쉬 초콜릿 Bonbonnière Kraš

## 숙소
❶ 올드 타운 호스텔 Old Town Hostel
❷ 호스텔 & 룸 아나 Hostel & Rooms Ana
❸ 프레시 시트 호스텔
　　Fresh* Sheets Hostel Dubrovnik Old Town
❹ 호스텔 빌라 안젤리나 올드 타운
　　Hostel Villa Angelina Old Town
❺ 호스텔 마커 두브로브니크 올드 타운
　　Hostel Marker Dubrovnik Old Town
❻ 룸 & 아파트먼트 코르티지야
　　Room & Apartments Kortizija
❼ 빌라 아드리아티카 Villa Adriatica
❽ 펜션 스탄코비치 Pension Stankovich
❾ 호텔 스타리 그라드 Hotel Stari Grad
❿ 더 푸치츠 팔라스 The Pucić Palace
⓫ 힐튼 임페리얼 두브로브니크
　　Hilton Imperial Dubrovnik
⓬ 엑셀시어 호텔 Hotel Excelsior
⓭ 그랜드 빌라 아르젠티나 Grand Villa Argentina
⓮ 유스호스텔 두브로브니크
　　Youth Hostel Dubrovnik
⓯ 러브 크로아티아 2호점 Love Croatia(한인숙소)

6. Dubrovnik

# 두브로브니크 들어가기

## 버스

### 스플리트에서 가기
버스터미널에서 하루 8회의 버스를 운행한다. 운행시간은 첫차는 05:45, 막차는 성수기에 21:15이고, 소요시간은 버스에 따라 4시간~4시간 30분, 요금은 100~130Kn이다. 짐이 있다면 7Kn 추가된다.
* 버스 운행시간은 변동될 수 있으니 다시 한 번 확인하자.

### 그루즈 버스정류장
**Autobusni Kolodvor Gruž (Gruž Bus Terminal)**
크로아티아 국내선과 보스니아 헤르체고비나(사라예보 Sarajevo 08:00/16:00, 모스타르Mostar 08:00/16:00/17:15), 몬테네그로(코토르Kortor와 부드바Budva 10:00/11:00/15:00), 마케도니아, 이탈리아 트리에스테Trieste)로의 국제선을 운행한다. 버스터미널에는 유인 짐 보관소(06:00~22:00)와 코인로커가 있다.

Address Obala Pape Ivana Pavla II 44A
Open   05:30~21:30
Tel    060 305 070

### 버스터미널과 페리터미널에서 구시가지 가기
구시가지 입구인 필레 문까지는 버스터미널에서 3.3km, 페리터미널에서 2.7km로 도보, 버스, 택시를 이용해 갈 수 있다. 숙소를 정하지 않은 상태라면 터미널에 자신의 숙소를 홍보하러 나온 집주인과 사진과 지도로 숙소와 위치를 체크한 후 집을 보러 가면 집 주인의 차로 무료로 갈 수 있다.

1. 버스
버스 1A · 1B · 3 · 8(버스터미널 내에 정차)번을 타고 필레 문Vrata Pile(Pile Gate) 정류장에 내리면 된다. 10~15분 소요. 버스표는 신문가판대Tisak(Kiosk)에서 사면 12Kn, 운전사에게 직접 사게 되면 15Kn다(1시간 유효).
* 시간표 www.libertasdubrovnik.hr

2. 택시
필레 문까지 70~80Kn 정도 든다.

3. 도보
버스터미널에서 구시가지까지는 3.3km로 한여름의 날씨에는 걷기 힘든 거리다. 외국인들은 도보로 이동하기도 하는데 45분~1시간이 소요된다. 바다를 오른쪽에 끼고 걸어오다 부코바르스카Vukovarska-푸트 오드 레푸브리케Put Od Republike 길과 바다를 따라 이어지는 브라니텔야 두브로브니카Branitelja Dubrovnika를 따라가면 구시가지의 입구인 필레 문이 보인다.

## 비행기

크로아티아의 장거리 버스가 힘들거나 여행 일정이 짧다면 항공을 이용해 두브로브니크에 가는 것도 좋다. 국제선은 로마, 파리, 프라하, 스톡홀름, 코펜하겐 등에서 오는 항공이 저렴하며 국내선은 자그레브에서 연결된다. 공항에서 구시가지로 오는 방법은 공항셔틀버스와 택시, 그리고 각 호스텔이나 여행사에 신청을 하면 1인 200~250Kn에 숙소까지 데려다 준다. 가장 저렴하고 대중적인 교통수단은 공항셔틀버스다.

### 공항버스

비행기 도착시간에 맞춰 버스가 대기하고 있다. 버스 배차시간은 30분~2시간 30분 간격으로 들쑥날쑥하지만 도착한 비행기의 승객들을 모두 태울 것을 고려한 배차 시간이다. 그러니 입국장을 통과하면 환전 또는 ATM기에서 현지화폐를 출금한 뒤 버스표를 사면된다. 버스표는 도착층 중앙의 관광안내소 오른쪽의 버스 티켓판매소에서 사면된다. 두브로브니크 구시가지 주 출입구인 필레 문에 내려준다. 대부분이 내리기 때문에 알기 쉽다. 공항버스의 종착지는 버스터미널이다. 반대로 공항으로 갈 때는 숙소나 관광안내소에서 시간표를 체크한 후 케이블카 타는 곳의 버스정류장에서 타면 된다. 보통은 출국 시간 2시간 전 정도에 출발하는 버스를 타면된다.

<u>요금</u> 편도 40Kn, 왕복 70Kn
<u>소요시간</u> 필레 문까지 교통체증에 따라 40~50분

### 택시

두브로브니크 공항에서 택시 표지를 보고 따라 나오면 된다. 두브로브니크 시내까지 요금은 250~300Kn라고 쓰여 있으나 약간의 흥정은 가능하다. 두브로브니크에서 대표적인 택시 회사는 라디오택시Radio Taxi다.

<u>Radio Taxi</u> 0800 0970, www.radiotaxidubrovnik.com

> **Tip! 두브로브니크 공항**
> 두브로브니크 구시가지에서 남쪽으로 21km 떨어진 작은 공항이다. 런던, 파리, 뮌헨, 취리히, 비엔나, 헬싱키, 오슬로 등의 유럽 주요 도시와 크로아티아 국내선이 두브로브니크로 운항한다. 공항 안에는 작은 면세점, 카페, 은행(월~금 08:00~14:00, 토 08:00~12:00, 일 08:00~14:00)과 환전소(도착층 08:00~24:00, 출발층 06:00~22:00) 등의 기본시설이 있다. 공항 내 무료 와이파이 서비스는 제공되지 않는다.
> Address 20213 Čilipi
> Tel 020 773 100
> Web www.airport-dubrovnik.hr

짐 찾는 곳, 작은 공항이다.

환전소와 ATM

관광안내소와 공항버스 티켓 사는 곳

두브로브니크 공항

공항버스

## 페리

두브로브니크 항구Lučka Uprava Dubrovnik(Port of Dubrovnik)에서는 스플리트와 코르출라, 브라츠, 흐바르, 믈레트 등의 두브로브니크 주변의 섬과 국제선으로는 이탈리아 바리에서 페리가 연결된다. 구 항구에서 구 시가지로 오는 방법은 버스를 타고 왔을 때와 동일하다. 페리터미널과 버스터미널은 바로 옆에 있다. 예약은 홈페이지나 페리터미널에서 할 수 있다.

Web　두브로브니크 항구 www.portdubrovnik.hr
　　　예약 www.jadrolinija.hr, www.krilo.hr

* 페리 운행시간은 날씨에 따라 변동될 수 있으니 다시 한 번 확인하자.

### 국내선

두브로브니크 ↔ 스플리트
자세한 요금과 표는 121p를 참고하자.

두브로브니크 ↔ 믈레트
믈레트 섬까지의 페리는 200p를 참고하자.

### 국제선

바리 ↔ 두브로브니크
이탈리아의 바리Bari에서 크로아티아의 두브로브니크로 운행하는 야드롤리니야 Jadrolinija 사의 여객선이다. 3월 23일~10월 27일까지 운항하며 월에 따라 날짜가 조금씩 변동되므로 홈페이지에서 확인하자. 예약은 홈페이지나 페리터미널에서 할 수 있다. 아래는 최성수기인 8월 2일~8월 29일의 운행요일과 시간이다. 다른 시기는 홈페이지를 참고하자.

**운행**

두브로브니크 → 바리
월 · 수~일 22:00 → 08:00(8월 2일~16일 수~일 12:00 → 19:30)

바리 → 두브로브니크
8월 2일~16일 화~일 22:00 → 08:00, 8월 17일~29일 월 · 목~일 12:00 → 19:30, 화 22:00 → 08:00

**요금**
6월 20일~8월 31일 성수기 기준으로 데크Deak(자리 없이 탑승만 하는 것) €44부터 좌석Seat €53, 선실Cabins €66~138로 나뉜다. 비수기에는 10% 정도 저렴해지고, 주말에는 10%가 더 비싸진다. 왕복 시에는 20% 할인된다. 선실 승객은 아침 식사가 포함된다. 모든 배편은 1인당 세금 €15가 추가된다.

> **TIP 아드리아 해의 해안을 즐기고 싶다면**
> 공항에서 출발한 버스는 왼쪽에 아드리아 해를 끼고 두브로브니크까지 올라간다. 아름다운 바다 경치를 즐기고 싶다면 버스 왼쪽 창가에 앉으면 된다. 반대로 공항으로 갈 때는 오른쪽 창가에 앉으면 된다.

공항버스를 타고 볼 수 있는 두브로브니크의 전경

# 성벽 Gradske Zidine (City Walls)

 관광명소

두브로브니크를 감싸고 있는 성벽은 총 1.94km 길이로 13~17세기에 걸쳐 세워졌다. 가장 마지막에 지은 것은 1660년 남쪽에 위치한 성 스테파노 요새 보루Utvrda–Bastion Sv. Stjepana(St. Stephen's Bastion)다. 지대가 높은 바위 위에 적의 침입을 효과적으로 막기 위해 육지 쪽의 성벽은 두껍게, 바다 쪽의 성벽은 얇게 만들었다. 얇은 곳은 1.5m, 두꺼운 곳은 6m에 달한다. 성벽에는 총 16개의 감시탑이 있고, 서북쪽의 민체타Minčeta, 남서쪽의 보카르Bokar, 북동쪽의 레베린Revelin, 남동쪽의 성 이반Sv. Ivan으로 네 개의 요새Tvrđava가 있다. 전망은 구시가지 바깥의 로브리예나츠 요새Tvrđava Lovrijenac(St. Lawrence Fortress)에서 바라보는 것이 가장 좋다. 입장료를 내고 성벽 위에 올라가 한 바퀴 돌아볼 수 있는데 두브로브니크에서 가장 매력 넘치는 장소다. 다른 유료 관광지는 포기하더라도 이곳만큼은 입장료를 아끼지 말고 꼭 가봐야 한다. 성벽 길을 걷다보면 아름다운 아드리아 해와 두브로브니크의 빨간 지붕의 조화에 절로 미소가 지어진다. 성안 사람들이 빨래를 널고, 차를 마시는 여유로운 일상생활을 하는 데 반해 관광객들의 분주한 대비되는 모습을 엿볼 수 있는 소소한 재미도 있다.

**Address** Placa 32
**Access** 성벽으로 오르는 출입구는 총 3개다. 필레 문Vrata Pile, 플로체 문Vrata Ploče, 성 이반 요새Sv. Ivan Tvrđava 쪽에 있다. 164p 지도에 표시한 것을 참고하자. 주 출입구인 필레 문의 입구는 필레 문에서 구시가지로 들어와 왼쪽, 매표소는 오른쪽으로 가면 있다.
**Open** 4~5월 08:00~18:30,
6~7월 08:00~19:30,
8~9월 08:00~18:30,
10월 08:00~16:00,
11~3월 09:00~15:00
**Cost** 일반 120Kn, 18세 미만 · 학생 30Kn
**Web** www.citywallsdubrovnik.hr

**TIP! 경고**
최근 한국인들 사이에 성벽 입장료를 아끼기 위해 학생증을 돌려 사용하다 발각당하는 일이 발생했다. 부끄러운 일이다. 한국인 이미지를 깎아내리는 행동은 하지 않도록 하자.

성벽은 일방통행이다.
한 방향으로만 걸을 수 있다.

로브리예나츠 요새에서 바라본 두브로브니크 구시가지.
플라차를 중심으로 양쪽으로 날개를 편 형태로 오르기 경사가 심하다.

## 성벽 걷기를 위한 팁

한낮의 두브로브니크는 햇살이 너무 강렬하기 때문에 성벽투어는 오전이나 오후 늦게 하는 것이 좋다. 선크림, 선글라스, 특히 물은 필수다. 성벽 위에서 사면 2배 이상 비싸다. 작은 휴대용 양산도 좋은 선택이다. 계단도 있고 오르막도 있기 때문에 편한 신발을 신어야 한다. 중간에 화장실과 카페도 있으니 너무 빨리 돌고 내려오려고 하지 말고 느긋하게 시간을 즐기자. 대부분 필레 문에서 시작해 한 바퀴 돌고 필레 문으로 나온다. 한 바퀴 도는 것이 부담스럽다면 내륙에서 바다 쪽으로 바라보는 전망이 가장 아름다우니 플로체 문으로 들어가 필레 문 쪽으로 나오는 짧은 루트가 좋다. 플로체 문에서 시작하면 조금 한산하다.

입구 세 곳에서 표를 검사하기 때문에 나오기 전까지 표를 버리면 안 되며 재입장은 불가능하다. 비가 많이 내리는 가을에서 겨울구간에 오른다면 물기에 젖어 미끄러운 대리석 바닥을 조심해야 한다. 가장 멋진 뷰포인트는 가장 높은 지대에 위치한 민체타 탑으로 붉은빛의 두브로브니크 지붕과 아드리아 해가 넓게 펼쳐지고 필레 문 쪽 출입구로 들어가면 책에 많이 소개된 플라차의 사진을 찍을 수 있다. 포토 포인트에 대한 위치는 지도 164p를 보자.

민체타 요새. 가장 높은 지대에 있다. 계단이 많아 편한 신발을 신어야 한다.

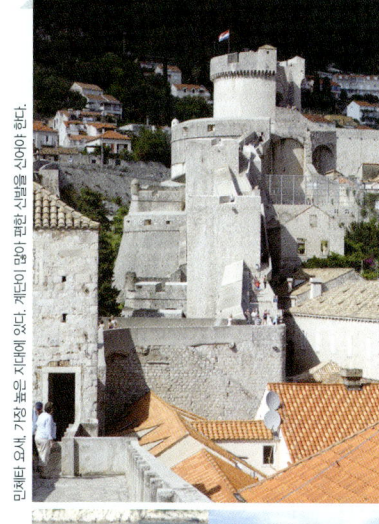

## 두브로브니크 카드

두브로브니크 성벽, 크네쥐브 궁전, 민속박물관과 구시가지에 있는 작은 미술관·박물관을 포함한 총 8곳의 입장과 교통을 이용할 수 있는 카드다. 성벽의 입장권이 120Kn이고 크네쥐브 궁전이 100Kn인 것을 감안하면 굉장히 저렴하다. 또 괜찮은 레스토랑의 10% 할인도 가능하기 때문에 확실히 유용한 카드다. 2~3일 머문다면 3일권을 추천한다. 관광안내소와 호텔, 여행사 등에서 구입할 수 있으며 인터넷으로 구입 시 10% 할인된다(수령은 두브로브니크 관광안내소).

**Cost** 1일권(24시간) 170Kn(24시간 교통 포함),
3일권 250Kn(교통 6회권 포함),
7일권 350Kn(교통 10회권 포함)

**Web** www.dubrovnikcard.com

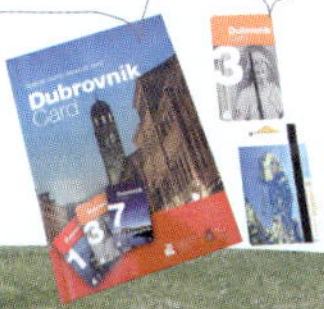

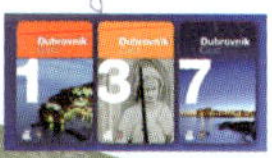

두브로브니크 카드, 유용하다.
성인 구입 시 만 12세 이하 아이 1명 무료!

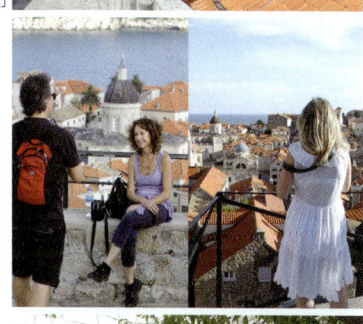

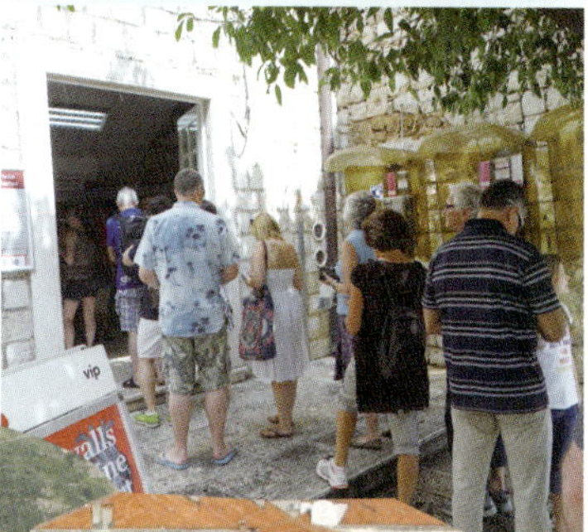

필레 문 쪽의 매표소

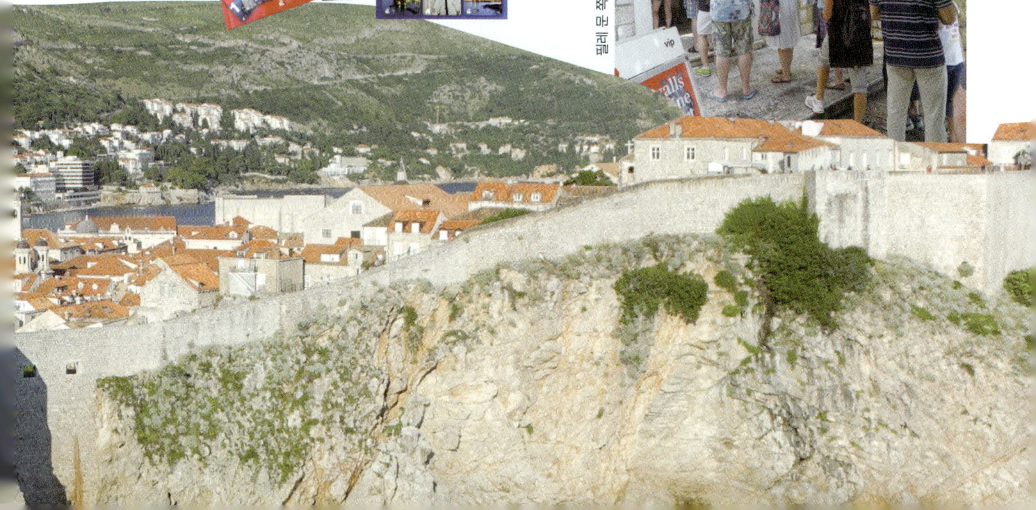

## 필레 문 Vrata Pile (Pile Gate)

필레 문과 안쪽 문의 블라호 조각

두브로브니크 성으로 들어가는 세 개의 문 중 주 출입구로 서쪽에 위치해 서문West Gate이라고도 한다. 대부분 이 문을 통해 두브로브니크 구시가지에 들어오기 때문에 수많은 관광객들과 정차된 버스로 혼잡하다. 도개교 형태로 아래는 해자가 있어 적의 침입을 막는 데 효과적이었다. 필레 문에는 두브로브니크의 수호성인인 성 블라호Sv. Vlaho의 조각이 있다. 문을 통과하면 또 하나의 문이 있고 이 문으로 들어가면 구시가지가 펼쳐진다. 눈앞에 보이는 둥근 돔형의 건물은 큰 오노프리오 분수Large Onofrio's Fountain이며 주요 도로인 플라차Placa로 이어진다.

필레 문

## 플로체 문 Vrata Ploče (Ploče Gate)

두브로브니크 성의 동쪽 출입구로 필레 문처럼 이중문으로 되어 있다. 바깥쪽 다리는 시몬 델라 카바Simon Della Cava가 1450년에 만든 것이다. 안쪽 문은 로마네스크양식으로 성 블라호의 조각이 새겨져 있다. 안쪽 문을 지나면 두 개의 교회가 이어져 있는데 하나는 성 루크 교회Crkvu Sv. Luke (Church of St. Luke)와 또 다른 하나는 마리아 수태고지 교회와 갤러리Galerije i Crkvu Navještenja Marijina(Gallery and the Church of the Annunciation of Mary)다.

성 루크 교회와 마리아 수태고지 교회와 갤러리, 바로 옆에는 성벽으로 올라가는 입구가 있다.

## 플라차 또는 스트라둔과 오노프리오 분수
Placa (Stradun) & Onofrijeva Česma
(Onofrio's Fountain)

여전히 식수대로 활용된다.

서쪽의 필레 문과 동쪽의 플로체 문을 잇는 300m 길이의 메인 대로다. '길'이란 뜻의 그리스어와 라틴어의 플라테아Platea에서 플라차Placa라고 부르기도 하고, 베네치아어로 스트라둔Stradun이라고도 부르는데 이것 또한 '큰길'이라는 뜻이다. 13세기에 만든 대로로 포장은 1468년에 이루어졌다. 지금의 모습은 1667년 지진 이후 재건한 것이다. 대로 주변에는 레스토랑과 카페, 상점들이 늘어서 있어 언제나 관광객으로 붐빈다. 바닥이 대리석으로 되어 있는데 수많은 사람들의 왕래로 반짝반짝 빛이 난다. 비오는 날에는 미끄러지지 않도록 조심해야 한다.

필레 문을 지나 스트라둔이 시작되는 곳에 16각형의 돔 형인 큰 오노프리오 분수Velika Onofrijeva Česma(Large Onofrio's Fountain)가 있다. 두브로브니크가 물 부족을 해결하기 위해 만든 것이다. 1436년 나폴리의 건축가인 오노프리오가 만든 것으로 원래는 화려한 르네상스양식으로 장식되었는데 1667년 지진 이후 현재의 형태로 남았다. 스트라둔 끝 루사 광장Trg Luža에는 같은 해에 만든 작은 오노프리오 분수 Mala Onofrijevoj Česmi(Small Onofrio's Fountain)가 있다. 이 분수는 루사 광장의 시장에 물을 공급했다. 두 곳의 분수에서 나오는 물은 마실 수 있는 물이다.

# 프란체스코 수도원과 박물관
Franjevački Samostan & Muzej
(Franciscan Monastery & Museum)

프란체스코회의 수도사들은 1234년 두브로브니크에 정착했다. 오늘날 힐튼 호텔 건물에서 생활하다가 1317년 두브로브니크 성내에 지금의 수도원을 지었다. 성당 입구에는 대지진에도 유일하게 파괴되지 않은 조각이 남아 있는데 1498년에 만든 피에타(십자가에 못 박힌 예수를 내려 마리아가 무릎에 안고 슬퍼하는 장면)다. 수도원으로 들어가면 아름다운 안뜰과 하이라이트인 박물관이 있다. 이곳에는 성 로브레와 성 블라디슬라브 등의 뼛조각이 보관되어 있다. 프란체스코 수도원의 또 다른 의미 있는 장소는 1317년부터 운영해 온 말라 브라체 Mala Braće다. 유럽에서 세 번째로 오래되었고, 현재까지 운영되는 약국으로는 가장 오래된 약국이다. '작은 형제Little Brother'라는 뜻이다. 약국에서는 장미크림, 라벤더크림, 오렌지크림, 장미비누 등을 파는데 두브로브니크 쇼핑 품목 중 한 가지다. 성당 박물관과 약국에서는 사진촬영이 금지된다.

Address Placa 2
Open 11~3월 09:00~14:00,
4~10월 09:00~18:00
Cost 성당 무료,
수도원 박물관 일반 30Kn, 학생 15Kn
Tel 020 321 410

1498년에 만든 피에타 & 수도원 입구

수도원 안뜰 & 이들의 기둥장식

프란체스코 수도원과 성당

박물관에는 성 브라디슬라브 등의 뼛조각이 보관되어 있다.

# 루사 광장 주변 Trg Luža

플라차의 끝에 있는 광장으로 성 블라호 성당Crkva Sv. Vlaha 과 스폰자 궁전Palača Sponza, 작은 오노프리노 분수Mala Onofrijevoj Česmi(Small Onofrio's Fountain), 35m 높이의 종탑Loža Zvonarjev(City Tower Bell)이 있다. 광장의 중앙에는 올란도 기둥Orlandov Stup(Orlando's Column)이 있는데 두브로브니크의 공공장소에 세워진 조각들 중 가장 오래된 것이다. 올란도는 이슬람과의 전투에서 용감히 싸운 영웅이다. 중세시대 기사의 표본으로 유럽에서 널리 만날 수 있는 인물이다. 밀라노의 조각가 보니노Bonino가 만들었다. 올란도의 팔뚝 길이는 51.2cm인데 이는 두브로브니크의 길이 단위인 1엘터로 두브로브니크 공화국의 표준 단위로 사용했다.

**Address** Trg Luža

올란도 동상 & 종탑

어디선가 전자시계다.

축제 때마다 긴 녀석이가 매어진다.

수줍어 하는 그 리스

## 성 블라호 성당
Crkve Sv. Vlaha (Church of St. Blaise)

14성인 중 한 사람인 블라시우스Blasius에게 봉헌한 교회로 14세기 로마네스크양식으로 지어졌다. 1667년 지진과 1706년 화재로 불타면서 1706~1715년에 새로 만든 것이 현재의 바로크양식의 성당이다. 성 블라호는 두브로브니크의 수호성인으로 한 손에 성을 든 모습으로 표현된다. 목에 생선가시가 걸려 죽을 뻔한 아이를 살린 후 병자와 빈자의 성인으로 추앙받았다. 축일은 2월 3일이다.

**Address** Trg Luža
**Tel** 020 324 999

성 블라호 성당 내부

## 스폰자 궁전
Palača Sponza (Sponza Palace)

1516~1522년에 지은 고딕르네상스양식의 건물로 조폐, 은행, 재무, 세관 등 주로 재정과 관련된 업무로 사용됐다. 현재는 전시관으로 이용된다. 신유고 연방과 크로아티아 간의 내전 중에 희생된 사람들을 기리는 방이 있다.

**Address** Trg Luža
**Tel** 020 323 887

내전 중 희생된 사람들을 기리는 방

# 크네쥐브 궁전
Kneževv Dvor (Rector's Palace)

관광
명소

두브로브니크 시의 행정을 맡았던 최고 지도자의 집무실 겸 집으로 보통 '렉터 궁전'이라고 부른다. '렉터Rector'는 최고 통치자, 지도자라는 뜻으로 크로아티아어 '크네쥐브Knez'와 같은 말이다. 1272년에 처음 세워졌으나 1435년 화재가 발생하면서 오노프리오 데라 카바Onofrio dela Cava가 같은 해에 재건축했다. 궁전 내의 조각은 밀라노의 피에르토 디 마르티노Pietro di Martino가 맡았다. 이후 1463년 화약 창고 폭발과 1667년 대지진으로 크게 파괴되어 다른 조각가와 건축가들에 의해 바로크양식이 추가되었다. 때문에 다양한 건축양식이 혼재되어 있다. 주로 후기 고딕과 초기 르네상스양식이다. 정면에 화려하게 장식된 6개의 기둥 안쪽에는 대리석 의자가 있어 사람들의 휴식공간으로 이용된다.

크네쥐브 궁전 안뜰에는 유일한 일반인인 미호 프라카타Miho Pracata(1522~1607)의 흉상이 세워져 있다. 그는 선장이자 은행가, 자선사업가로 프란치스코회 교회 건립에 많은 기부금을 냈다. 그를 기리기 위해 여러 방안이 검토되다 1638년에 안뜰에 흉상이 세워졌다. 안뜰은 울림이 좋아 여름축제 때에는 클래식 음악회가 열린다. 1872년부터 박물관으로 쓰이고 있는데 크게 볼거리는 없다.

| | |
|---|---|
| Address | Pred Dvorom 1 |
| Open | 3월 22일~11월 2일 09:00~18:00, 11월 3일~3월 21일 09:00~16:00 |
| Close | 1월 1일, 2월 3일, 12월 25일 |
| Cost | 일반 100Kn, 학생 25Kn |
| Web | dumus.hr/en/cultural-history-museum |

궁전 파사드

궁전의 손잡이

### Tip! 크네쥐브 궁전의 지도자
크네쥐브 궁전의 최고 지도자는 오늘날 총리나 대통령과 같은 인물이다. 위원회를 통해 귀족들 중에서 선출했는데 흥미롭게도 임기가 단 1개월이었다. 부정부패를 막기 위한 제도였다고 한다. 임기 동안 궁전 밖으로 나올 수도 없었으며 업무에만 집중해야 했다. 나폴레옹에 의해 두브로브니크 공화국이 사라지기 전까지 1,808번째의 최고 지도자가 있었다. 입구에는 라틴어로 된 글(Obliti Privatorum Publica Curate)이 있는데 '개인은 잊고 대중을 걱정하라'라는 뜻이다. 우리의 정치인들도 귀담아야 할 대목이다.

미호 프라카타의 흉상

### & 크네쥐브 궁전에서의 공연보기

여름 축제 때와 기획 행사로 크네쥐브에서는 종종 공연이 열린다. 티켓 가격은 50~300Kn인데 공연 30분 전에 살 수 있다. 그중 50Kn짜리 티켓은 좌석이 없는 입장권으로 궁전 내의 계단이나 통로 등에 앉아서 듣는데 엉덩이에 깔 만한 것을 가져가면 좋다. 대리석 바닥이 차다.

## 두브로브니크 대성당
Katedrala Dubrovačka (Dubrovnik Cathedral)

관광명소

영국의 리처드 1세가 로크룸 섬에서 조난을 당했다 구조된 것을 감사하기 위해 만든 성당이다. 로마네스크양식으로 1192년에 완공되었다. 현재의 성당은 1667년 지진 후 무너진 것을 바로크양식으로 재건축한 것이다. 정확한 이름은 성모 승천 대성당Katedrala Uznesenja Blažene Djevice Marije(Cathedral of the Assumption of the Virgin Mary)이다.

Address Katedrala Dubrovačka
Tel 020 323 459
Web www.dubrovacka-biskupija.hr

> **Tip 두브로브니크 여름 축제**
> 두브로브니크 여름 축제Dubrovačke Ljetne Lgre(Dubrovnik Summer Festival)는 1950년부터 시작된 오랜 역사의 축제로 7월 중순에서 8월 중순까지 약 한 달간 진행된다. 크네쥐브 궁전, 스폰자 궁전, 성 블라호 성당, 요새 등에서 오페라, 클래식 연주회, 오픈 시네마 상영, 전시 등 다양한 행사들이 펼쳐진다.
> Web www.dubrovnik-festival.hr

## 성 이그나티우스 성당
Crkva Sv. Ignacija (Church of St. Ignatius)

관광
명소

아름다운 바로크양식의 성당으로 1725년에 완공했다. 이 탈리아의 유명한 예수회 건축가이자 화가인 이그나치오 포조Ignazio Pozzo가 건축에 참가했다. 화려하게 장식된 제단의 천장에는 성 이그나티우스가 천국으로 올라가 예수를 만나는 벽화가 그려져 있다. 성 이그나티우스 성당으로 가는 계단은 로마의 스페인 계단을 모델로 한 것이다.

Address Poljana Ruđera Boškovića 6
Open 07:00~20:00
Tel 020 323 500

## 도미니크 수도원 박물관
Dominikanski Samostan Muzej
(Dominican Monastery Museum)

박물관

필레 문 쪽에는 프란체스코 수도원이, 플로차 문 근처에는 도미니크 수도원 박물관이 있다. 아름다운 안뜰과 박물관이 있고, 성당에는 크로아티아에서 발달한 나이브 아트로 만든 아름다운 십자가가 있다. 수도원 입구 반대편에는 크로아티아 나이브 아트 갤러리가 있다.

Address Sv. Dominika 4
Open 6~9월 09:00~18:00
10~5월 09:00~17:00
Cost 일반 30Kn, 학생 15Kn
Tel 020 322 200

## 크로아티아 나이브 아트 갤러리
Croatian Naive Art Gallery

크로아티아에서 발달한 나이브 아트를 볼 수 있는 작은 갤러리다. 입장료가 없어 편하게 관람할 수 있다. 자그레브에서 나이브 아트 박물관을 보지 못했다면 들러보자.

Address Sv. Dominika 4
Open 월~토 10:00~15:00,
일 10:00~12:00

## 전쟁 사진 전시관 War Photo Limited

두브로브니크는 내전의 포화 속에 많은 건물들이 무너져 내렸던 곳이다. 전쟁 사진 전시관은 우리가 영화로 만나는 '전쟁'이란 이미지에 반기를 든다. 현실의 전쟁은 참혹하고, 그것은 전쟁을 겪는 민간인이나 전쟁에 투입된 군인에게도 마찬가지라는 것을 보여준다. 1·2층으로 나눠지는데 12세기부터 2014년 시리아 전쟁까지 관련된 사진이 전시되어 있다.

Address Antuninska 6
Open 5·10월 수~월 10:00~16:00
(6~9월은 10:00~22:00)
Close 5·10월 화요일, 11~4월
Cost 일반 40Kn, 학생 30Kn
Tel 020 322 166
Web www.warphotoltd.com

## 민속박물관
Etnografski Muzej (Ethnographic Museum)

 박물관

1590년에 지은 곡물창고로 시가 사들여 민속박물관으로 문을 열었다. 전통의상, 농기계, 민속과 관련된 5천여 점의 전시물이 있다. 두브로브니크인들의 농업, 목축업, 수산업 등의 생활을 엿볼 수 있으며 레이스, 도자기 등의 공예품도 있다. 건물 내에 15개의 곡식을 저장하던 저장소를 잇는 구멍이 있었는데 그중 3개가 원형으로 잘 보존되어 있다. 두브로브니크 카드가 있으면 무료입장이 가능하다.

| | |
|---|---|
| Address | Od Rupa 3 |
| Open | 3월 22일~11월 2일 09:00~22:00, 11월 3일~3월 21일 09:00~16:00 |
| Close | 화요일, 1월 1일, 2월 3일 (두브로브니크의 수호성인 성 블라호 Sv. Vlaho의 축일), 12월 25일 |
| Cost | 일반 100Kn, 학생 25Kn |
| Tel | 020 323 056 |
| Web | dumus.hr/en/ethnographic-museum |

곡식을 저장하던 곳. 본 전시장은 촬영 금지다. 지대가 높아 두브로브니크 구시가지의 전경이 잘 보인다.

## 해양박물관
Pomorski Muzej (Maritime Museum)

 박물관

두브로브니크인들의 해양 역사 박물관으로 성 이반 요새 1·2층에 있다. 두브로브니크 공국시대의 해상 무역 루트와 선박의 종류 등 해양 무역에 대한 4천여 점의 전시물이 있다. 성벽 위에 있어 성벽을 걸을 때 관람할 수도 있다. 두브로브니크 카드가 있으면 무료입장이 가능하다.

| | |
|---|---|
| Address | Tvrđava Sv. Ivana |
| Open | 3월 22일~11월 2일 09:00~22:00, 11월 3일~3월 21일 09:00~16:00 |
| Close | 월요일, 1월 1일, 2월 3일(두브로브니크의 수호성인 성 블라호의 축일), 12월 25일 |
| Cost | 일반 100Kn, 학생 25Kn |
| Tel | 020 323 904 |
| Web | dumus.hr/en/maritime-museum |

내부에는 사진촬영이 금지된다.

스르지에서 바라본 구시가지

## 스르지 언덕 Srđ Brdo (Srđ Hill)

스르지는 해발 415m 높이의 산으로 두브로브니크 구시가지와 아드리아 해의 탁 트인 전망을 볼 수 있는 곳이다. 아름다운 두브로브니크 구시가지와 반짝반짝 빛나는 주변의 섬들, 그리고 에메랄드 물빛을 모두 조망할 수 있다. 성벽과 함께 두브로브니크에서 꼭 가봐야 하는 장소다. 모두 예쁜 사진을 남기려 다양한 각도의 사진 백 장쯤은 너끈히 찍고 간다. 흙길을 따라 걸어올라 가거나 778m 길이의 케이블카를 타면 단 4분 만에 스르지 전망대에 도착한다. 케이블카는 기상이 안 좋으면 운행을 멈춘다. 올라갈 때는 케이블카를 타고, 내려올 때는 걸어서 내려올 수도 있다. 정상에는 1808년 나폴레옹이 두브로브니크를 점령하면서 세운 십자가가 있다. 전망대에는 360도 파노라마 레스토랑 Restaurant Panorama(예약 : 091 4860 047)과 기념품가게, 120석 규모의 야외무대가 있다.

**두브로브니크 케이블카** Žičara Dubrovnik
- **Address** Petra Krešimira 4
- **Access** 보쉬코비체바 Boškovićeva 길의 북쪽 끝에 문이 있는데 이곳으로 나가면 케이블카 타는 곳으로 갈 수 있다.
- **Open** 12 · 1월 09:00~16:00,
  2 · 3 · 11월 09:00~17:00,
  4 · 10월 09:00~20:00,
  5월 09:00~21:00,
  6~8월 09:00~24:00,
  9월 09:00~22:00
  (운행 간격 : 성수기 30분, 비수기 1시간)
- **Cost** 일반 편도 70Kn 왕복 120Kn,
  낮&밤 티켓(2회 왕복) 180Kn,
  4~12세 편도 30Kn 왕복 50Kn,
  4세 미만 무료
- **Tel** 020 325 393
- **Web** www.dubrovnikcablecar.com

카페에서 차 한 잔은 기본! & 송신탑 뒤쪽으로 난 길을 따라가면 내려갈 수 있다.

케이블카 타는 곳. 셀프로 티켓 체크를 한다.

## 반예 해변 Plaža Banje (Banje Beach)

두브로브니크에서 가장 가까운 해변으로 아름다운 구시가지의 모습을 보면서 선탠이나 수영을 즐길 수 있다. 해변에서 멀뚱히 사진만 찍고 가지 말고 수영복과 깔 만한 것을 준비해 가자. 탈의실과 샤워시설을 무료로 이용할 수 있다. 샴푸 등을 사용해서는 안 되며, 소금만 씻어낼 수 있다.

관광명소

Address Plaža Banje
Access 동쪽의 플로차 문으로 나와 오른쪽 콘줌Konzum 마트 방향으로 300m 정도 직진하면 오른쪽으로 해변으로 내려가는 계단이 있다. 비치 클럽인 이스트웨스트 Eastwest 입구로 내려가면 좀 더 가깝다.

## 성 야고보 해변
Plaža Sv. Jakov (St. Jacob Beach)

구시가지에서 1.5km 떨어진 작은 해변으로 성 야고보 성당이 있어 이런 이름이 붙었다. 두브로브니크 구시가지와 로크룸Lokrum 섬의 전망을 볼 수 있다. 반예 해변의 북적이는 분위기가 싫다면 이곳으로 가보자. 선 데크를 사용할 경우 50Kn다.

관광명소

Address Plaža Sv. Jakov
Access 케이블카 앞의 버스정류장에서 5번 버스를 타고 마지막 정거장에서 내리면 된다. 돌아올 때 버스시간표를 확인하고 해변으로 가자. 계단 길을 내려가면 성 야고보 교회가 나오고, 뒤편 길을 따라가다 오른쪽 해변으로 이어진 계단을 내려가면 된다.

> **Tip 레스토랑**
> 두브로브니크의 레스토랑은 크로아티아 전역에서 가장 비싸다. 심지어 아이스크림도 크로아티아에서 가장 비싼 9~10Kn다. 크로아티아는 팁 문화가 없지만 가장 유명한 관광지이기 때문에 여행자들에게는 팁을 당연하게 생각한다. 잔돈 정도의 팁은 주도록 하자. 또 1인당 음료 한 가지 주문은 기본이다. 물은 공짜로 준다.

## 레이디 피피 Lady Pi-pi

숯불에 구워내는 생선과 고기류를 판다. 오픈 시간에 맞춰 가지 않으면 줄을 서야 할 정도로 인기다. 특히 구시가지가 훤히 보이는 2층의 테라스 석은 오픈시간 전에 가서 음료를 마시며 자리를 맡아야 한다. 인기 있는 메뉴는 두툼하게 썰어서 구운 스테이크(150Kn)! 해산물 등의 다른 구이들도 모두 맛있다. 1인당 메뉴 한 가지씩과 음료 한 가지씩은 기본. 한국인과 중국인들이 음식을 나눠먹으면 불만을 토로하기도 한다. 가장 높은 곳에 위치해 계단 끝까지 올라가야 하는 것이 식당의 유일한 단점이다.

**레스토랑**
Address Antuninska 21
Open 09:00~24:00(아침 09:00~12:00, 점심 12:00~15:00, 저녁 18:30~22:30)
Close 10월 2일~4월
Cost 예산 €€
Tel 020 321 154

숯불에 굽는다. & 두툼한 스테이크

## 로칸다 페스카리야 Lokanda Peskarija

구 항구에 위치한 대중적인 분위기의 레스토랑이다. 〈꽃보다 누나〉에서 음식을 시켜 먹은 곳으로 나왔다. 가장 평이 좋은 메뉴는 새우 구이와 오징어 구이, 해산물 모둠 Platter Lokanda(2인분)이다. 한국어 메뉴가 있어 주문하기 편하다.

**레스토랑**
Address Na ponti bb
Open 11:00~24:00(7~8월은 ~01:00)
Cost 예산 €€
Tel 020 324 747
Web www.mea-culpa.hr

멘추리(정어리 멸치) & 인기 메뉴, 새우 구이

## 루친 칸툰 Lucin Kantun

부티크 호텔, 스타리 그라드 호텔 옆에 있는 작은 레스토랑이다. 한 번 방문하면 팬이 될 정도로 모든 음식이 깔끔하고 예쁘고 또 맛있다. 두브로브니크에서 적당한 가격의 최고의 레스토랑으로 추천한다. 오픈 키친으로 요리하는 모습을 보는 재미도 쏠쏠하다.

| | |
|---|---|
| Address | A. Od Sigurate 6 |
| Open | 08:00~24:00 |
| Tel | 020 321 003 |
| Web | www.facebook.com/LucinKantun |

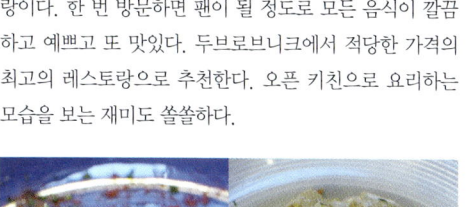

## 뷔페 쉬콜라 Buffet Škola

작은 식당으로 샌드위치와 같은 간단한 음식을 판다. 매일 만드는 신선한 빵으로 샌드위치를 만드는데 가격도 저렴하고 맛있다. 달마티아 훈제 햄을 사용하는데 기호의 차이가 있지만 가볍게 아침과 점심 식사하기 좋은 곳으로 추천한다.

| | |
|---|---|
| Address | Antuninska 1 |
| Open | 08:00~23:00 |
| Cost | 예산 € |
| Tel | 020 321 096 |

신선한 빵으로 만든 샌드위치. 접시에 나오는 것보다는 샌드위치 추천!

## 타베르나 뿌뽀 Taverna Pupo

골목길의 식당들을 구분하는 방법은 테이블 세팅 색깔이다. 뿌뽀는 흰색 식탁보와 의자를 사용하는데 굉장히 넓은 범위를 식당으로 사용하고 있다. 음식 맛은 보통이나 깔끔하게 나온다. 두브로브니크 카드가 있으면 10% 할인된다.

**레스토랑**
Address  Miha Pracata 8
Open    월~토 07:00~20:00,
        일 08:00~16:00
Cost    예산 €€
Tel     020 323 555
Web     www.pupodubrovnik.com

## 달마티노 코노바 Dalmatino Konoba

타베르나 뿌뽀와 나란히 이웃하고 있는 식당이다. 가격은 좀 더 비싸지만 인기 있는 레스토랑이다. 가장 인기 있는 메뉴는 '피시 플래터, 포르포레라Fish Platter, Porporela'로 한 접시에 해산물구이, 튀김, 꼬치와 리조또가 함께 나오는 모듬 요리로 2인분이 기준이다.

**레스토랑**
Address  Miha Pracata 6
Open    11:00~23:00
Cost    예산 €€€
Tel     020 323 070
Web     dalmatino-dubrovnik.com

## 피제리아 타바스코 Pizzeria Tabasco

두브로브니크에서 가장 양 많고 맛있는 피자를 파는 곳 중 하나. 라지 사이즈 피자 한 판에 55Kn 안팎으로 가격도 저렴하다. 좋아하는 피자를 선택해 주문하면 된다. 신기한 메뉴가 있는데 피로스케 믹스드Piroske Mixed로 우리나라에 서는 맛볼 수 없는 피자다. 부자Buža 길 끝의 문으로 나가 주차장 쪽으로 걸어가면 보인다. 케이블카 근처에 있어 스르지에 다녀올 때 들르기 좋은 곳이다.

피로스케 믹스드, 치즈와 사워크림을 좋아하는 사람은 주문해 보시길.

| | |
|---|---|
| Address | Hvarska 48A |
| Open | 09:30~23:00 |
| Cost | 예산 € |
| Tel | 020 429 595 |

## 뚜또베네 패스트푸드
Tuttobene Fastfood

체인점으로 구시가지 내에서 먹을 수 있는 가장 저렴한 음식섬 중 한 곳이다. 맛있다기보다는 잠깐 끼니를 때워야 할 때 좋다. 케밥과 조각피자, 바게트 샌드위치, 파니니, 햄버거, 감자튀김, 닭날개 튀김을 판다.

| | |
|---|---|
| Address | Od puča 7 |
| Open | 10:00~24:00 |
| Cost | 예산 € |
| Tel | 020 323 353 |
| Web | www.tuttobene-dubrovnik.com |

## 오토 타베르나 Otto Taverna

페리터미널이 있는 그루즈Gruž 지역에 있는 식당이다. 한국인들에게 인기 있는 레스토랑으로 간이 알맞고, 비싸지 않은 가격, 그리고 양에 만족하는 곳이다. 추천메뉴는 나오는 순간 미소가 절로 지어지는 양파수프 그라탕 Gratinirana Juha od Luka과 두툼한 참치 스테이크Odrezak Tune, 그리고 돼지고기 립 바비큐Grill Svinjska Rebarca 요리다.

| | |
|---|---|
| Address | Nikole Tesle 8 |
| Open | 월~토 11:00~15:00, 18:00~22:00 |
| Close | 일요일 |
| Cost | 예산 €€ |
| Tel | 095 2197 608 |
| Web | www.tavernaotto.com |

## 돌체 비타 Dolce Vita

 디저트

아이스크림, 파르페, 크레페를 파는 아이스크림 전문점이다. 두브로브니크에서 가장 맛있는 아이스크림 집으로 항상 사람들로 바글바글하다. 플라차의 아이스크림 집보다 맛도 있고 컵에 먹으면 가격도 1Kn 더 저렴하다. 추천할 아이스크림은 바닐라, 비터 오렌지 Bitter Orange 맛이다. 피스타치오는 비추.

Address Nalješkovićeva 1A
Open 08:00~23:00
Cost 예산 €
Tel 020 321 666

## 슬라도레다르나 Sladoledarna

 디저트

플라차의 아이스크림 가게 중에서 가장 많은 양을 주는 집. 맛도 플라차의 다른 아이스크림 가게들보다 낫다.

Address Placa 17
Open 09:00~23:30
Tel 020 323 337

두브로브니크를 포함해 대부분의 크로아티아 아이스크림은 천연아이스크림이 아니라 향료를 이용한 인스턴트 아이스크림이어서 이탈리아처럼 맛있지는 않다.

## 카페 바 부자 Café Bar Buža

 카 페

두브로브니크에서 아는 사람만 가는 숨겨진 카페다. 두 곳이 있는데 위치는 164p 지도를 참고하자. '부자Buža'는 구멍이라는 뜻으로 성 이그나티우스 성당에서 'Café Bar Buža'와 'Cold Drink' 간판을 따라가면 작은 문을 통해 성문 바깥 절벽에 있는 카페에 갈 수 있다. 차가운 음료만 있으며 아이스커피 23Kn부터 시작하는 비싼 카페다. 수영과 선탠도 할 수 있다. 〈꽃보다 누나〉에도 나왔던 곳.

Address  Crijevićeva 9
Open     09:00~01:00
Cost     예산 €€
Tel      098 361 934

## 재즈 카페 투로바두 Jazz Caffe Troubadour

 즐길거리

재즈를 좋아하는 사람이나 한밤의 두브로브니크에서 어딘가 가보고 싶은 사람이라면 이곳으로 가면 된다. 로맨틱한 두브로브니크의 밤을 한껏 돋운다. 성수기라면 10시 이후로는 앉을 자리가 없으니 좀 더 일찍 가는 것이 좋다.

Address  Bunićeva Poljana 2
Open     일~목 09:00~01:00,
         금·토 09:00~02:00
         라이브 음악을 연주하는 시간
         11:00~14:00, 19:00~24:00
Tel      020 323 476

### Tip 쇼핑

두브로브니크는 크로아티아 최대의 관광지로 크로아티아와 관련된 모든 쇼핑품목을 한자리에서 구입할 수 있는 곳이기도 하다. 체인점으로는 크로아티아의 특산물이 모두 모여 있는 우예UJE와 허브 관련 제품들을 모아놓은 아로마티카Aromatica, 크로아티아 넥타이를 구입할 수 있는 크로아타Croata, 티셔츠와 여행·휴일용품을 판매하는 아쿠아Aqua가 있다. 핸드메이드 제품으로는 할머니들이 한 땀 한 땀 떠서 파는 레이스 용품들과 크로아티아 특산물인 붉은 산호로 만드는 주얼리 제품이 있다. 먹거리로는 주변 지역에서 직접 생산한 가공농산물과 허브제품들을 판매하는 군둘리체바 폴야나 오픈마켓Gundulićeva Poljana Open Market이 있다. 저렴하고 부피가 작은 기념품들은 냉장고 자석이나 오프너, 두브로브니크를 작게 만든 미니어처 등이 있다.

# 군둘리체바 폴야나 오픈마켓
Gundulićeva Poljana Open Market

 쇼핑

군둘리체바 폴야나 광장에서 열리는 오픈마켓은 투박하지만 신선한 농산물과 농산물 가공품을 저렴하게 판매한다. 매장보다 같은 가격에 양도 많고, 저렴한 가격에 구입할 수 있어 좋다. 특히 말린 오렌지와 레몬 껍질 설탕절임은 한국에서 구입할 수 없는 것인데, 비타민C가 많고 새콤달콤한 맛도 좋아 여행 중 간식으로 또 선물용으로 손색이 없다. 판매하는 사람에 따라 조금씩 맛이 다르기 때문에 맛을 보고 사도록 하자. 여러 개를 구입할 경우 할인도 해준다. 허브제품을 이용한 에센셜 오일, 립밤, 핸드크림, 페이스 크림, 비누 등도 판다. 두브로브니크에서 가장 크로아티아 같은 느낌, 영어가 서투르다.

**Address** Gundulićeva poljana
**Open** 09:00~오후

## 마누팍투라 Manufaktura

🛍 쇼핑

크로아티아를 여행하다보면, 특히 두브로브니크를 여행할 때면 왠지 네이비 가로줄무늬와 빨간 바둑판무늬 옷을 사야 할 것 같다. 이 두 가지 색상과 문양은 크로아티아의 이미지이기도 하다. 마누팍투라는 크로아티아와 두브로브니크를 주제로 한 티셔츠 가게로 현지에서 입을 수도 있고 기념품으로 구입하기에 좋다. 여기에 소개한 주소 외에도 플라차에 두 곳, 푸차 길Od puča에도 있다.

Address  Placa 9
Open     09:00~23:00
Tel      020 324 851

## 우예 UJE

 쇼핑

크로아티아 기념품 종합선물세트와 같은 곳이다. 가격은 시장에서 사는 것보다 비싸지만 포장이 좀 더 세련되어 선물용으로 좋다. 플라차 9번지와 푸차 2번지에 있는데 푸차 길의 매장이 좀 더 크다.

Address  Od puča 2
Open     09:00~21:00
         (7월 1일~8월 15일에는 ~22:00)
Tel      020 324 865
Web      www.uje.hr

## 아로마티카 Aromatica

 쇼핑

흐바르 등지에서 생산한 허브식물로 만든 오일, 크림 등을 구입할 수 있는 곳으로 우리나라에는 비싼 천연 100% 에센셜 오일 제품들을 저렴하게 구입할 수 있다.

Address  Placa 9
Open     09:00~22:00
Tel      020 324 055
Web      www.aromatica.hr

## 크로아타 Croata

 쇼핑

넥타이의 원조국가인 크로아티아의 넥타이 브랜드로 넥타이와 스카프, 와이셔츠를 판매한다. 자그레브, 스플리트, 리예카 등지에 매장이 있으며 두브로브니크에는 구시가지에 두브로브니크 대성당 옆에 한 곳이 있다.

Address  Pred Dvorom(Stari grad) 2
Open     월~토 09:00~16:00,
         일 09:00~14:00
Tel      020 638 330

### 숙소

호스텔부터 아파트먼트, 룸, B&B, 호텔의 다양한 숙소가 있다. 숙소 비용은 대체로 크로아티아에서 가장 높다. 특히 호스텔 도미토리 가격은 서유럽을 추월한다. 크게 구시가지 안은 바깥쪽보다 더 비싸고, 구시가지 안이라도 경사가 있어 계단을 올라가야 하는 숙소는 평지에 있는 숙소보다 저렴하다. 트렁크족은 계단 있는 숙소를 피하는 것이 좋다. 때문에 평지인! 필레 문이나 플로차 문 밖 근처의 아파트먼트나 룸을 구하는 것도 좋은 방법이다. 숙소 예약사이트에는 거의 노출되지 않지만 특히 필레 문 근처 로브리예나츠 요새로 가는 길에 숙소가 밀집되어 있다. 렌터카 여행자라면 스르지 언덕 쪽의 전망 좋은 숙소를 구해보는 것도 좋다. 교통은 불편하지만 스르지 전망대 급의 멋진 전망을 매일 즐길 수 있다. 개별여행자라면 호스텔이 가장 저렴하다. 2~4인이라면 아파트먼트나 룸을 구하는 것이 호스텔보다 저렴하다. 여기에는 두 곳만 소개했지만 호스텔월드, 부킹닷컴, 에어비앤비를 통해 예약할 수 있고 현지에서는 사설여행사를 통해, 또는 호객행위를 하는 숙소 주인을 통해 좀 더 저렴한 가격으로 숙소를 구할 수 있다. 모든 숙소에는 도시세City Tax €1가 추가된다.

요금(성수기 기준)
€50 미만 €  |  50~150 미만 €€  |  €150 이상 €€€

## 러브 크로아티아 Love Croatia

 한인민박

크로아티아 체인 한인숙소로 두브로브니크 점이다. 도미토리와 1~5인실을 운영한다. 위치는 스르지산으로 올라가는 케이블카 바로 아래이며 아침 식사는 한식당에서 식사 쿠폰을 제공한다.

Address Cavtatska 51
Cost 예산 €
Tel 인터넷전화 070 4814 1569/1570,
카카오톡 ID jjmmss4317
Web lovecroatia.co.kr

## 올드 타운 호스텔 Old Town Hostel

호스텔

구시가지 내 '평지'에 있다. 도미토리는 €40 선으로 비싼 편이나 구시가지 내에 위치를 고려하면 가장 저렴한 축에 속한다. 스타리 그라드 호텔 맞은편이다. 취사 가능한 주방이 있고 시리얼, 주스, 커피, 차가 제공된다. 노트북과 와이파이 사용이 가능하다.

Address Od Sigurate 7
Cost 예산 €
Tel 020 322 007
(리셉션은 08:00~23:00)
Web www.dubrovnikoldtown
hostel.com

## 호스텔 & 룸 아나 Hostel & Rooms Ana

 호스텔   룸

호스텔이라기보다는 게스트 룸에 여행자들을 재우는 형태의 현지 민박집이다. 2·3·4·5·8인실 방이 있다. 방의 종류는 여럿이지만 가격 차이는 별로 없다. 1인 €60 선. 같은 건물에 게스트하우스 마리야Guest House Marija도 있다. 루사 광장 근처로 계단을 조금 올라가야 한다.

Address Kovačka 4
Cost 예산 €
Tel 098 674 188
Web www.hostelana
dubrovnik.hostel.com

## 프레시 시트 호스텔
Fresh* Sheets Hostel Dubrovnik Old Town

구시가지 내 남쪽에 위치한 호스텔로 계단을 꽤 올라야 해서 트렁크족은 피하는 것이 좋다. 계단을 덜 걷고 싶다면 돌아가더라도 두브로브니크 대성당 뒤편으로 성벽을 따라 둘러 가면 된다. 호스텔과 별도로 2~3인실, 스튜디오 등의 B&B도 운영하는데 요금은 €200~350다. 부자 카페가 바로 앞에 있다.

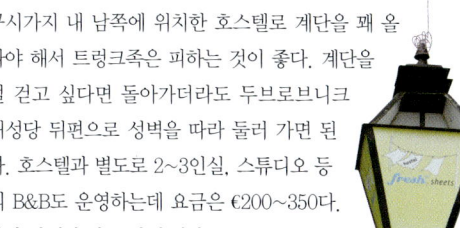

| | |
|---|---|
| Address | Svetog Šimuna 15 |
| Cost | 예산 € |
| Tel | 091 7992 086 |
| Web | www.freshsheetshostel.com |

## 호스텔 빌라 안젤리나 올드 타운
Hostel Villa Angelina Old Town

구시가지에서 가장 높은 위치의 호스텔이다. 고지대라 어떻게 짐을 들고 올라가나 싶지만, 북쪽의 문을 이용해 들어오면 계단을 오르지 않고 조금 내려간다. 레이디 피피, 공항버스 정류장과 가까운 위치이나 중심가인 플라차로 다니려면 돌아올 때 계단을 꽤 올라야 한다. 아니면 필레 문의 도로를 따라 올라와 북쪽 문을 통해 들어가면 된다. 취사 가능한 주방이 있다. 3~4인실과 도미토리 4·6·8인을 운영하고 있다.

| | |
|---|---|
| Address | Plovani Skalini 17/a |
| Cost | 예산 € |
| Tel | 091 8939 089 |
| Web | www.villaangelina oldtown.hostel.com |

## 호스텔 마커 두브로브니크 올드 타운
Hostel Marker Dubrovnik Old Town

구시가지 바깥 필레 문 근처에 있는 위치 좋은 호스텔이다. 계단이 있는 구시가지 안의 숙소보다 편리성은 이곳이 낫다. 가격은 올드 타운 호스텔과 비슷하며 2~7인실이 있다.

| | |
|---|---|
| Address | Svetog Đurđa 6 |
| Cost | 예산 € |
| Tel | 091 7397 545 |
| Web | www.hostelmarker dubrovnik.hostel.com |

## 유스호스텔 두브로브니크
Youth Hostel Dubrovnik 🛜

 호스텔

그루즈Gruž에 있는 공식 유스호스텔로 €20대로 저렴하며 조식까지 포함되어 있다. 유스호스텔은 버스터미널과 구시가지의 딱 중간으로 도보 25분(1.5km) 두브로브니크의 날씨에 걷기에 조금 무리. 게다가 도로에서 한 블록 안으로 들어가 계단을 걸어 올라가야 한다. 구시가지 내의 숙소를 구하지 못했다면 체크해보자. 유스호스텔 회원증이 없는 경우 웰컴 스탬프Welcome Stamp €1.35 또는 10Kn이 추가된다.

Address  Vinka Sagrestana 3
Cost     예산 €
Tel      020 423 241
Web      www.hfhs.hr/en/hostels
         /dubrovnik-youth-hostel-555

## 룸 & 아파트먼트 코르티지야
Rooms & Apartments Kortizija 🛜

 아파트먼트  룸

구시가지 안은 아니지만 필레 문 근처의 위치 좋은 숙소로 2인이라면 호스텔보다 저렴한 가격이다. 2인실이 성수기 €60 선으로 굉장히 저렴한 편이다. 필레 게이트와 로브리예나츠 요새 중간에는 비슷한 가격의 아파트먼트와 룸이 밀집되어 있는데 숙소 예약사이트에는 노출이 거의 안 되어 있다. 때문에 직접 '소베Sobe' 표지를 보고 숙소 상황을 묻는다.

Address  Od kolorine 5
Cost     예산 €€
Tel      091 9533 303
Web      www.apartmentsdubrovnik.com

## 빌라 아드리아티카 Villa Adriatica

<꽃보다 누나>에서 머물렀던 숙소다. 아파트먼트 1개와 게스트 룸 3개가 있다. 공용 테라스에서 바라보는 구시가지의 풍경이 아름다워 인기가 좋다. 위치도 플로차 문 바로 밖이고 슈퍼마켓과 빵집도 바로 밑에 있다. 예약은 메일로 문의하면 렌트가 가능한지 답이 오는데 1박 숙박료를 은행을 통해 국제 송금해야 하는 불편함이 있다.

Address Frana Supila 4
Cost 예산 €€
Tel 020 411 962
Web www.villa-adriatica.net

## 펜션 스탄코비치 Pension Stankovich

발코니 딸린 A와 B 타입의 방과 4개의 스튜디오를 운영하는 펜션이다. 렌터카 여행자는 Ante Topića Mimare 길에 주차를 하고 몇 계단 내려가면 된다. 몇 계단이 싫다면 Ante Topića Mimare 길의 아파트먼트를 찾아보자. 전망과 시설, 가격 모두 비슷하다. 구시가지에서 계단을 꽤 걸어 올라가야 하지만 그만큼 뷰가 좋다. 별도로 요청 시 유료 조식을 먹을 수 있다. 자기 전에, 아침밥을 먹으면서 스르지 전망대 급 전망을 보고 싶은 사람에게 추천한다.

Address Matije Gupca 15
Cost 예산 €€€
Tel 098 1827 338
Web www.pension-stankovich.com

## 힐튼 임페리얼 두브로브니크
Hilton Imperial Dubrovnik

힐튼 멤버십 소지자라면 이곳을 추천한다. 필레 문까지 200m 거리로 고급 호텔 중에서 위치가 가장 좋다. 작은 실내 수영장이 있으며 조식 포함 숙박료는 성수기 기준 €300 안팎이다. 무료 와이파이는 로비에서만 가능하다.

| | |
|---|---|
| Address | Marijana Blazica 2 |
| Cost | 예산 €€€€ |
| Tel | 020 320 320 |
| Web | www3.hilton.com/en/hotels/croatia/hilton-imperial-dubrovnik-DBVHIHI/index.html |

## 엑셀시어 호텔 Hotel Excelsior

두브로브니크 구시가지에서 남쪽으로 더 내려온 곳에 위치한 호텔로 구시가지가 훤히 보이는 멋진 전망의 호텔이다. 아름다운 수영장도 있다. 신혼여행자나 로맨틱 여행자들에게 추천한다. 성벽 동쪽의 플로체 문까지 500m 정도 떨어져 있다.

| | |
|---|---|
| Address | Frana Supila 12 |
| Cost | 예산 €€€€€ |
| Tel | 020 430 830 |
| Web | www.adriaticluxuryhotels.com/en/hotel-excelsior-dubrovnik |

## 호텔 스타리 그라드 Hotel Stari Grad

구시가지 안의 필레 문 근처에 위치한 호텔로 가장 추천할 만한 곳이다. 위치를 중요시하는 호텔여행자에게 알맞다. 호텔 옥상에는 어보브 5 레스토랑을 운영하는데 정말 맛있다.

| | |
|---|---|
| Address | A. Od Sigurate 4 |
| Cost | 예산 €€€€€ |
| Tel | 020 322 244 |
| Web | hotelstarigrad.com |

호텔 스타리 그라드 & 푸치츠 팔라스

## 푸치츠 팔라스 Pucić Palace

부티크 호텔로 구시가지 안에서 가장 비싼 호텔이다. 군둘리체바 폴야나 광장에 있는데 루사 광장에 가깝다. 투숙객들에게는 반예 해변의 이스트웨스트 비치 클럽에서 무료 선데크와 파라솔을 제공해준다.

| | |
|---|---|
| Address | Puča 1 |
| Cost | 예산 €€€€€ |
| Tel | 020 326 222 |
| Web | thepucicpalace.com |

## 그랜드 빌라 아르젠티나
Grand Villa Argentina

엑셀시어 호텔과 같은 그룹의 호텔로 엑셀시어와 나란히 이웃하고 있다. 엑셀시어 호텔보다 두브로브니크 구시가지와 좀 더 떨어져 있지만 전망도 비슷하다.

| | |
|---|---|
| Address | Frana Supila 14 |
| Cost | 예산 €€€€€ |
| Tel | 020 300 300 |
| Web | www.adriaticluxuryhotels.com/en/grand-villa-argentina |

# Theme 1

## 두브로브니크 근교 여행

일정에 여유가 있는 여행자들은 두브로브니크 주변의 작은 마을과 아름다운 섬들을 돌아볼 수 있는 행운이 생긴다. 버스로 쉽게 다녀올 수 있는 곳으로는 공항과 두브로브니크 사이에 있는 차브타트, 페리로 다녀올 수 있는 곳은 믈레트 섬과 코르출라 섬이 있고, 조금 멀기는 하지만 아름다운 다리가 있는 보스니아 헤르체고비나의 모스타르까지 다녀올 수도 있다.

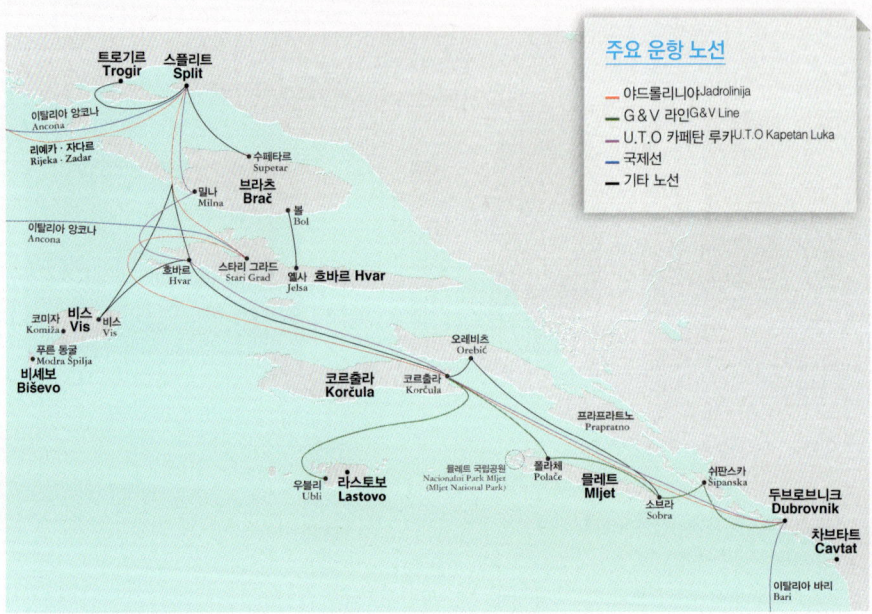

## 요금 및 소요시간

|   | 두브로브니크 | 소브라(믈레트) | 폴라체(믈레트) | 코르출라 | 우블리(라스토보) |
|---|---|---|---|---|---|
| 두브로브니크 | x | 60Kn (45분) | 70Kn (1시간 50분) | 90Kn (2시간 45분) | 95Kn (3시간 55분) |
| 소브라(믈레트) | 60Kn | x | 35Kn | 60Kn | 70Kn |
| 폴라체(믈레트) | 70Kn | 35Kn | x | 50Kn | 70Kn |
| 코르출라 | 90Kn | 60Kn | 50Kn | x | 60Kn |
| 우블리(라스토보) | 95Kn | 70Kn | 70Kn | 60Kn | x |

* 페리 티켓은 당일 선착장에서만 구입이 가능하며, 출발 30분 전(성수기는 1시간 전)에 판매를 시작한다.
* 3~12세는 일반의 50%, 3세 미만 무료
* 페리 요금과 시간표는 변동될 수 있으니 홈페이지를 통해 다시 확인하자.
* 배 시간표 확인 : www.gv-line.hr/raspored.php?linija=3&lang=E

## 운행시간

두브로브니크-믈레트(소브라, 폴라체) 노선은 1년 내내 가능하다. 7~8월에는 기존 노선에서 추가로 코르출라와 라스토보까지 연장된다. 대략적으로 비수기(2016년 1월~6월 2일 · 10월 3일~12월) 두브로브니크에서 출발시간은 월~토 14:30(일요일 15:30 또는 16:30)이며 믈레트에서 출발시간은 월~토 06:15~06:30, 일 14:00 또는 15:00이다. 아래는 성수기 시즌의 운행시간이다.

### 6월 3일~30일
① 두브로브니크 09:15/19:10 → 소브라 10:20/20:30 → 폴라체 10:55
② 폴라체 16:55 → 소브라 06:15/17:35 → 두브로브니크 07:35/18:35

### 7월 1일~9월 4일 [성수기]

| | 두브로브니크 | 소브라 | 폴라체 | 코르출라 | 라스토보 |
|---|---|---|---|---|---|
| 월 | 09:15 | 10:20 | 11:05 | 11:50 | |
| | 19:10 | 20:30 | | | |
| 화 | 08:00 | 09:05 | 09:50 | 10:45 | 11:55 |
| | 19:10 | 20:30 | | | |
| 수 | 09:15 | 10:20 | 10:55 | | |
| | 19:10 | 20:30 | | | |
| 목 | 08:00 | 09:05 | 09:50 | 10:45 | 11:55 |
| | 19:10 | 20:30 | | | |
| 금 | 09:15 | 10:20 | | | |
| | 19:10 | 20:30 | | | |
| 토 | 09:15 | 10:20 | 11:05 | 11:50 | |
| | 19:10 | 20:30 | | | |
| 일 | 09:15 | 10:20 | 10:55 | | |
| | 19:10 | 20:30 | | | |

| | 라스토보 | 코르출라 | 폴라체 | 소브라 | 두브로브니크 |
|---|---|---|---|---|---|
| 월 | | | | 06:15 | 07:35 |
| | | 16:00 | 16:55 | 17:35 | 18:35 |
| 화 | | | | 06:00 | 07:20 |
| | 14:40 | 16:00 | 16:55 | 17:35 | 18:35 |
| 수 | | | | 06:15 | 07:35 |
| | | | 16:55 | 17:35 | 18:35 |
| 목 | | | | 06:00 | 07:20 |
| | 14:40 | 16:00 | 16:55 | 17:35 | 18:35 |
| 금 | | | | 06:15 | 07:35 |
| | | | 16:55 | 17:35 | 18:35 |
| 토 | | | | 06:15 | 07:35 |
| | | 16:00 | 16:55 | 17:35 | |
| 일 | | | | 06:15 | 07:35 |
| | | | 16:55 | 17:35 | |

### 9월 5일~10월 2일
① 두브로브니크 09:15/18:15 → 소브라 10:20/19:35 → 폴라체 10:55
② 폴라체 16:00 → 소브라 06:15/16:40 → 두브로브니크 07:35/17:40

> **Tip 두브로브니크-코르출라-믈레트 섬으로 가는 우회 경로**
> 코르출라와 믈레트 섬으로 가는 배편의 날짜와 시간이 맞지 않는다면 두브로브니크에서 버스로 프라프라트노Prapratno의 오레비츠Orebić로 간 뒤 코르출라로 들어가는 방법도 있다. 운항 거리가 겨우 3km, 배 운항 편수가 1시간에 1대 꼴로 많고, 20분밖에 걸리지 않는다. 요금은 성수기(6월 3일~10월 2일) 일반 16Kn, 3~12세 8Kn, 비수기(10월 3일~6월 2일) 일반 13Kn, 3~12세 6.5Kn, 3세 미만 무료. 코르출라에서 믈레트 섬은 보트택시(편도 200~250Kn)를 이용해 들어가거나 또는 코르출라에서 믈레트 섬 일일 투어를 통해 다녀올 수 있다.
> 두브로브니크 버스터미널 → (버스로 1시간 15분) → 프라프라트노 오레비츠 → (페리로 20분)

961m 높이의 장엄한 이리야 산 아래 위치한 오레비츠

# Theme 2

## 때 묻지 않은 자연, 믈레트

때 묻지 않은 천혜의 자연환경을 지닌 섬으로 호메로스의 「오디세이」에도 등장한다. 가로 131km, 세로 3km로 길게 늘어선 형태로 사람들은 초록 섬Green Island라고 부른다. 고대의 유적들도 희미하게 남아 있지만 수영이나 카약, 스킨스쿠버, 하이킹 등 자연을 즐기기 위해 찾는 섬이다. 해양 액티비티를 좋아하는 사람이라면 숙박을 하며 두브로브니크에서의 번잡함에서 벗어나 보는 것도 좋다.

### 가는 법

믈레트 섬에는 동쪽에 소브라Sobra 항구와 서쪽에 폴라체Polače 두 항구가 있다. 두브로브니크의 그루즈Gruž 항구에서 출발하면 소브라 또는 폴라체 항구로 들어가게 된다. 믈레트 섬의 하이라이트인 국립공원은 폴라체에 있다. 소브라에 도착한다면 버스 또는 택시를 타고 가야 한다. 소브라 항구에서 페리 시간에 맞춰 버스가 있으니 곧바로 타면 된다. 5~9월 사이의 여행자라면 폴라체 항구로 곧바로 들어갈 수 있어 편하나 이외의 시기에는 드물기 때문에 교통이 번거롭다. 때문에 시기가 맞지 않다면 가격은 조금 비싸지만 편하게 투어를 이용하는 것도 좋다. 구시가지 여행사의 가격을 비교해 보고 신청하면 된다. 국립공원에서 물놀이를 즐긴 후 소브라나 폴라체 항구에서 두브로브니크로 돌아갈 수도 있고, 1박을 하며 여유 있는 시간을 보낼 수도 있다.

### 관광명소

믈레트 섬의 서쪽은 1960년 믈레트 국립공원Nacionalni Park Mljet(Mljet National Park)으로 지정된 곳으로 믈레트 섬의 하이라이트다. 큰 호수Veliko Jezero와 작은 호수Malo Jezero가 있고, 큰 호수 가운데에는 성 메리 섬Otočić Sv. Marije(Islet of St. Mary)이 있는데 12세기에 만들어진 베네딕트 수도원이 자리하고 있다. 배를 타고 수도원에 다녀올 수도 있는데 배 이용료는 관람료 안에 포함되어 있다. 섬의 남쪽에는 오디세이의 동굴Odisejeva Špilja(Odysseus Cave)이 있다. 오디세우스는 모험 중 배가 난파되어 님프 칼립소가 지배하는 믈레트 섬에 도착했는데 칼립소에 매료되어 신이 풀어줄 때까지 7년 동안 이곳에서 머물게 되었다는 전설이 있다. 물이 매우 맑기 때문에 스노클링 장비를 가져가면 한가로운 시간을 보낼 수 있다. 믈레트 국립공원의 입장료는 1~6월 14일·9월 16일~12월 일반 90Kn, 7~18세 미만 50Kn, 6월 15일~9월 15일 일반 100Kn, 7~18세 미만 60Kn, 7세 미만 무료인데 폴라체에서 국립공원까지 왕복 버스와 성 메리 섬으로 가는 배편이 포함되어 있다.

## 숙소

대부분의 외국인 여행자들은 모두 1박 이상 숙박을 예상하고 믈레트 섬으로 간다. 당일치기로 믈레트 섬에 갈 경우 '두브로브니크 → (페리 소브라 45분, 폴라체 1시간 50분) → 믈레트 섬 소브라 또는 폴로체 항구 → (소브라로 도착했다면 버스 30~40분을 타고 플로체 시내로 가야 한다) → (플로체 시내에서 버스 15분) → 믈레트 국립공원'까지 왕복 4시간 이상 이동시간으로 보내게 된다. 최성수기가 아닌 때에 믈레트 섬에서 두브로브니크로 돌아오는 배 시간은 16:00이기 때문에 짧은 시간에 바쁘게 돌아보는 경우가 많다. 당일치기로 다녀오는 것은 이동시간에 비해 체류시간이 너무 적어 의미가 없다. 당일치기를 원한다면 믈레트를 포함한 주변 섬들을 묶어 돌아보는 투어가 훨씬 효율적이다. 숙소는 1인일 경우 두브로브니크의 숙박보다 비싸지만, 2인 이상인 경우 두브로브니크보다 저렴하니 숙박료를 아끼면서 믈레트 섬을 여유 있게 즐길 수 있다. 숙소 요금은 2인 기준으로 아파트먼트와 호텔을 포함해 €35~€70 선이다. 숙소 예약은 부킹닷컴이나 관광청 홈페이지를 통해 검색할 수 있다.

**Web** 믈레트 관광청 www.mljet.hr

### ❶ 아파트먼트 라둘 Apartments Radulj 🛜

7~8월 여행자 중에 페리를 이용해 코르출라로 갈 여행자들이 머물기 좋은 숙소다. 폴라체에 위치한 아파트먼트로 저렴한 가격에 해변가에 있어 풍경도 좋고 선착장도 가까워 좋다. 7개의 아파트먼트가 있는데 인기가 좋아 일찍 방이 없어진다.

**Address** Polače 3
**Cost** 예산 €€
**Tel** 095 5222 365

### ❷ 아파트먼트 아니카 Apartments Anica 🛜

소브라의 아파트먼트로 선착장도 가깝다. 소브라의 숙소들은 폴라체보다 저렴한 편이다.

**Address** Sobra 24
**Cost** 예산 €
**Tel** 020 4895 917

## Theme 3

# 마르코 폴로가 태어난 섬, 코르출라

『동방견문록』을 쓴 마르코 폴로Marco Polo가 태어난 섬이다. 섬 안에는 마르코 폴로의 집Kuća Marka Pola이 있는데 내부는 텅 비었다. 코르출라의 볼거리로는 14~16세기에 고딕과 르네상스양식으로 지어진 성 마르코 대성당Katedrala Sv. Marko이 있다. 구시가지 뒤편의 성 안토니의 언덕Glavica Sv. Antuna 정상에는 코르출라 요새Forteca Korčula가 있고, 요새로 가는 중간 도로 길에서는 코르출라 구시가지의 아름다운 전망을 볼 수 있다. 코르출라에는 16세기경에 들어온 검무, 모레쉬카Moreška(Saber Dance) 공연이 펼쳐진다. 이는 스페인에서 시작된 것으로 기독교와 무어인의 전쟁을 묘사한 것이다. 코르출라의 수호성인 성 마르코Sv. Marko(St. Theodore of Amasea)의 축일인 7월 27일에 검무를 포함한 성대한 행사가 열린다.

## 가는 법

두브로브니크에서 페리로 갈 수 있는데 배가 많지 않아 당일치기는 불가능하다. 당일치기는 여행사를 통해 투어를 이용하거나(350~400Kn), 택시보트(편도 250Kn 안팎)를 이용할 수 있다. 코르출라에서 숙박을 하는 것도 좋은 방법이다. 아래는 두브로브니크에서의 운항편이고, 스플리트 흐바르에서 운항은 121~122p를 참고하자.

### 1. 두브로브니크 ↔ 코르출라
두브로브니크와 코르출라, 믈레트, 라스토보Lastovo를 잇는 페리로 7~8월에만 운항한다. 자동차는 실을 수 없는 여객선이다.

**운행** 7~8월
① 두브로브니크 → 코르출라
월·토 09:15 → 11:50 화·목 08:00 → 10:45
② 코르출라 → 두브로브니크
월·화·목·토 16:00 → 18:35

**요금** G&V Line
일반 90Kn, 3~12세 일반요금의 50%, 3세 미만 무료

### 2. 믈레트 → 코르출라
믈레트에 숙박을 한 사람이라면 코르출라로 배를 타고 갈 수 있다. 단 7~8월 여행자만 이런 혜택을 얻을 수 있다. 코르출라에서 두브로브니크로 돌아올 수도 있고, 흐바르나 브라츠 섬을 여행하고 스플리트로 들어가는 항로도 있다.택시보트를 이용한다면 편도 200~250Kn이 든다.

**운행** 7~8월
① 믈레트 → 코르출라
월·토 소브라 10:20 → 폴라체 10:55
→ 코르출라 11:50
화·목 소브라 09:05 → 폴라체 09:50 → 코르출라 10:45
② 코르출라 → 믈레트
월·화·목·토 코르출라 16:00 → 폴라체 16:55
→ 소브라 17:25

**요금** 소브라·폴라체 → 코르출라 일반 60Kn
**홈페이지** www.gv-line.hr

6. Dubrovnik

## 관광명소

### ❶ 성 마르코 대성당 Katedrala Sv. Marko(Cathedral of St. Mark)

고딕르네상스양식으로 지은 성당으로 15세기에 완공했다. 성 마르코는 코르출라의 수호성인이다. 입구에는 아담과 이브의 동상이 세워져 있는데 다른 성당들과 달리 자세가 적나라하다. 성당의 종탑은 1481년에 완공된 것으로 좁고 가파른 계단을 오르면 코르출라와 바다 건너 오레비츠까지 훤히 보인다.

- **Address** Trg Svetog Marka(Pjaceta)
- **Open** 5~10월 10:00~19:00
- **Cost** 성당 10Kn, 종탑 10Kn

### ❷ 마르코 폴로의 집 Kuća Marka Pola(Marco Polo's House)

마르코 폴로가 태어난 집으로 내부는 입장료가 아까울 정도로 텅 비었다. 전망대도 성 마르코 대성당의 종탑이 훨씬 낫다. 구시가지로 들어오는 입구에 마르코 폴로 박물관Marco Polo Museum(14. Travnja 1921, 09:00~24:00)이 있는데 이곳은 마르코 폴로 숍에서 운영하는 사설 박물관으로 밀랍 인형으로 꾸며져 있다.

- **Open** 5~6월·9~10월 09:00~15:00, 7~8월 09:00~21:00
- **Cost** 20Kn

## 레스토랑

### 코노바 아테리나 Konoba Aterina

추천하는 식당이다. 이탈리아에서 들어와 코르출라 전통음식이 된 속이 빈 홈메이드 파스타를 꼭 맛보도록 하자. 쫄깃한 식감이 미니 떡볶이 같은 느낌이다.

- **Address** Trg Korčulanskih Klesara i Kipara 2
- **Open** 12:00~15:00, 18:00~24:00
- **Cost** 예산 €€
- **Tel** 091 7995 549

### TIP 마르코 폴로(1254~1324)

마르코 폴로는 상인집안 출신으로 17살에 아버지와 숙부와 함께 1260~1269년 베네치아에서 중국까지 육로로 여행하고 돌아왔다. 두 번째 여행은 아들도 함께 동행했는데 1271년~1295년 동안 여행했고, 중간에는 몽골 황제의 쿠빌라이칸Kublai Khan의 관리로 일했다고 전해진다. 1295년 마르코 폴로가 베네치아로 돌아온 후 4년 뒤에 베네치아와 제노바 사이에 전쟁이 벌어졌고 마르코 폴로는 포로가 된다. 제노바의 감옥에서 만난 루스티첼로에게 자신의 이야기를 들려줬는데, 이를 받아 쓴 것이 바로 『일 밀리오네Il Milione』, 『동방견문록』이다. 『동방견문록』은 중국과 우리나라를 포함한 아시아지역에 관한 책으로 실제로 마르코 폴로가 중국에 다녀왔는지 아닌지에 대한 학자들의 의견이 분분하다. 아니라는 사람들의 주장의 근거는 마르코 폴로가 관리로 지냈다는 기록이 중국에서 발견되지 않았고, 당시 중국의 차 문화나 젓가락, 만리장성 등에 대한 이야기가 전혀 언급되어 있지 않다는 것이다. 마르코 폴로는 여행을 하면서 만난 페르시아 상인들의 이야기를 듣고 중국에 다녀온 것처럼 꾸며낸 이야기일 뿐이라는 것이다. 그가 허구의 책을 썼든 안 썼든 마르코 폴로의 책은 당시 유럽인들에게 아시아에 대한 환상을 갖게 했고, 콜럼버스와 같은 사람들에게 탐험과 모험, 그리고 정복과 약탈의 꿈을 꾸게 하는 데 일조했음은 틀림이 없다.

성 마르코 대성당 & 내부 장식들

마르코 폴로의 집 & 프린트한 액자만 있다.

## 쇼핑

코르출라는 스펀지와 붉은 산호 관련 제품을 쇼핑하기에 좋은 곳이다. 다른 주요 도시보다 종류는 훨씬 다양하고 가격은 약간 더 저렴하다.

코르출라 특산물 스펀지 & 붉은 산호

## 숙소

코르출라 섬에 가려면 투어로 다녀오지 않는 한 1박을 해야 한다. 호스텔은 없지만 아파트먼트, 룸, 호텔, 캠핑 등의 숙소가 있다. 가장 많은 숙소는 역시 아파트먼트다. 혼자 여행할 경우 두브로브니크의 숙박보다 비슷하지만, 2인 이상인 경우 저렴하니 숙박료를 아끼면서 코르출라 섬을 여유 있게 즐길 수 있다. 숙소요금은 2인 기준으로 아파트먼트와 호텔을 포함해 €40~€100 선이다.

### 마르코 폴로 아파트먼트 Marco Polo Apartments

구시가지 내에 있는 아파트먼트로 성 마르코 대성당 바로 옆 골목에 있다. 주방이 있어 편리하다. 일찍 예약하면 저렴하게 숙박할 수 있다. 주인이 상주하지 않기 때문에 미리 시간예약을 하고 가거나 같은 골목 상점에 문의하면 전화해준다.

| | |
|---|---|
| Address | Marka Andrijica 10 |
| Cost | 예산 € |
| Tel | 099 6863 717 |
| Web | www.marcopolo-apartments.com |

마르코 폴로 아파트먼트

뷰포인트에서 바라본 코르출라 구시가지

6. Dubrovnik

# Theme 4

## 부코바츠의 집, 차브타트

차브타트는 기원전 6세기 그리스인들의 식민지였다가 기원전 228년 로마인들에게 정복되었다. 614년 압바스와 슬라브인들에 의해 약탈되고 파괴되자 이들을 피해 근처의 섬과 두브로브니크로 거주지를 옮겼는데 이 때문에 두브로브니크가 오늘날처럼 관광명소가 됐다. 두브로브니크의 번잡함에서 벗어나고 싶다면 수영복을 챙겨 차브타트에 다녀오는 것도 좋다. 차브타트에는 크로아티아인들이 가장 사랑하는 예술가인 부코바츠의 집 Kuća Bukovac(본문에 소개), 마을 묘지에는 이반 메슈트로비치 Ivan Meštrović가 1921년 조각한 라치츠 가족의 무덤 Mauzolej obitelji Račić(Mausoleum of Račić Family)(운영 4~11월 월~토 10:00~19:00, 입장료 10Kn)이 있다.

부코바츠의 아름다운 그림. 크로아티아인들에게 가장 사랑받는 이유가 있다.

## 가는 법

### 1. 두브로브니크 공항에서 가기
두브로브니크 공항에서 차브타트까지는 5km로 매우 가깝지만 버스편이 없다. 택시를 타고 가야 한다. 요금은 100Kn 또는 €15다.

### 2. 두브로브니크에서 가기

- **버스** 두브로브니크에서 18km 떨어져 있으며 시내버스로 30~40분이 소요된다. 시내버스 10번이 05:00~24:00까지 30분~1시간 간격으로 있다. 미리 버스시간을 체크해 두면 좋은데 시간에 맞게 오지는 않는다. 버스정류장은 스르지 언덕 케이블카 타는 곳 옆이다. 요금은 편도 25Kn로 운전사에게 직접 사야 한다.
- **배** 두브로브니크에서 매일 하루 4~6번 작은 관광용 보트가 다닌다. 소요시간은 1시간, 요금은 편도 60Kn, 왕복 100Kn로 버스보다 비싸지만 구 항구에서 출발해 버스정류장까지 가지 않아도 돼서 편리하다. 갈 때는 버스, 돌아올 때는 버스정류장에서 많이 걸어야 하니 배편도 괜찮다.
- **택시** 두브로브니크까지 100Kn. 4명이라면 버스 가격과 동일하고 더 빨리 간다.

이반 메슈트로비치의 조각

> **! 돌아올 때는 내리는 정류장이 다르다!**
> 두브로브니크는 일방통행 길이어서 버스를 타는 곳과 내리는 곳이 다르다. 돌아올 때는 운전사가 케이블카 타는 곳과 스르지 언덕의 중간 정도의 한적한 도로에서 내리라고 한다. 내리면 두브로브니크 구시가지가 내려다보이는데 그 방향을 가늠하며 계단을 따라 내려가면 된다.

## 관광명소

**부코바츠 하우스** Kuća Bukovac (Bukovac House)

크로아티아인들이 가장 사랑하는 예술가 블라호 부코바츠Vlaho Bukovac(1855~1922)가 태어난 집이다. 건물은 18세기에 지어진 것으로 이탈리아의 선원이었던 아버지가 차브타트 여성과 결혼해 정착한 집이다. 부코바츠가 죽은 후 딸이 기존의 아틀리에를 전시회장으로 바꾸어 운영하다 두브로브니크 시 소유가 됐다. 갤러리로도 사용되며 블라호 부코바츠가 사용하던 가구들과 200점의 회화와 스케치가 전시되어 있다. 두브로브니크 카드 3·7일권 소지자는 무료입장이 가능하다.

| | |
|---|---|
| Address | Bukovac 5 |
| Open | 11~4월 화~토 09:00~13:00, 14:00~17:00, 일 14:00~17:00 |
| | 5~10월 화~일 09:00~13:00, 16:00~20:00 |
| Close | 월요일 |
| Cost | 일반 20Kn |
| Tel | 020 478 646 |

**차브타트 관광안내소**
Turistička Zajednica Općine Cavtat

Address Zidine 6
Open 월~금 08:00~19:00, 토 08:00~19:00
Close 일요일
Tel 020 479 025
Web visit.cavtat-konavle.com

 **Theme 5**                                    보스니아 헤르체고비나의 **모스타르**

두브로브니크에서 일일투어로 다른 나라로까지 먼 여정을 다녀와야 할까 고민할 수도 있겠지만, 모스타르의 스타리 모스트는 그만한 가치가 있다. 스타리 모스트를 비롯한 구시가지는 2005년 유네스코의 세계문화유산에 등재된 곳이다. 가톨릭의 땅에서 이슬람의 땅에 내리는 흥미로운 경험을 할 수 있다. 당일치기가 무리라는 생각이 들고 일정에 여유가 있는 여행자라면 모스타르에서 1박 후에 다음 날 버스로 돌아와도 좋다. 두브로브니크의 물가의 1/2 수준이기 때문에 고려해볼 만하다. 동유럽과 발칸 반도를 여행하는 여행자라면 두브로브니크로 다시 돌아오지 않고 사라예보로 이동할 수도 있으며 사라예보에서 다른 유럽지역으로 가는 기차나 항공을 이용할 수도 있으니 자신에게 맞는 여행루트를 세워보자.

★ 최근 보스니아·헤르체고비나에서 테러리스트 혐의자들이 체포되고 있다.
   사라예보 등의 관광명소에서 폭탄테러의 가능성이 제기되는 시점이므로 여행 시 유의하도록 하자.

## 가는 법
두브로브니크 버스터미널에서 갈 수 있다. 버스는 보스니아 헤르체고비나의 모스타르를 거쳐 사라예보가 종착지다.
**운행**     08:00/16:00/17:15(모스타르만 운행)
**소요시간** 두브로브니크 → 모스타르(3~4시간) → 사라예보(2시간 30분)

## 관광명소

### 스타리 모스트 Stari Most (Old Bridge)

두브로브니크에서 이곳을 보러 보스니아 헤르체고비나로 간 다고 해도 과언이 아니다. 1566년 미마르 하이루딘Mimar Hayruddin(건축의 아버지라 불리는 미마르 시난Mimar Sinan의 제자)이 만든 것으로 오스만 제국 시대의 다리이다. 폭 4m, 길이 30m, 가장 높은 곳은 21m의 아치형 다리로 네레트바Neretva 강을 가로지른다. 2차 세계대전 때 나치의 탱크가 지나갈 정 도로 견고함을 자랑했으나 1993년 내전 때 이 폭격으로 무참 히 파괴됐다. 유네스코와 터키, 이탈리아, 네덜란드, 프랑스 의 지원으로 2002년에 다시 만들어졌다. 다리 옆에는 "Don't Forget 1993(1993년을 잊지 말자)."라는 비석이 세워져 있 다. 다리의 가장 높은 곳에서 관광객들에게 돈을 받고 다리에 서 뛰어내리는 사람들이 있다.

## 숙소

모스타르의 숙박비는 두브로브니크보다 1/3~1/2 정도 저렴 하다. 호텔과 호스텔, 게스트하우스, 아파트먼트 등 다양한 숙 소가 있다. 호스텔 비용은 €10~12 선으로 굉장히 저렴해 개 별여행자들에게는 천국이나 다름없다. 2인 이상의 여행자라면 게스트하우스나 아파트먼트를 빌려 지낼 수 있는데 €20~50 정도로 역시 저렴하다. 숙소 예약은 호스텔월드나 부킹닷컴이 선택하기에 좋다. 다음 날 아침 일찍 버스나 기차를 탄다면 버 스정류장 근처로, 그렇지 않다면 구시가지 내의 숙소를 정하면 된다.

### ❶ 글로버스 Villa Globus 🛜

방을 대여하고 주방과 화장실을 공유하는 게스트하우스로 구시 가지 내에 위치한 곳이다. 깨끗하고 가격도 저렴해 인기 있는 숙소다.

Address Drage Palavestre 6
Cost 예산 €
Tel 036 550 972
Web villa-globus.ba

### ❷ 호스텔 미란 Hostel Miran 🛜

버스터미널과 기차역과 모두 가까운 호스텔로 단 2분 거리다. 2인실과 4·6인실 도미토리를 운영한다.

Address Pere Lazetica 13
Cost 예산 €
Tel 062 115 333
Web www.hostelmiran-mostar.com

### 내전의 상처

보스니아 헤르체고비나는 이슬람을 믿는 보스 니아인 48%, 세르비아 정교를 믿는 세르비아인 37%, 가톨릭을 믿는 크로아티아인 14%로 구성되어 세 종교 가 평화롭게 공존하던 나라였다. 1992년 국민투표를 통 해 구 유고슬라비아 연방으로부터 독립을 선언했지만 자 국 내 세르비아계의 반발에 부딪혀 1995년 12월 데이 턴 협정이 체결될 때까지 3년 8개월간 내전에 시달렸다. 내전 동안 사망자 수는 10만 명 이상, 200만 명 이상이 부상을 당했으며 종교 간, 민족 간 깊은 상처를 남겼다. 내전의 상처로 보스니아 헤르체고비나 전역이 총탄과 폭 탄 자국이 선연하다. 모스타르 내전 중 폭격으로 스타리 모스트가 무너져 내렸다. 2002년에 다시 세워진 스타리 모스트는 이러한 내전의 상처를 치유하고 평화를 기리는 뜻에서 만들어졌다.

history
season
information
transport
festival

# Special Guide

1 크로아티아의 **역사**
2 크로아티아의 **사계절**
3 계절에 맞춰 짐 꾸리는 노하우
4 크로아티아의 휴일과 축제
5 크로아티아의 **출입국**
6 크로아티아 여행을 **떠나기 전 알아둘 몇 가지**

# 1. 크로아티아의 역사

시베니크의 성 미카엘 요새

자다르 로만 포룸

기원후 크로아티아에 정착했던 인종은 일리리아인으로 시베니크의 성 미카엘 요새Tvrdava Sv. Mihovila(4장 104p 참고) 등에서 그 흔적을 찾을 수 있다. 3세기 트로기르를 중심으로 그리스인들의 식민지가 되었다가(5장 148p 참고) 기원전 229년 로마제국의 영토가 되었다. 오늘날 달마티아 지방의 솔린Solin을 중심으로 번성했다. 로마제국의 흔적은 솔린과 자다르의 로만 포룸(3장 92p 참고), 풀라의 원형경기장, 그리고 스플리트의 디오클레티아누스 궁전(5장 124p 참고) 등에서 찾아볼 수 있다.

476년 서로마제국의 멸망으로 로마인들이 떠나고 625년 슬라브족이 북쪽에서 내려왔다. 달마티아 지역의 크로아티아인들은 슬라브족과 함께 925년 통일왕국을 이룩한다. 첫 번째 왕은 토미슬라브Tomislav(925~928)로 오늘날 자그레브 기차역 앞에 있는 토미슬라브 공원Park Kralja Tomislava에 동상을 볼 수 있다. 크로아티아 왕국은 독립국으로 12세기까지 번영을 누렸다.

그러나 1097년에 시작된 헝가리의 침략, 베네치아 왕국이 아드리아 해안의 도시들을 점령하자 1102년 크로아티아는 슬로베니아와 달마티아와 함께 헝가리 왕국의 지배하에 들어간다. 1241년에는 몽골의 타타르족이 트로기르까지 내려오면서 자그레브 대성당을 포함한 여러 건축물들이 초토화되었다(1장 46p 참고). 1526년에는 오스만 제국의 공격에 헝가리 국왕이 전사하고, 1541년에는 부다페스트가 함락된다. 합스부르크 제국은 오스만 제국과 싸워 승리하고 1699년 카를로비츠 조약으로 헝가리의 지배권을 얻게 된다. 헝가리의 지배하에 있던 크로아티아 역시 합스부르크 제국에 속하게 된다. 1526년 헝가리와 크로아티아는 합스부르크 제국의 페르디난트 1세를 국왕으로 선출했다. 베네치아 공국은 십자군전쟁을 지원해준 대가로 십자군원정대로부터 크로아티아 중남부의 달마티아 여러 도시들의 지배권을 얻어 1420년부터 1797년까지 베네치아 공국의 땅으로 삼았다. 크로아티아

인과의 전쟁 중에 부서진 건물을 재건하면서 오늘날 트로기르와 두브로브니크에는 베네치아인들이 만든 건축물과 베네치아 공국의 문장인 날개 달린 사자 문장이 남아 있다.

1809년 프랑스 나폴레옹이 두브로브니크까지 내려오면서 이와 관련된 요새와 거리 이름이 오늘날까지 남아 있다. 1813년 다시 전쟁이 시작되고 라이프치히 전투에서 승리한 오스트리아는 1814년 파리를 점령하고 나폴레옹 제국은 사라진다. 1814~1815년 빈회의를 통해 다시 크로아티아는 오스트리아 제국의 지배를 받게 된다.

1840년 헝가리 왕국은 오스트리아로부터의 독립을 위해 혁명을 일으킨다. 이때 옐라치치는 오스트리아 합스부르크 왕가의 신임 하에 헝가리로부터의 자치권을 얻으려 1848년 오스트리아 제국의 군대를 이끌고 헝가리와의 전투를 벌여 승리하게 된다. 전투는 승리했지만 자치권 획득은 실패로 돌아가고 헝가리 귀족들 사이의 대타협으로 1867년 오스트리아-헝가리 제국이 세워졌다. 이로 인해 헝가리는 오스트리아로부터 자치권을 획득하고 동등한 관계의 국가가 됐지만 크로아티아는 그러지 못했다. 합스부르크 왕가가 이를 기리기 위해 세운 동상이 반 요십 옐라치치 광장의 옐라치치 동상이다(1장 45p 참고).

1918년 제1차 세계대전이 일어나고 오스트리아-헝가리 제국이 패전국이 되자 크로아티아는 세르비아 왕조를 중심으로 세르비아, 슬로베니아와 합쳐진 '유고슬라비아 왕국(1929년에 개칭)'의 일원이 된다. 무솔리니의 사주로 프랑스 마르세유를 방문 중이던 유고슬라비아 왕국의 국왕 알렉산다르 1세Aleksandar I가 1934년 암살당하고, 1939년 나치 독일군의 폴란드 침공으로 제2차 세계대전이 시작된다. 유고슬라비아 왕국은 1941년 나치 독일과 이탈리아의 파시스트인 무솔리니에 의해 점령되고 무솔리니는 나치와의 협정 하에 크로아티아에 대한 실질적인 영향권을 행사했다. 이때 우스타샤Ustaša가 등장했다. 우스타샤는 '혁명'이라는 뜻으로 1929년 무솔리니의 지원을 받은 안테 파벨리치Ante Pavelić(1889~1959)가 리더였다. 파시스트이며 극단적 민족주의자, 분리주의자로 로

안테 파벨리치

우스타샤는 세르비아인들을 살해했다.

티토는 주변 국가들의 통합에 노력했다.

우스타샤의 학살과 유고 연방으로부터 독립한 당시의 사진

스릅스카 공화국 내전의 희생자를 기리는 방

마 가톨릭의 근본주의를 표방했다. 세르비아인들의 사지를 자르거나 눈알을 빼는 등 잔인하게 죽이기로 악명이 높았다. 안테 파벨리치는 '크로아티아 독립국Nezavisna Država Hrvatska'이라는 괴뢰정권의 실제적인 우두머리가 되어 크로아티아 내의 세르비아인을 중심으로 유대인과 집시들을 학살하기 시작한다. 이때 희생당한 사람들은 35만 명에 달했으며 살아남은 세르비아인들은 세르비아 정교회에서 로마 가톨릭으로 개종을 강요당했다. 괴뢰정권과 이에 대항하는 공산주의자들 간의 전쟁으로 약 100만 명이 희생됐다. 제2차 세계대전이 끝난 뒤 세르비아인에 대한 학살을 자행했던 우스타샤들은 대부분 처형되었으며 안테 파벨리치는 해외로 도주 중 마드리드에서 암살시도로 부상을 입고 죽었다.

제2차 세계대전 중이던 1943년, 유고슬라비아의 독립 운동가이며 공산주의자인 티토Josip Broz Tito(1892~1980)는 소련의 지원을 받아 '유고슬라비아 사회주의 연방공화국'이 탄생했다. 유고 연방은 현재의 크로아티아, 세르비아, 슬로베니아, 보스니아-헤르체고비나, 몬테네그로, 마케도니아를 포괄한 사회주의 국가로 1992년까지 50년 동안 지속됐다. 1980년 티토의 사망 이후, 유고슬라비아 사회주의 연방공화국은 흔들리기 시작했다. 그동안의 민족 간 상처와 증오는 쉽게 사라지지 못했다. 이후 1989년 구소련의 붕괴, 민족주의, 민주주의 운동으로 각 나라들은 독립을 하게 되는데 크로아티아 역시 자유선거를 통해 유고 연방으로부터의 독립과 민족주의를 주장하던 투즈만Franjo Tuđman이 승리하면서 공산주의가 막을 내린다. 1991년 6월 크로아티아는 독립을 선언하나, 분리 독립 또는 세르비아로의 편입을 요구하는 세르비아계의 반발로 신유고 연방(현 세르비아)과 크로아티아 간의 내전이 일어난다. 제3국가의 개입으로 데이턴 평화협정Dayton Peace Accord을 맺음으로써 전쟁은 끝이 나고 비로소 1995년 독립국가로 자리 잡았다. 관광 사업에 주력하며 내전의 아픔을 딛고 빠른 발전을 이룩했다. 아드리아 해를 낀 아름다운 도시들은 이탈리아, 프랑스 등 유럽인들의 관광휴양지로 각광받고 있다. 2013년 유럽연합 회원국이 됐다.
콜린다 그라바르-키타로비치Kolinda Grabar-Kitarović가 2015년 제4대 대통령으로 선출되어 재임 중이다. 크로아티아에는 총 7개의 유네스코에서 지정한 세계유산이 있다. 스플리트의 디오클레티아누스 궁전과 역사 건축물(5장), 두브로브니크의 구시가지(6장), 플리트비체 호수 국립공원(2장), 트로기르 역사도시, 시베니크의 성 야고보 성당(4장 103p 참고), 흐바르의 스타리 그라드 평야(5장 154p 참고), 그리고 포레차 역사지구의 에우프라시우스 성당이 있다.

데이턴 협정. 투즈만 대통령이 참석했다.

유네스코의 세계문화유산. 두브로브니크 구시가지

## 2. 크로아티아의 **사계절**

크로아티아는 지중해의 아드리아 해를 접하는 남과 북으로 기다란 형태로 1,244개의 섬을 포함하고 있다. 1년에 250일 이상 맑은 날이 지속되기 때문에 휴양지로 각광받는 나라다. 자그레브를 중심으로 한 북부내륙지역은 여름에는 우리나라와 마찬가지로 대륙성 기후로 덥고 겨울에는 춥고 눈이 많이 온다. 두브로브니크가 포함된 아드리아 해를 따라 이어지는 달마티아 남부해안지역은 전형적인 지중해성 기후로 여름철에는 고온 다습하고 겨울에는 온화한 기후이나 비가 흩뿌리고 바람이 불어 체감온도가 낮고 구름이 낀 경우가 많다. 최근 지구 온난화에 따른 기후 변화로 겨울에 따뜻하고 맑은 날이 지속되고, 여름에 비가 오는 등 기후를 예측하기에 힘들지만, 대체로 크로아티아를 여행할 때는 우기인 겨울시즌을 피하는 것이 좋다. 여행은 5~9월 성수기에 가는 것이 가장 좋다.

> 크로아티아의 날씨(크로아티아어, 영어) : www.meteo.hr
> BBC의 크로아티아 날씨(영어) : www.bbc.com/weather/3202326

### 비수기 시즌 10~4월

10~4월은 한 달에 10일 이상 비(내륙이나 산간 지역은 눈)가 오는 우기다. 평균기온은 6도(해안 쪽은 5~9도)로 우리나라보다 훨씬 따뜻하나 해가 비치는 시간이 짧고 비바람이 불기 때문에 춥게 느껴진다. 자그레브가 있는 내륙은 해안 쪽보다 눈이 많이 오고 더 춥다. 가을은 9월 말부터 시작한다. 가장 추운 때는 1월로 0도~-2도까지 내려가기도 한다.

### 성수기 시즌 5~9월

5월부터 날씨가 점차 따뜻해진다. 5~9월의 평균기온은 23도이며 해안지역은 조금 더 높다. 가장 더운 8월에는 38~39도 가까이 올라가나 우리나라보다는 습도가 낮아 강한 자외선에 대한 대처만 한다면 여행하기에 나쁘지 않다. 여름철에도 일교차가 커 아침저녁으로 서늘한 날도 있고, 비가 흩뿌리는 날도 있다. 특히 7~8월은 최성수기로 숙박요금이 오르고 자리도 없기 때문에 이 시기에 여행한다면 반드시 숙소 예약을 미리 해야 한다. 인기 있는 숙소라면 2~3개월 전에 예약하는 것이 좋다. 여행 일정을 자유롭게 정할 수 있다면 최성수기 기간 전이나 후인 6월이나 9월 초에 여행을 계획하는 것도 좋다.

## 3. 계절에 맞춰 **짐 꾸리는 노하우**

딱히 노하우라고 말하기는 그렇지만 가방은 무조건 가볍게 하는 것이 좋다. 배낭을 메고 가든, 트렁크를 가지고 가든 짐을 최소화하자. 그래야 캐리어를 끄느라 손바닥에 굳은살이 생기거나 배낭가방을 메고 다니느라 어깨 근육통에 시달리지 않고, 이동이 쉬워 현지에서 고생하지 않는다. 특히 캐리어 여행자라면 숙소 선택에 신중해야 한다. 크로아티아는 계단이 많기 때문에 숙소를 정할 때 평지인지 확인하는 것이 중요하다. 또한 숙소에 엘리베이터가 없는 경우도 많기 때문에 4층 방까지 트렁크를 들고 옮기고 싶지 않다면 숙소 예약 시 엘리베이터를 체크하는 것이 좋다.

짐을 꾸릴 때는 이후에 쇼핑으로 부피가 늘어날 것을 감안하는 것이 좋다. 특히 현지에서 입을 옷은 가볍고 부피가 작고, 구김이 안 가는 옷을 조금만 가져가는 것이 좋다. 새 옷이 필요하면 언제든지 유럽 브랜드의 옷을 사서 입고 다니는 즐거움을 누릴 수 있기 때문이다.

쇼핑을 할 때는 돌아오는 비행기에서 화물칸으로 부칠 수 있는 짐은 20kg이고, 기내반입이 가능한 무게는 10kg이라는 것을 항상 잊지 말자(항공사마다 조금씩 차이가 나니 출발 전 해당 항공사 사이트에서 미리 확인해보자). 공항에서 짐 무게가 초과되면 차라리 국제 소포로 보내는 것이 낫다. 초과되는 1kg당 4~5만 원의 추가비용이 든다.

옷 무게를 최소화했다면 여자는(남자들은 언제나 짐이 단출하기 때문에 노하우가 그다지 필요하지도 않다) 무게가 많이 나가는 화장품과 욕실용품을 최대한 줄이는 것이 가장 큰 노하우. 이때는 그동안 모아둔 화장품이나 샴푸 샘플을 가져가 처리하고 오면 좋다. 부족할 경우 크로아티아 전역에 있는 데엠DM에서 여행용 작은 사이즈를 사면된다. 호텔 이용자는 헤어트리트먼트 정도만 챙겨 가면 된다.

옷차림으로는 봄이나 여름, 가을철에는 가볍고 휴대성이 좋은 모자 달린 방수 바람막이 점퍼와 따뜻한 레깅스나 긴바지를 가져가면 유용하다. 여름철이더라도 비가 흩뿌리거나 해가 나지 않으면 기온이 급속도로 떨어지기 때문에(날이 추워지면 순식간에 민소매에서 가을옷차림으로 바뀐다) 만일의 추위를 대비해 위아래 긴 옷 한 벌은 시기에 따라 유용하게 쓰인다. 자외선이 강하기 때문에 자외선 차단 지수 높은 선크림, 챙이 넓은 모자와 선글라스, 그리고 양산과 우산 겸용으로 쓸 수 있는 가벼운 3단 우산도 유용하게 쓰인다. 겨울인 경우 휴대용 손난로나 수면양말, 여성이라면 좌훈 쑥 찜질 패드도 좋다. 한국처럼 따뜻한 난방이 안 되는 곳이 대부분이다. 겨울철 옷은 가벼우면서 보온성이 뛰어난 오리털 점퍼와 장갑과 목도리, 모자는 필수다. 겨울옷 부피를 줄이기 위해서는 다이소나 생활용품 매장에서 파는 압축 비닐팩을 이용하면 많은 도움이 된다. 또한, 호텔이나 숙소의 난방은 우리나라처럼 온돌식이 아니라 라디에이터에서 스팀으로 공기만 훈훈하게 만들기 때문에 춥다. 추위를 많이 탄다면 B5용지 만한 크기의 전기 찜질기를 구입해 가져가는 것도 유용하다. 이외에 안 가져가면 현지에서 생각나거나 요긴하게 사용되는 물품으로는 1회용 우비, 면봉, 손톱깎이, 휴대용 반짇고리, 비닐팩, 물티슈가 있다. 충전할 전자제품이 많다면 3구 멀티탭이 유용하게 쓰인다. 비행기를 탈 때 액체류의 반입은 총 1L 이하(품목당 최대 100ml)로 허용되며 2014년부터 손톱깎이, 손톱가위 등의 생활도구류의 기내반입이 가능하게 됐다.

# 4. 크로아티아의 휴일과 축제

## 휴일 (*는 매년 변동되는 날짜)

| | |
|---|---|
| **새해** 1월 1일 | |
| **예수공현 대축일** Epiphany 1월 6일(동방박사들이 아기예수를 만나기 위해 베들레헴을 찾은 날을 기리는 축제) | |
| **부활절 휴일** Easter·Easter Monday 4월 16~17일(2017년)* | |
| **노동절** 5월 1일 | **성체축일** Corpus Christi 6월 15일(2017년)* |
| **반 나치 투쟁 기념일** 6월 22일 | **건국기념일** 6월 25일 |
| **승전의 날** 8월 5일 | **성모승천기념일** 8월 15일 |
| **독립기념일** 10월 8일 | **만성절** 11월 1일 |
| **크리스마스** 12월 25일 | **성 스테판의 날** 12월 26일 |

## 크로아티아의 축제

**2월 3일**
**성 블라호** Sv. Vlaho **축일**
두브로브니크의 수호성인인 성 블라호Sv. Vlaho 축일이다. 두브로브니크에서 이를 기리는 성대한 축제가 펼쳐진다.

**6월 말~7월**
**흐바르 섬 라벤더 축제** Lavender Festival
흐바르 섬은 라벤더 등의 허브식물로 유명하다. 라벤더의 추수가 끝난 6월 말부터 7월 초까지 벨로 그라블레Velo Grablje 마을에서 라벤더 축제가 열린다. 7월 마지막 주간 스타리 그라드에서는 첫 번째 꿀 수확을 축하하는 꿀 축제Honey Festival가 열린다.

**7~8월**
**크로아티아 여름 축제** Croatia Summer Festival
크로아티아 여행의 최성수기인 7~8월에 크로아티아 전역에서 열리는 축제다. 그중 가장 유명한 것은 두브로브니크 여름 축제Dubrovačke Ljetne Lgre(Dubrovnik Summer Festival)다. 7월 초에서 8월 말까지 열린다.

**7월 27일**
**성 마르코** Sv. Marko **축일**
코르출라의 수호성인인 성 마르코Sv. Marko(St. Theodore of Amasea)의 축일이다. 코르출라에서는 이날 모레쉬카Moreška(Saber Dance) 검무를 포함한 성대한 행사가 열린다.

**8월 16일**
**스플리트 디오클레티아누스의 날** Days of Diocletian
디오클레티아누스의 날로 스플리트의 디오클레티아누스 궁전과 구시가지 곳곳에서 다채로운 행사가 펼쳐진다.

# 5. 크로아티아의 **출입국**

## A. 한국에서 크로아티아 가기

크로아티아는 우리와 사증면제협정을 통해 관광 목적인 경우 3개월 무비자로 입국이 가능하다. 크로아티아로 가는 직항은 안타깝게도 없다. 때문에 여행자들은 루트 선택에 많은 고민을 하게 되는데 가장 좋은 방법은 다음과 같다.

크로아티아와의 항공권이 저렴한 유럽 도시(코펜하겐, 스톡홀름, 밀라노나 로마, 바르셀로나, 런던)로의 직항 또는 경유하는 왕복권을 끊고, 그 도시에서 크로아티아로 가는 저가항공을 예약하는 것이다. 저가항공을 예약할 때 자그레브 IN/두브로브니크 OUT으로 저가항공을 구입하면 자그레브 IN/OUT을 하는 것보다 루트면에서도, 다시 자그레브로 돌아가지 않아도 되어 좋다. 또는 반대로 두브로브니크 IN/자그레브 OUT할 수도 있으며 두브로브니크 아래쪽에 있는 몬테네그로의 포드고리차 Podgorica 공항을 이용해 OUT하는 것도 경비절감을 위해 좋다. 이동하면서 크로아티아보다 물가가 저렴한 몬테네그로의 아름다운 도시(부드바Budvar, 코토르Kotor, 스베티 스테판Sveti Stephen)를 여행할 수도 있다.

1회 경유하는 항공 중 저렴한 항공으로는 모스크바를 경유하는 러시아항공, 이스탄불을 경유하는 터키항공, 베이징이나 상해를 경유하는 중국항공 등이 있다. 이 중 러시아항공은 가장 저렴하며 자리가 잘 나지 않아 일찍 예매해야 한다. 중국항공은 러시아항공보다 좌석면에서 여유가 있으며 역시 저렴하다. 취항하는 도시가 많은 것도 장점이다.

터키항공은 이스탄불에서 스톱오버를 할 수 있는 매력적인 항공으로 비교적 저렴한 가격에 티켓구입이 가능하다. 좋은 기종의 항공기를 이용하고 싶다면 에미레이트항공, 카타르항공, 에티하드항공 홈페이지에서 실시하는 얼리버드항공 특가(일찍 예매할 경우 저렴하게 내놓는 할인 항공권)를 노리면 좋다. 헬싱키를 경유하는 핀 에어나 코펜하겐을 경유하는 SAS항공도 북유럽에 관심 있는 여행자라면 스톱오버를 할 수 있는 장점이 있다. 가격도 다른 유럽항공보다 저렴한 편이다. 항공권을 구매할 때는 여권의 유효기간이 6개월 이상 남아 있어야 한다.

### tip 입국 수속

크로아티아의 공항은 우리나라에 비하면 굉장히 작은 규모다. 터미널에 도착하면 도착 'Arrival' 또는 짐 찾는 곳인 'Baggage Claim' 화살표를 따라간다. 사람들의 줄이 길게 늘어서 있는 곳은 입국심사장으로 이곳을 통과해야 한다. 입국심사장은 Immigration 또는 Passport Control이라 쓰여 있다. 줄을 설 때 우리는 외국인 Foreigner 또는 Non EU 라인에 서서 입국심사를 받아야 한다. 우리나라는 관광 목적의 방문이라면 90일간 무비자로 입국이 가능하다. 입국심사는 심플하다. 대부분 그냥 입국 도장을 찍어주는데 간혹 질문을 하기도 한다. 질문의 내용은 방문 목적이 뭔지, 얼마나 머물 것인지 또는 어디로 갈 것인지 정도다. 입국심사에는 여권과 입국카드가 필요하다. 수속의 편의를 위해 여권커버는 미리 벗겨두는 것이 좋다.

# 크로아티아에서 주변국 이동 소요시간 지도

## 주변 국가 루트

### 국내선
1. 버스 2시간 30분
2. 버스 2시간 20분
3. 기차 2시간 20분, 버스 2시간 30분~3시간
4. 버스 1시간 10~30분
5. 버스 1시간 15분~2시간
6. 버스 30분
7. 버스 40분
8. 버스 40분~1시간
9. 기차 6시간~7시간 50분, 버스 5시간
10. 버스 4시간~4시간 30분
11. 버스 40분, 보트 1시간
12. 기차 3시간 40분~5시간, 버스 2시간 30분
13. 버스 2~3시간
14. 버스 2시간 15분
15. 버스 45분

### 국제선
1. 기차 2시간 20~30분, 버스 2시간 30분
2. 기차 8시간 20분, 버스 5시간
3. 기차 6시간 40분, 버스 5시간
4. 페리 6~9시간
5. 페리 8시간~10시간 45분
6. 페리 7시간 30분~10시간
7. 버스 3~4시간
8. 버스 2시간 30분
9. 버스 4~5시간

### 지도 주요 지명

- 오스트리아 Austria — 빈 Wien
- 슬로베니아 Slovenia — 류블랴나 Ljubljana
- 헝가리 Hungary — 부다페스트 Budapest
- 이탈리아 Italy — 앙코나 Ancona
- 크로아티아 Croatia — 자그레브 Zagreb, 리예카 Rijeka, 로빈 Rovinj, 풀라 Pula, 플리트비체 호수 국립공원 Plitvička Jezera, 자다르 Zadar, 시베니크 Šibenik, 프리모스텐 Primošten, 트로기르 Trogir, 스플리트 Split, 비스 섬 Otok Vis, 브라츠 섬 Otok Brač, 흐바르 섬 Otok Hvar, 코르출라 섬 Otok Korčula, 믈례트 섬 Otok Mljet, 비셰보 섬 Otok Biševo, 두브로브니크 Dubrovnik, 차브타트 Cavtat
- 보스니아 헤르체고비나 Bosnia and Herzegovina — 모스타르 Mostar, 사라예보 Sarajevo
- 몬테네그로 Montenegro — 바르 Bar, 포드고리차 Podgorica
- 세르비아 Serbia

## B. 유럽의 주변 국가에서 크로아티아 가기

### 비행기

크로아티아에 있는 공항은 북쪽부터 순서대로 자그레브(ZAG), 오시예크(OSI), 리예카(RJK), 풀라(PUY), 자다르(ZAD), 스플리트(SPU), 두브로브니크(DBV) 총 7개다. 유럽의 주요 도시에서 7개의 공항으로 많은 저가항공사들이 취항하고 있다. 특히 이탈리아의 밀라노와 로마, 덴마크의 코펜하겐, 스웨덴의 스톡홀름, 영국 런던, 스페인 바르셀로나에서 드나드는 항공이 저렴하다. 노르웨지안Norwegian, 이지젯EasyJet, 저먼윙스Germanwings, 부엘링Vueling, 라이언에어Ryanair 등 여러 저가항공이 있다. 일찍 예매하거나 이벤트시기에 예약할 경우 단돈 몇 만 원에 항공권을 끊을 수 있기도 하다. 저렴할 때는 5~10만 원, 보통은 10~20만 원 사이로 예약할 수 있다. 크로아티아에서 유럽의 주요 도시, 또는 유럽의 주요 도시에서 크로아티아 최저가 항공을 찾는 사이트는 다음과 같다.

≫ 최저가 항공 검색 www.skyscanner.co.kr

자그레브 공항

### 열차

크로아티아의 열차는 '크로이티이 칠도 여객 운송(Hrvatske Željeznice Putnički Prijevoz, Croatian Railways Passenger Transport)'이라고 한다. 유럽 내륙에서 자그레브로 가는 직행 열차는 주변국인 슬로베니아, 오스트리아, 헝가리, 보스니아 헤르체고비나, 세르비아가 있다. 발칸 반도만을 여행할 때 유레일패스는 그리 유용하지는 않다. 학생이라면 학생할인을 이용해 더 저렴하게 여행이 가능하다. 보스니아 헤르체고비나를 제외한 나머지 국가들은 모두 유레일패스 사용이 가능하다. 이 중 야간열차 이용이 가능한 곳은 독일 뮌헨과 보스니아 헤르체고비나의 사라예보다. 유레일패스 소지자인 경우 대부분의 국가에서 무리가 없지만 보스니아 헤르체고비나는 예외다. 유레일패스 사용국이 아니므로 크로이티이 국경까지만 유레일패스를 사용할 수 있다. 사라예보로 가는 열차표를 끊을 때에는 창구직원에게 유레일패스를 보여주며 패스소지자임을 확인시키고, "보더 투 사라예보 티켓 플리즈(Border to Sarajevo Ticket, Please),"라고 말하면

자그레브 프린코브

된다. 크로아티아 국경에서 사라예보까지의 부분 티켓을 미리 끊어 탑승하고 검표 시 차장에게 유레일패스와 함께 보여주면 된다.

* 국제선 소요시간
자그레브-슬로베니아 류블랴나Ljubljana 2시간 20〜30분
자그레브-세르비아 베오그라드Beograd 6시간 10〜30분
자그레브Zagreb Glavni Kolod-오스트리아 빈Wien Meidling 8시간 20〜50분
자그레브-헝가리 부다페스트Budapest-Déli 6시간 40분
자그레브-독일 뮌헨München Hbf 8시간 50분
자그레브-보스니아 헤르체고비나 사라예보Sarajevo 9시간 25분

* 국내선 소요시간
자그레브-리예카 3시간 40분〜5시간
리예카-풀라 40분
자그레브-스플리트
6시간(주간),
7시 50분(야간 23:05 → 06:54, 00:25〜08:09)
자다르-스플리트 2시간 20분

➢ 기차 www.hzpp.hr

국제선 매표소

기차 시간 물어보는 Train Information Center에서 한다.

## 버스

동유럽과 발칸지역은 기차보다 버스가 더 효율적이다. 기차보다 더 자주 있으며 소요시간도 비슷하거나 더 짧다. 요금은 기차와 비슷하다. 왕복 시 더 많은 혜택을 받을 수 있다. 홈페이지를 통해 티켓을 예매하면 보다 저렴하다. 버스 출발과 도착, 매표소는 자그레브 버스터미널Autobusni Kolodvor Zagreb(Central Bus Terminal)에 있다.

➢ 버스 voznired.akz.hr/VozniRed.aspx?lang=en
➢ 유로라인 www.eurolines.hr

* 소요시간
자그레브-오스트리아 그라츠Graz 4시간
자그레브-오스트리아 빈Wien 5시간
자그레브-헝가리 부다페스트Budapest 4시간 45분
자그레브-세르비아 베오그라드Beograd 6시간

버스터미널

장거리 국제선도 운행한다.

## C. 크로아티아 렌터카 여행

요즘 렌터카로 아드리아 해안을 따라 크로아티아 일주를 하는 여행자들이 점점 늘고 있다. 보통 자그레브에서 두브로브니크까지 크로아티아 전역을 렌트하는 경우가 대부분이나 의외로 톨게이트 비용이 만만치 않기 때문에 주요 이동구간은 대중교통을 이용하고 머무는 도시에서 하루 이틀 정도 렌트해서 주변을 돌아다니는 것도 좋은 방법이다. 보통 24시간을 기준으로 비수기 220~250Kn, 성수기에 420~450Kn 정도 한다. 또는 아드리아 해의 아름다움을 만끽할 수 있는 자다르 또는 스플리트에서 두브로브니크까지를 렌트하는 것도 생각해보자.
렌트비는 비수기에는 6박(24시간 · 6일) 기준으로 24시간에 €70~80, 7~8월에는 €210~300 정도로 차이가 크다. 일찍 예약할수록 저렴하므로 크로아티아 여행이 확정된다면 곧바로 예약하자.

**자그레브 시에 있는 50여 곳 렌터카 회사와 주소**
www.zagreb-touristinfo.hr/?l=e&id=216
유니렌트 Unirent www.uni-rent.net
이지렌트 Izzirent www.izzirent.com
식스트 Sixt sixt.com/car-rental/croatia
글로발카 Gloval Cars www.globalcarrent.com/en/country/croatia
**렌터카 픽업 시 필요서류**
국제운전면허증, 계약자 명의 신용카드, 여권, 예약 바우처

## 렌터카 예약 시 체크할 것들

### 1. 수동 Manual 과 자동 Automatic
우리나라는 오토매틱 차량이 보편적이지만 유럽은 그렇지 않다. 스틱차량에 익숙지 못하다면 오토매틱 차량을 예약하는 것이 좋다.

### 2. 에어컨 A/C
우리나라에서는 굉장히 기본적인 포함사항이지만 유럽은 아니다. 에어컨 차량을 원한다면 미리 예약하자.

### 3. 픽업 장소 Pick-up 와 반납 장소 Drop-off / 공항 Airport 과 시내 Town
렌터카 픽업과 반납은 공항보다 시내에서 할 경우 €20 정도 더 저렴하다. 보통 자그레브로 도착해 두브로브니크에서 여행을 끝낼 예정이라면, 자그레브와 두브로브니크 공항에서 시내까지의 교통편과 시내 관광을 대중교통을 이용하고 이동과 중간도시 여행을 렌터카로 하면 경비를 절약할 수 있다. 또 자그레브나 두브로브니크, 스플리트 등의 도시에서는 주차비를 무시할 수 없다. 자그레브 같은 경우 1박에 200Kn 정도다. 그러나 인원수가 많다면 공항 픽업과 반납도 나쁘지 않다.

### 4. 일방통행 추가요금 One Way Fee
크로아티아는 세로로 긴 나라다. 보통 자그레브에서 시작해 두브로브니크로 끝나는 여행을 하게 되는데 자그레브에서 렌트해 다시 자그레브로 반납할 경우 굉장히 비효율적이다. 때문에 픽업과 반납하는 도시가 달라지는데 이때 추가되는 요금을 일방통행 추가요금 One Way Fee 이라고 한다. 크로아티아는 대여기간이 3일(72시간) 미만인 경우(7~8월에는 5일, 120시간) 일방통행 추가요금이 붙는다(비수기 €50~, 성수기 €70~). 때문에 비수기에는 최소 3일, 성수기에는 최소 6일을 빌려야 추가요금을 내지 않는다.

### 5. 보험 Insurance
모든 보험은 현장에서 가입하는 것보다 홈페이지에서 예약 시 할인된다. 보험종류는 자차보험(CDW, Collision Damage Waiver)과 도난보험(TP, Theft Proection), 슈퍼보험(SCDW, Super Collision Damage Waiver) 등이 있다. 자차보험(CDW)은 대여차량에 대한 손상에 대해 보험사가 책임지는 것으로 타이어, 내비게이션, 차 키 등은 제외된다. 도난보험(TP)은 액세서리 절도, 고의적 파손에 인한 차량의 손실에 보상해주는 보험이다. 슈퍼보험은 자차보험(CDW)에 도난보험(TP)을 합한 것이라고 생각하면 된다. 때문에 초행길인 우리나라 여행자들은 슈퍼보험을 많이 든다.

### 6. 내비게이션 Navigation
내비게이션 대여가 무료인 렌터카 회사도 있으나 대체로 옵션으로 선택하며 추가요금이 든다(약 1만 원선, 한국어). 국내에도 대여해 주는 업체가 있는데 렌터카 업체를 통하는 것보다 저렴하나 보증금이 높은 편이다. 여행기간이 길다면 중고 내비게이션을 구입했다가 사용 후 되파는 경우도 있다. 보통은 구글 맵을 이용하거나 내비 앱 사이직Sygic을 다운받아 가는 경우가 많다(와이파이 없이 사용 가능). 이때는 휴대폰 거치대도 잊지 말자.
≫크로아티아 주간에도 전조등을 켜고 운전한다.

### 렌터카 여행 시 체크해야 할 점들
#### 1. 주차 Parking
크로아티아의 구시가지는 차량 통행이 불가능하다. 그래서 구시가지 주변의 주차장에 주차하고 도보로 구시가지로 들어가야 한다. 구시가지 내의 숙소들은 대부분 자체 주차장을 갖춘 경우가 거의 없기 때문에 유료 주차장에 주차해야 한다. 주차요금은 1일 100~200Kn, 30분 3~6Kn, 1시간 6~12Kn 등으로 다양하다. 또한 지정된 주차장소가 아닌 경우 범칙금이 생기기도 하니 주의해야 한다. 각 장의 지도에는 주차장소가 표시되어 있으니 참고하면 된다.
≫자그레브 주차 www.zagrebparking.hr

#### 2. 주유소 Gas Stations
대부분 셀프주유소다. 셀프주유가 낯설다면 주변 사람들에게 도움을 청하면 친절히 알려주니 걱정하지 말자. 자그레브와 같은 대도시는 24시간 주유소가 있다(기차역 앞 Jagićeva길 동쪽 400m 지점, 자그레브 대성당 뒤편 Langov Trg bb). 주유소의 위치는 각 장의 지도에 표시되어 있다. 더 다양한 정보를 원한다면 관광안내소에 비치된 지도를 참고하자.

#### 3. 자동차 사고 Car Accident
최근 렌터카 사고가 많이 나고 있으니 주의하자. 사고 시에는 112 또는 1987 및 렌터카 회사에 신고하고, 경찰 현장 조사 후 사고보고서를 발급받아 가까운 렌터카 사무실에서 보험처리 및 차량교체를 받으면 된다.

두브로브니크 구시가지 바깥의 주차장 & 요금은 표지에 쓰여 있다. Sata는 '시간'이라는 뜻

# 6. 크로아티아 여행을 떠나기 전 **알아둘 몇 가지**

## A. 크로아티아 기본 정보

크로아티아의 정확한 이름은 크로아티아 공화국Republika Hrvatska(크로아티아어로 '레푸블리카 흐르바트스카')으로 1991년 크로아티아의 국토면적은 56,594km²로 우리나라 99,720km²의 반 정도다. 인구수는 446만 명(2015년)으로 우리나라의 5,000만 명의 1/10이 안 된다. 1인당 GDP는 57위(2016년 기준, 우리나라는 28위)이며 화폐는 쿠나(Kuna, HRK)를 사용한다. 수도는 자그레브Zagreb다. 사증 면제 협정으로 무비자로 90일간 머물 수 있다. 언어는 크로아티아어를 사용하고, 종교는 국민의 88%가 가톨릭이며 그 다음으로는 세르비아 정교가 4.4% 정도다. 정치는 대통령 직선제 하의 의원내각제로 2015년에 콜린다 그라바르-키타로비치Kolinda Grabar-Kitarović가 크로아티아의 제4대 대통령으로 역임하고 있다.

> **크로아티아 국기** 가운데 방패 문양 위쪽에는 순서대로 크로아티아, 두브로브니크 공화국, 달마티아, 이스트리아, 슬라보니아의 문장이다.

콜린다 그라바르-키타로비치

## B. 언어

크로아티아어를 사용한다. 크로아티아의 지그레브, 스쓸리트, 두브로브니크와 같은 주요 관광지에서는 영어 사용에 무리가 없으나 기본적인 회화를 익히면 크로아티아인들에게 좋은 인상을 줄 수 있다.

### 기본 회화
**안녕하세요.**
- (아침) 도브로 유트로 Dobro jutro.
- (점심) 도바르 단 Dobar dan.
- (저녁) 도브라 베체르 Dobra večer.

**안녕히 계세요**(헤어질 때). - 도 비제냐 Do viđenja.
**안녕**(Hello). - 복 Bok.
**반갑습니다.** - 드라고 미 예 Drago mi je.
**저는 한국에서 왔습니다.**
- 야 삼 이즈 유즈네 코레예 Ja sam iz Južne Koreje.

**감사합니다.** - 흐발라 Hvala.
**좋아요.** - 도브로 Dobro.
**좋지 않아요.** - 니예 도브로 Nije dobro.
**천만에요/괜찮아요.**
- 몰림 Molim, 네마 나 체무 Nema na čemu.

**죄송합니다. 실례합니다.** - 오프로스티테 Oprostite.

**얼마입니까?** - 콜리코 예 오보 Koliko je ovo?
**예.** - 다 Da.  **아니오.** - 네 Ne.

### 유용한 단어
**경찰** - 폴리찌야 Policija
**경찰서** - 폴리찌스카 포스타야 Policijska postaja
**화장실** - 또알렛 Toalet, 베쩨 WC
**우체국** - 포슈타 Pošta
**식당** - 레스토란 Restoran
**기차** - 블락 Vlak  **기차역** - 스타니짜 Stanica
**버스** - 아우토부스 Autobus
**월요일** - 포네디옐야크 Ponedjeljak
**화요일** - 우토라크 Utorak  **수요일** - 스리예다 Srijeda
**목요일** - 체트브르타크 Četvrtak
**금요일** - 페타크 Petak  **토요일** - 수보타 Subota
**일요일** - 네드옐야 Nedjelja

## C. 통화와 환전

크로아티아는 쿠나Kuna를 사용하며 'Kn' 또는 'Kuna' 또는 'HRK'로 표시한다. 1Kn는 약 170원(2016년 8월 기준)이다. 1Kn=100Lipa(리파)로 읽고 표시한다. 지폐단위는 10Kn, 20Kn, 50Kn, 100Kn, 200Kn, 500Kn, 1,000Kn가 있고, 동전은 1Kn, 2Kn, 5Kn, 1Lipa, 2Lipa, 5Lipa, 10Lipa, 20Lipa, 50Lipa가 있다. 계산할 때는 60Kn÷10,000원이라 생각하고 생활하면 계산하기 쉽다. 1Euro=7.45~7.6Kn도 기억해두면 편리하다.

### 환전

우리나라에서는 쿠나를 환전할 수 없다. 때문에 크로아티아에서 현금카드를 이용해 ATM에서 인출하거나 우리나라에서 유로화로 환전해 간 후 크로아티아에서 환전해야 한다(달러는 환율이 유로화에 비해 낮으니 추천하지 않는다). 유로화를 사용할 수 있는 곳은 숙소와 관광객을 대상으로 한 상점과 레스토랑, 시장이다. 1Euro=7.45~7.6Kn에서 유로를 높게 쳐주면 유로로 계산하고, 낮게 쳐주면 쿠나로 계산하면 된다. 대체로 비슷하거나 쿠나가 조금 낫다. 그 외의 곳에서는 대부분 쿠나가 통용된다. 때문에 쿠나를 보유하고 있는 것이 필수적이다. 크로아티아어로 환전소는 므옌야츠니차Mjenjačnica라고 한다.

크로아티아에서 쿠나 환전 시 가장 추천하는 방법은 ATM이다. 현금카드를 이용해 ATM에서 돈을 인출하면 큰돈을 들고 다닐 필요가 없어 안전하고, 편리하기 때문이다. 공항에 도착하자마자 ATM기에서 쿠나를 인출하면 된다. 현금카드의 수수료는 '보통 인출금액의 1%+($200 미만 $3, $200~500인 경우 $3.25, $500 이상 $3.5)'가 추가로 든다. 수수료를 절감할 수 있는 현금인출 겸용 체크카드로는 씨티카드와 하나은행의 비바카드가 있다. 모두 수수료 무료+인출금액의 1%가 든다.

만약, 국내에서 유로화로 가져가 크로아티아에서 환전한다면 우체국(포슈타Pošta)이나 은행(반카Banka)에서 환전하는 것을 추천한다. 우체국에서는 수수료 1.5%로 환전을 해준다. 크로아티아에서 가장 대표적인 은행은 자그레바츠카 은행Zagrebačka Banka과 프리브레드나 은행Privredna Banka이다. 은행과 우체국은 사설환전소보다 안전하고 환율이 더 좋다. 만약 급하게 교통비 정도의 소액을 환전한다면 환율이 좋지 않더라도 공항이나 기차역, 또는 버스터미널 내의 환전소에서도 가능하다. 그나마 환율이 좋은 순은 버스터미널 〉 기차역 〉 공항이다. 환전 시 여권이 필요하다.

사설환전소에서 환전한다면 숙소에서 추천하는 환전소를 이용하는 것이 좋다. 환전은 호텔, 여행사, 상점에서도 가능하다.

우리나라에서 유로화 환전을 할 때는 은행마다 환전 할인 쿠폰을 발행해주기도 하고, 환전 수수료를 할인해주는 정도가 다르므로(주거래 은행인 경우 환전 수수료 할인율이 높아지기도 한다) 몇몇 은행을 비교해본 후 해당 은행에서 환전하면 된다. 단, 주거래 은행이 아닌 경우 신분증이 필요하다.

## 현금카드, 신용카드의 사용

현지에서 분실이 걱정되거나 큰돈을 들고 다니는 것이 불안하다면 현금카드를 가져가면 된다. 현금카드는 인출 시 수수료가 발생하지만 현지 ATM에서 원하는 때에 인출할 수 있어 편리하다. 씨티카드와 비바카드를 제외한 현금카드는 1회당 US$3의 수수료와 인출금액에 비례한 1% 수수료가 함께 청구되기 때문에 인출 시 소액을, 자주 인출하지 않는 것이 좋다. 자신의 현금 카드에 'International' 또는 '해외 ATM 사용'이라고 쓰여 있어야 해외에서 사용할 수 있다. 자신의 카드에 쓰여 있는 Cirrus나 Maestro를 보고 현지에서 Cirrus나 Maestro라 쓰여 있는 반코마트 Bankomat(ATM)에서 인출하면 된다.

신용카드는 현금 사용보다 약간 더 이득인데 해외이용 수수료가 낮은 신용카드를 사용하면 좋다. 신용카드 중에 아메리칸 익스프레스를 사용할 수 있는 곳은 그리 많지 않으니 비자나 마스터카드를 추천한다.

**아메리칸 익스프레스(American Express)**
Address Radnička Cesta 44
Tel 016 124 422

**다이너스 클럽(Diners Club)**
Address Praška 5    Tel 014 929 555

**마스터카드(Mastercard)**
Address Zagrebačka Banka, Samoborska 145
Tel 013 789 620

**비자(Visa)**
Address HVB Splitska Banka
Tel 021 347 200

## 자그레브에서의 환전

유로화(€) 등의 현금이 있을 때 환전은 우체국이 가장 좋다. 그 다음은 은행, 버스터미널, 기차역 등이다. 구시가지의 사설환전소보다 안전하고 환율도 비슷하다. 24시간 환전소는 중앙기차역과 버스터미널에 있다. 여행자수표는 크로아티아에서 유용하지 않으며 여행자수표를 환전한다면 은행으로 가야 한다.

## D. 전화

크로아티아의 국가 코드는 385다. 공항과 기차역, 버스터미널, 길거리에서 공중전화를 찾을 수 있다. 공중전화는 카드만 사용할 수 있으며 사용 방법은 우리나라와 같다. 수화기를 들고 신호음이 울리면 카드를 넣고 번호를 누르는 형식이다. 전화카드는 우체국, 신문 가판대, 구멍가게 등에서 살 수 있다. 가장 저렴한 최소 단위(25 Unit)의 15Kn이다. 한 가지 재밌는 것은 우체국에서 국제 국내 전화를 걸 수 있다는 것이다. 가격도 비싸지 않다. 우리나라 또는 크로아티아로 전화할 때는 다음과 같은 형식을 쓴다.

### 크로아티아로 전화할 경우
예) 자그레브의 우리나라 대사관 번호 01 4821 282
**1. 우리나라에서 자그레브로 전화할 경우**
　　00 385 1 4821 282
**2. 자그레브에서 전화할 경우**
　　4821 282
**3. 자그레브 이외의 도시에서 전화할 경우**
　　01 4821 282

### 자그레브에서 우리나라로 전화할 경우
예) 유선전화 02-123-4567, 휴대폰 010-1234-4567
- 유선전화 걸기 : 00 82 2 123 4567
- 휴대폰 걸기 : 00 82 10 1234 4567

> **tip 무료 WiFi만 가능하도록 설정하기**
> 비행기를 탈 때 스마트폰의 설정에서 에어플레인 모드로 전환하면 무료 WiFi 가능 지역에서만 안테나가 뜨게 된다. 이때 인터넷과 카카오톡 등을 이용할 수 있다.

## E. 스마트폰 이용자

크로아티아의 거의 모든 숙소, 카페, 레스토랑에서 무료 와이파이를 제공한다. 알뜰여행자라면 비싼 해외 사용 데이터 이용료 없이 조금 불편하게 사용하면 된다. 자그레브 국제공항에서도 15분간 무선인터넷이 가능하니 기억해두면 좋다.

한국에서 사용하던 스마트폰을 가져가 현지 통신사에서 판매하는 유심칩(USIM)을 구입해 사용할 수도 있다. 이때 미리 통신사에 전화해 자신의 휴대폰이 컨트리록이 해제되어 있는지 미리 확인해야 한다. 록이 걸려 있으면 해제해달라고 하면 된다. 현지에 2G나 3G네트워크 이용이 가능한 다양한 요금제의 상품이 있으니 비교한 후 구입하면 된다. 많이 이용하는 유심칩 회사는 VIP, T-com, TELE2가 있다. 보통 2G에 100분 전화통화, 문자 무제한 조건은 50Kn인데 통화 위주로 급할 때 인터넷 검색을 하는 정도로 생각하면 된다. 한국보다 통신료가 저렴한 편. 학생이라면 국제학생증(ISIC)을 보여주고 할인을 받을 수도 있다.

공항에서부터 이용하고 싶다면 우체국에서 유심칩을 구입할 수 있으나 공항 내의 15분 무선 인터넷을 이용하고 시내에 들어와 가격을 비교해보고 구입하는 것이 더 낫다. 유심칩 교환을 위해 클립이나 옷핀 같은 뾰족한 도구를 가져가야 한다.

### 유용한 앱
**1. 지도라면 당연히 구글 맵**Google Maps
현재 자신의 위치, 목적지까지 가는 루트 등을 편리하게 찾을 수 있는 어플이다.
**2. 카카오톡, 마이피플, 네이트온**
우리나라에 있는 가족과 친구들과의 의사소통은 보통 카카오톡으로 많이 하게 된다. 무료 영상통화는 마이피플이나 네이트온을 이용하게 되니 미리 다운받아 가는 것이 좋다.
**3. 네이버 클라우드 (어플리케이션)**
무료 와이파이 존으로 갈 때 휴대폰으로 찍은 사진을 자동업데이트 해준다. 혹시나 모를 휴대폰 분실(?)을 대비해 사진만이라도 살려놓을 수 있어 유용하다.

## F. 크로아티아 음식

크로아티아 음식은 우리에게 친숙한 메뉴들로 구성된다. 스테이크(쇠고기, 양고기, 돼지고기, 송아지고기)와 쇠고기나 양고기를 이용해 걸쭉하게 끓인 스튜, 아드리아 해에서 잡은 해산물로 요리한 스파게티, 생선구이, 리조또, 수프, 피자, 그리고 강과 바다에서 잡은 생선요리라고 생각하면 된다. 간이 대체로 센 편이어서 밥 생각이 절로 날 경우가 있는데 이때는 "Less Salt Please(크로아티아어로는 만예 솔리, 몰임Manje Soli, Molim)."라고 주문 전에 미리 말하면 된다.

크로아티아는 와인과 맥주가 저렴하고 맛있다. 와인은 비나Vina라고 한다. 두브로브니크 근처의 펠리샤츠Pelješac에서 생산되는 딩가츠Dingač는 크로아티아 최고의 레드와인으로 손꼽힌다. 이외에도 달마티아 지방의 화이트와인 뽀쉽Posip이 있다. 맥주(피보Pivo)도 있는데 가장 인기 있는 맥주는 1697년에 생긴 크로아티아 1위의 맥주생산업체인 오스예츠코Osječko와 2위인 카를로바츠코Karlovačko 사의 레몬맥주로 모두가 좋아한다. 레몬 맛 말고도 라임, 오렌지 맛도 있다. 한국인들은 카를로바츠코 사의 레몬맥주를 더 좋아한다.

크로아티아의 수돗물은 마시는 데에 문제가 없다. 물맛에 민감하다면 미네랄워터를 사서 마시면 된다. 음식에 대한 자세한 소개는 26p를 참고하자.

머슈룸 리조또

크로아티아 와인 & 카를로바츠코

## G. 영업, 업무시간

**관광지** 10:00~17:00/18:00
(여름시즌에는 21:00~22:00까지 운영하기도 한다)
**은행** 월~금 08:30~17:00
**관공서** 월~금 08:00~16:00
**우체국** 월~금 07:00~21:00, 토 08:00~15:00
**상점** 월~금 08:00~20:00, 토 09:00~14:00
**대형 슈퍼마켓 · 쇼핑몰**
07:00/08:00~20:00/22:00

## H. 시차

**7시간** 3월 마지막 주 일요일~10월 마지막 주 토요일
(서머 타임)
예) 자그레브가 09:00라면 우리나라는 16:00
**8시간** 10월 마지막 주 일요일~3월 마지막 주 토요일
예) 자그레브가 09:00라면 우리나라는 17:00

## I. 전력

220V, 50Hz를 사용하며 콘센트 모양도 같아 우리나라의 전기제품을 그대로 사용할 수 있다.

## J. 쇼핑과 세일기간

크로아티아에서 살 만한 제품들은 와인(4L까지 가능), 허브로 만든 화장품류, 넥타이, 그리고 유럽 브랜드의 제품들이다. 크로아티아도 다른 유럽처럼 여름과 겨울시즌 두 번의 큰 세일을 한다. 할인율은 40~70%이며 1년 중 가장 큰 세일은 겨울이다. 크로아티아는 한국과 치수가 다르므로 미리 자신의 신발 사이즈, 옷 사이즈를 알아두면 쇼핑하기 편리하다.

≫ 여름시즌 7~8월, 겨울시즌 1~2월

> **tip** Tax Refund 면세품 부가세 환급
>
> 'Tax Free'라고 쓰인 한 매장에서 740Kn 이상 물건을 샀을 때 25%의 세금을 환급받을 수 있다. 단, 물건을 산 매장에서 여권을 지참해 택스 리펀드 서류를 작성하고 90일 이내에 세관에 신고해야 한다. 크로아티아는 우체국에서 부가세 환급을 해준다.
> ❶ 공항의 터미널 안에 비치된 안내도를 보고 세관Carina(Customs)을 찾아간다.
> ❷ 여권, 항공권, 택스 리펀드 서류와 구입한 물건을 보여주면(요구 시) 면세도장(Tax Free Stamp)을 찍어준다.
> ❸ 공항 내에 있는 우체국(Hrvatska Pošta)에 세관 도장을 받은 종이를 보여주면 원하는 화폐로 환급해준다(자그레브 공항 24시간 운영, 스플리트 공항 07:00~23:00, 두브로브니크는 시내(Vukovarska 16)에 위치, 월~토 08:00~18:00).

### 치수표

**1. 옷**

여성

| 한국 | | 유럽 | 프랑스 | 가슴둘레(cm) | 허리둘레(cm) | 엉덩이둘레(cm) |
|---|---|---|---|---|---|---|
| 44 | 85(XS) | 6 | 32 | 74~78 | 58~62 | 84~88 |
| 44 | | 6 | 34 | 78~82 | 58~62 | 84~88 |
| 55 | 90(S) | 8 | 36 | 82~86 | 62~66 | 88~92 |
| 66 | | 12 | 38 | 86~90 | 66~70 | 92~96 |
| 66 | 95(M) | 14 | 40 | 90~94 | 70~74 | 96~100 |
| 77 | | 16 | 42 | 94~98 | 74~78 | 100~104 |
| 77 | 100(L) | 18 | 44 | 98~102 | 78~82 | 104~108 |
| 88 | | 20 | 46 | 102~106 | 82~86 | 108~112 |
| 88 | 105(XL) | 22 | 48 | 106~110 | 86~90 | 112~116 |

남성

| 한국 | 85~90 | 90~95 | 95~100 | 100~105 | 105~110 | 110~ |
|---|---|---|---|---|---|---|
| 미국 | XS | S | M | L | XL | XXL |
| 유럽 | 44~46 | 46 | 48 | 50 | 52 | 54 |

**2. 신발**

여성

| 한국 | 220 | 225 | 230 | 235 | 240 | 245 | 250 | 255 | 260 | 265 | 270 | 275 | 280 | 285 | 290 |
|---|---|---|---|---|---|---|---|---|---|---|---|---|---|---|---|
| 유럽 | 36 | 36.5 | 37 | 37.5 | 38 | 38.5 | 39 | 39.5 | 40 | 40.5 | 41 | 41.5 | 42 | 42.5 | 43 |
| 미국 | 5 | 5.5 | 6 | 6.5 | 7 | 7.5 | 8 | 8.5 | 9 | 9.5 | 10 | 10.5 | 11 | 11.5 | 12 |

남성

| 한국 | 245 | 250 | 255 | 260 | 265 | 270 | 275 | 280 | 285 | 290 | 295 | 300 |
|---|---|---|---|---|---|---|---|---|---|---|---|---|
| 유럽 | 40 | 40.5 | 41 | 41.5 | 42 | 42.5 | 43 | 43.5 | 44 | 44.5 | 45 | 46 |
| 미국 | 6.5 | 7 | 7.5 | 8 | 8.5 | 9 | 9.5 | 10 | 10.5 | 11 | 11.5 | 12 |

**3. 속옷**

유럽의 여성 속옷은 국내 사이즈보다 치수가 세어화되어 있기 때문에 매장 직원에게 치수를 재어달라고 하는 것이 좋다. 구입 후 한국에서 교환이 어려우니 반드시 입어보고 구입하자.

와인은 가장 좋은 쇼핑품목
크로아티아의 넥타이가 탄생한 곳이다.
공항의 세관

## K. 크로아티아 물가

1회용 교통권(트램·버스) 10Kn, 물 1.5L 7~10Kn, 샌드위치 25~35Kn, 레스토랑에서의 저녁(대중음식점 본식 50~100Kn, 격식 있는 레스토랑 본식 100~200Kn)

## L. 팁 문화

해외여행을 할 때 가장 고민되는 것 중 하나가 바로 팁이다. 크로아티아는 우리나라와 마찬가지로 팁 지불 문화가 없으나 외국 여행자들에게는 팁을 당연하게 생각한다. 때문에 레스토랑을 이용할 경우 뒷자리 잔돈 정도는 남겨 놓거나 또는 5% 정도의 팁을 생각하는 것이 좋다. 가격대가 있는 레스토랑을 이용할 경우 10%의 팁을 주는 경우가 많다. 호텔이용자라면 포터(짐 운반인)에게 짐을 맡길 경우 짐 한 개당 10~20Kn를 지불하고, 청소와 침대 정리를 해주는 메이드를 위해 매일 15~20Kn 침대 위에 올려놓으면 된다. 택시를 이용한 뒤에는 자투리 잔돈을 팁으로 주면 된다. "킵 더 체인지(Keep the Change)."라고 말하면 된다.

## M. 슈퍼마켓

크로아티아에서 가장 이용하기 쉬운 슈퍼마켓은 콘줌KONZUM이다. 자그레브와 같은 대도시에는 디오나Diona와 프레흐라나Prehrana 슈퍼마켓도 많다. 간혹 오스트리아 체인슈퍼마켓인 스파SPAR나 빌라Billa도 보인다. 슈퍼마켓은 물건을 저렴하게 구매할 수 있고 크로아티아인들의 일상을 엿볼 수 있어서 좋다. 식료품이 저렴하기 때문에 주방사용이 가능한 호스텔이나 아파트먼트에서 음식을 해먹는다면 슈퍼마켓의 위치를 미리미리 파악해두자. 각 장의 지도에 슈퍼마켓 위치가 표시되어 있다. 영업시간은 대체로 평일과 토요일 07:00~21:00, 일요일 07:00~13:000이다. 다음은 책에 나온 각 도시들 중 가장 오래 영업을 하는 리스트다.

크로아티아 내 콘줌 위치보기 www.konzum.hr

**자그레브 콘줌** (1장 지도 36p 참고)
다른 곳보다 1시간 문을 늦게 열지만 평일과 주말 모두 가장 늦게까지 영업을 한다.
Address Trg Petra Preradovića 6
Open 월~토 08:00~22:00, 일 08:00~18:00

**자다르 콘줌** (3장 지도 88p 참고)
Address Dalmatinskog Sabora 8
Open 월~토 07:00~21:00, 일 07:00~12:00

**시베니크 콘줌** (4장 지도 100p 참고)
Address Ante Starčevića 3
Open 월~토 07:00~21:00, 일 07:00~13:00

**스플리트 콘줌** (5장 지도 116p 참고)
Address Stari Pazar 2
Open 월~토 07:00~21:00, 일 07:00~13:00

**두브로브니크 콘줌** (6장 지도 164p 참고)
Address Gundulićeva Poljana 11
Open 월~토 07:00~20:00, 일 08:00~13:00

## N. 빨래방

크로아티아는 빨래방(란드로마트Laundromat)이 드물다. 호텔은 빨래를 맡길 수 있으나 가격이 비싸고, 호스텔에 묵는다면 그나마 저렴한 가격에 빨래를 맡길 수 있다. 아파트먼트를 이용할 예정이라면 세탁기가 있는 곳을 선택하면 도움이 된다.

빨래방은 동전을 넣어 셀프 세탁을 하고, 동전을 넣어 건조기에 넣어 말리는 시스템이다. 요금은 지역에 따라 다르나 보통 세탁은 30~50Kn, 건조는 10분에 10Kn다. 보통 작은 사이즈의 세탁기가 없기 때문에 주변 사람들과 세탁물을 모아 세탁을 하면 비싼 세탁 요금을 줄일 수 있다.

숙소 주변의 가까운 빨래방은 호텔이나 호스텔 직원에게 문의해보도록 하자. 지도에는 스플리트와 두브로브니크의 빨래방 위치가 표시되어 있다. 자그레브에도 빨래방이 한 곳 있는데 트램을 타고 남쪽으로 내려가야 한다.

## O. 화장실 WC

우리나라처럼 무료로 개방된 화장실이 많은 곳도 없다. 크로아티아의 공공 화장실은 거의 대부분 유료다(버스터미널은 3Kn). 작은 도시의 기차역 화장실이나 공공화장실 정도만 무료로 오픈한다. 구시가지의 주요 관광지 근처에서 화장실 마크(WC)를 볼 수 있는데 3~10Kn의 돈을 낸다. 샤워실이나 짐 보관 서비스, 빨래방을 함께 운영하기도 한다. 운영시간은 07:00~22:00 정도다.

유료화장실을 이용하기 싫다면 박물관이나 미술관을 구경할 때, 레스토랑이나 카페에 들를 때 이용하는 것이 좋다. 크로아티아어로 화장실은 '또알렛Toalet'이고 "화장실이 어디입니까?"는 "그디 예 또알렛Gdje je Toalet?"이다. 남자화장실은 Muškarac(무쉬카라츠), 여자 화장실은 Žena(제나)라고 한다. 유료화장실 위치는 각 장의 지도를 참고하자.

→ 화장실 대부분 유료다.

## P. 아이와 함께하는 여행자

크로아티아 대도시의 구시가지는 울퉁불퉁한 돌바닥이 아니어서 휴대용 유모차 이용에도 무리가 없다. 스플리트와 두브로브니크의 메인 대로는 반들반들한 대리석 바닥으로 유모차를 끌기에도 좋다. 두브로브니크의 플라차를 제외한 길은 계단이 많아 아기띠가 유용하다. 대표적인 교통수단인 트램과 버스는 유모차를 그대로 가지고 들어가기에는 불편하고 접는 것이 편하다. 가벼운 무게의 휴대용 유모차는 유용하게 사용된다. 플리트비체에서도 일부 구간은 유모차 이용이 가능해 휴대용 유모차를 가져갈 만하다. 공공장소에서의 모유 수유는 보기 힘들며 화장실의 기저귀 갈이대 역시 찾기 힘들다. 렌터카를 이용한다면 카시트는 필수다. 호텔에는 아기 침대가 무료로 대여되고, 3~5세 미만의 아이는 부모와 함께 침대를 사용할 경우 무료다. 식당에는 대체로 아기 의자가 비치되어 있지 않지만 아이가 있는 가족에게 친절하게 대해준다. 자그레브에서 트램과 버스는 7세 미만이 무료, 페리는 3세 미만이 무료, 3~12세는 교통요금이 50% 할인된다.

아기 식탁이 비치된 식당 ←

## Q. 도난, 응급상황

크로아티아의 대부분의 지역은 꽤 안전한 편이지만 자그레브나 스플리트는 조금 주의할 필요가 있다. 신경을 쓸 장소는 사람이 많은 버스터미널, 기차역 그리고 관광명소 주변이다. 최근에 벌어진 사건은 소매치기로 자그레브 대성당 근처의 화장실로 여자 3명이 한 조로 접근해 수돗물을 틀어주며 주의를 끄는 동안 소매치기를 한 경우다. 기본적인 소지품 관리에만 유의하면 되는데 중요한 소지품은 절대 몸에서 떼지 않는다. 소매치기의 대처법은 가방은 항상 대각선으로, 가방의 앞면은 항상 몸 앞쪽으로 오게, 지갑 안에는 하루에 쓸 적은 돈만 보관하는 것이 좋다. 우리나라처럼 가방을 의자에 두고 음식을 주문하는 등 물건을 둔 채 자리를 비우면 절대 안 된다. 최근에는 플리트비체에서 사진 촬영 중 추락사고나 렌터카 추돌사고, 또 바다 수영으로 인한 익사사고가 발생하고 있다. 크로아티아 바다의 수온은 낮은 편으로 음주 후 수영은 금지이며, 또 충분한 운동 뒤 물에 들어가도록 하자. 신변의 위협이나 긴급한 상황에 처했을 때를 대비해 우리나라에서 해외여행 시 자동 SMS 문자와 응급 시 24시간 영사 콜센터 전화번호가 제공되는데 통화버튼을 누르면 자동으로 연결된다.

**영사 콜센터(24시간)** 385+800-2100-0404(무료), 385+022-3210-0404(유료)

**여권 도난 · 분실 시** 우리나라 대사관에 가면 여행자증명서Travel Document나 단수여권을 재발급 받을 수 있다. 단수여권은 시간이 걸리고 보다 빠르게 받을 수 있는 여행자증명서의 발급 소요시간은 1시간 정도 걸린다. 필요한 서류는 여권발급신청서(대사관에 비치), 경찰서에서 발급받은 분실신고서, 그리고 여권용 사진 2장이 필요하다. 본인임을 확인할 수 있는 신분증(주민등록증 또는 여권 사본 가능, 혹시 모를 상황에 대비해 여권 사본을 큰 가방 속에 별도로 넣어두자)이나 비행기 티켓 사본을 지참해야 한다. 수수료가 든다.

**휴대물품 도난 시** 경찰서에 가서 도난 사실을 알리고 폴리스 리포트Police Report를 작성한다. 귀국한 뒤 보험회사에 서류를 보내면 된다. 여행자보험은 여행을 떠나기 전 필수로 가입하는 것이 좋다.

현금 도난, 신용카드 분실 시 한국대사관을 통해 최대 미화 3천불(유럽은 €500)까지 1회에 한해 소정의 수수료를 받고 송금해준다.

* 응급상황Emergency Services(경찰, 화재, 앰뷸런스 등 통합) 112
* 크로아티아 경찰 192
* 앰뷸런스 194
* 자동차 사고 시 1987
* 해상사고 시 195

## R. 한국 대사관

| | |
|---|---|
| Address | Ksaverska Cesta 111/A-B, 10000 Zagreb |
| Access | 1. 중앙기차역에서 |

트램 6 · 13번을 타고 옐라치치 광장에서 14번으로 환승한 후, 미할예바츠 Mihaljevac 종점에서 내린다. 길을 건너 시내 방향(Kaptol Centar)으로 약 200m 정도 걸어가면 소방학교와 체육관 건물 사이에 있다. 25분 소요.

**2. 드라스코비체바**Draškovićeva **정류장에서**

트램 8 · 14번을 타고 미할예바츠 종점에서 내린 후 위와 같은 방법으로 찾아가면 된다. 약 15분이 소요된다.

| | |
|---|---|
| Open | 월~금 08:30~17:00 |
| Close | 토 · 일요일 |
| Tel | 크로아티아 내 014 821 282 |
| | 크로아티아 외 다른 국가 385 1 4821 282(일반전화) |
| | 업무시간 외 긴급 연락처 091 2200 325 |
| | 크로아티아 외 다른 국가 385 91 2200 325(휴대폰) |
| Web | hrv.mofa.go.kr |

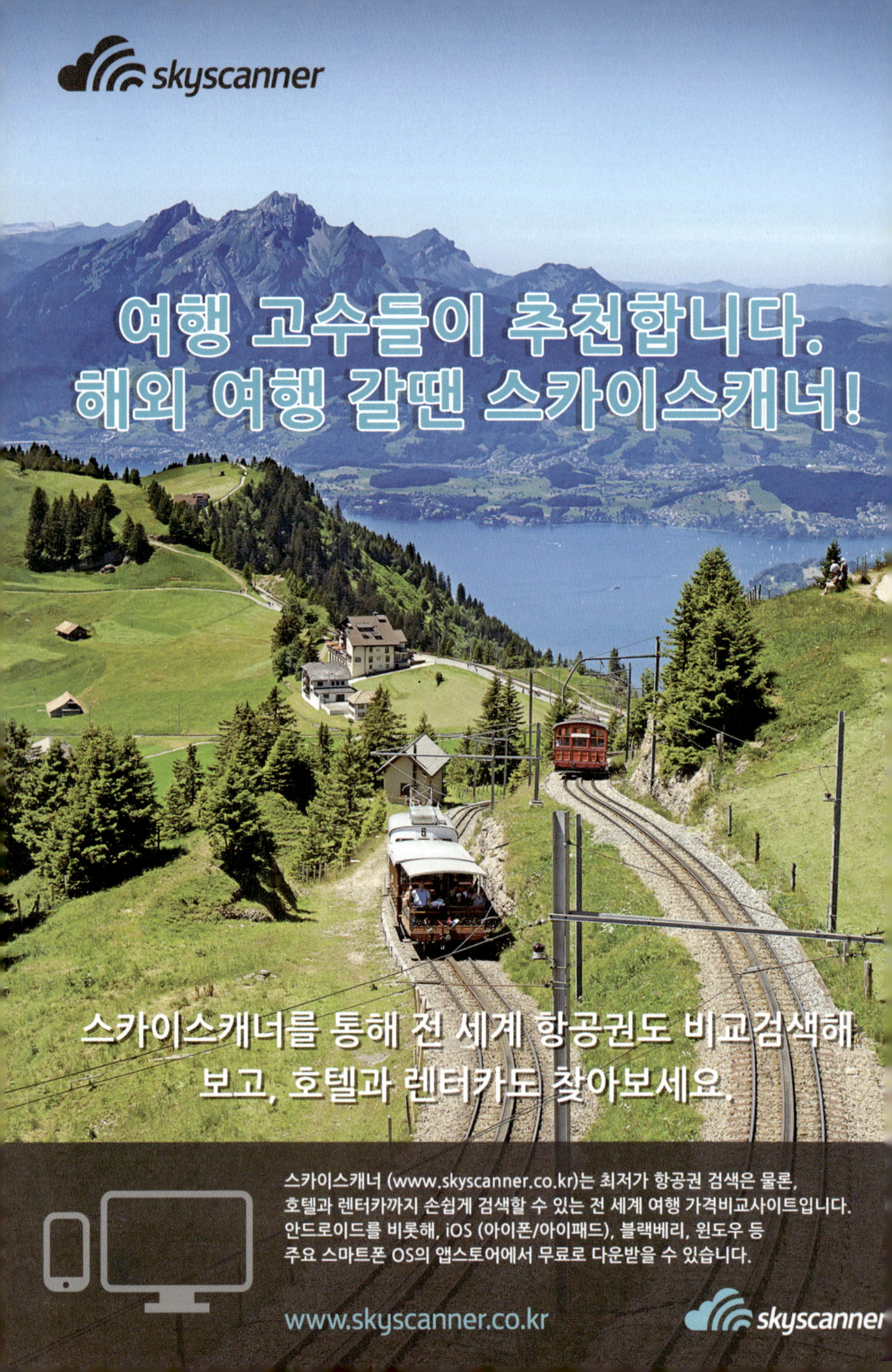

# 여행 고수들이 추천합니다.
# 해외 여행 갈땐 스카이스캐너!

스카이스캐너를 통해 전 세계 항공권도 비교검색해 보고, 호텔과 렌터카도 찾아보세요.

스카이스캐너 (www.skyscanner.co.kr)는 최저가 항공권 검색은 물론, 호텔과 렌터카까지 손쉽게 검색할 수 있는 전 세계 여행 가격비교사이트입니다. 안드로이드를 비롯해, iOS (아이폰/아이패드), 블랙베리, 윈도우 등 주요 스마트폰 OS의 앱스토어에서 무료로 다운받을 수 있습니다.

www.skyscanner.co.kr

# RAIL EUROPE

▶ 다음 여행은 멋진 경험을 할 수 있는 유럽 기차 여행을 떠나보세요.

시간이 절약될 뿐만 아니라 유럽의 풍경과 문화를 색다르게 경험할 수 있습니다.
레일유럽에서는 여러분의 여행에 필요한 모든 열차를 저렴한 요금으로
실시간 예약이 가능합니다.

유럽 철도 패스 및 티켓 구매는 레일유럽 홈페이지 (www.raileurope.co.kr) 또는 레일유럽
판매 여행사에서 구매할 수 있으며, 유럽 열차 관련 자세한 내용은 www.railguide.co.kr 에서도
직접 확인할 수 있습니다.

▶ 레일유럽 한국 총판

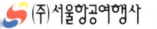      

# 앱북으로 만나는 세계여행 셀프트래블 시리즈

한국인이 쓴 한국인을 위한 셀프트래블은 실속 있고 감성적인 여행정보를 담은 **프리미엄 가이드북**입니다.

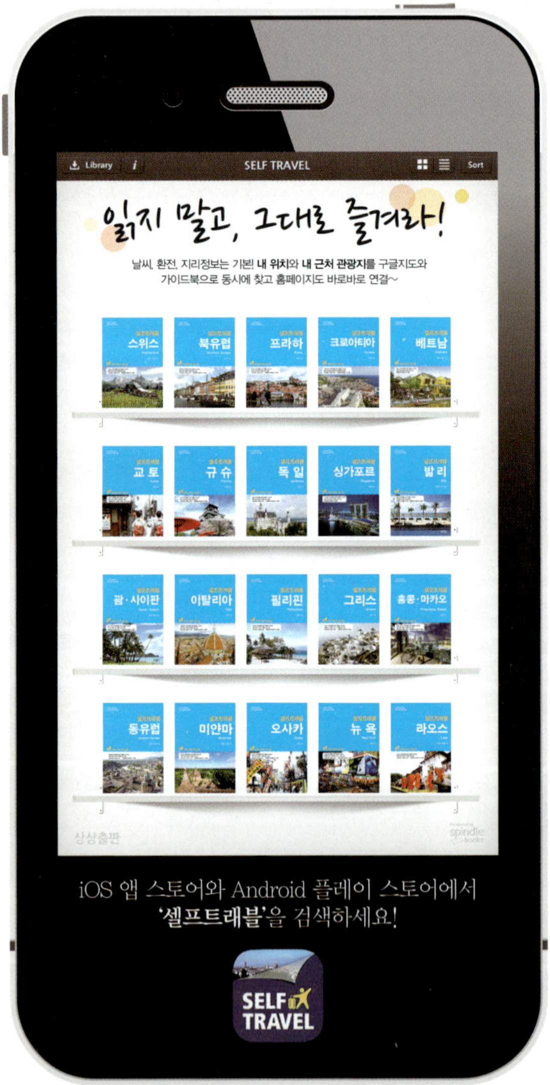

www.esangsang.co.kr
blog.naver.com/sangsang_pub

상상출판